MOI
QUI N'AI PAS TUÉ MON FILS

L'affaire Lubin

MAGALI GUILLEMOT
avec
LOLY CLERC

MOI QUI N'AI PAS TUÉ MON FILS

L'affaire Lubin

BERNARD GRASSET
PARIS

Merci...

A mes parents et à Clélia qui ont été toujours là,
A Pierre qui ne s'est jamais découragé,
A Didier qui n'a jamais compté son temps ni son énergie,
A Alain André, Anne, Brigitte, Carole, Cécile, Danièle, Didier, Patrick, Isabelle, Valérie, Jacques, Jean-Luc, Laurent, Martine, Mylène, Sophie, Yvan qui ont noté, potassé, réfléchi et travaillé pour nous aider avant, pendant et après le procès,
A tous les amis de l'association qui ont toujours cru à mon innocence et qui l'ont dit,
A Paul Lombard et Nathalie Senyk qui m'ont défendue et qui continuent à se battre,
A Maître Henri Garaud, décédé en 1998, pour qui j'ai une pensée particulière,
Au docteur Bonnier et au professeur Rénier qui nous ont apporté leur expérience et leur attention.

Pourquoi Magali ?

Des yeux de hulotte effarouchée derrière ses lunettes rondes, le visage durci, Magali Guillemot venait d'être condamnée par la cour d'assises de Nanterre à quinze ans de prison pour « violences sur mineur de moins de quinze ans par ascendant légitime ayant entraîné la mort sans intention de la donner. » En d'autres termes, elle était jugée coupable d'avoir maltraité son enfant, un nouveau-né de deux mois. Nous étions le 23 novembre 2000.

Pourquoi s'intéresser à cette grande perche muette, au centre d'une affaire qui serrait le cœur ? Sans attendre défense et témoignages, on crie instinctivement « Coupable, oui coupable ! » Une mère est toujours coupable. Et pourtant... ?

En lisant les comptes rendus du procès, en les écoutant à la radio, j'éprouvais de la compassion pour cette jeune femme à l'apparence ingrate. Le père, Jérôme, la mère, Magali, avaient été les seuls à s'occuper de Lubin, leur petit garçon, pendant sa courte vie. Les soupçons pesaient également sur les deux. Et s'ils niaient obstinément toute faute, ils ne s'accusaient pas vraiment non plus ! Un drame à huis-clos incompréhensible. Ajoutons à cela qu'elle était centralienne, ingénieur dans un service de recherche au Commissariat à l'énergie atomique, lui violoniste. Pas question donc d'un milieu défavorisé ou peu instruit. « L'affaire Lubin » avait de quoi intriguer.

Pendant tout le procès, l'accusation avait martelé une intime conviction : elle, elle seule, était coupable. Elle n'était pas folle, elle était emplie de haine contre son mari qui l'avait trompée. Elle avait sciemment commis des « actes de barbarie » ! L'accusation mêlait le sordide et la pire cruauté au mystère. La défense affirmait que Magali était innocente et qu'elle n'avait rien vu et rien compris... Le verdict enfin reposait sur une inéquité surprenante : sans preuve, sans indices, Magali était condamnée et son mari acquitté !

La presse racontait la fin du procès. Se fondant sur son expérience personnelle, l'avocate générale, Jacqueline Amara déclara qu'elle avait, elle aussi, perdu un enfant, et que ce jour-là, elle était allée se réfugier chez sa mère. Qu'avait fait Magali le jour de la mort de son petit garçon ? Elle était allée chez sa belle-mère. Preuve indubitable de son esprit haineux et donc de sa culpabilité, assenait Jacqueline Amara. Elle avait suivi l'affaire depuis le début de l'instruction. Elle connaissait bien le domaine de la maltraitance, s'était forgé une intime conviction à la lecture du dossier. Bien entendu, sans preuve matérielle, sans indice formel, des doutes demeuraient. Ceux-ci devaient bénéficier au père et non à la mère. Et la magistrate, forte de cette intime conviction – au sens juridique du terme – ne voyait qu'un coupable, dont elle demandait qu'il fût condamné : Magali Guillemot.

Pourquoi ? Je ne comprenais pas au nom de quoi madame Amara avait décidé de la culpabilité de

Magali Guillemot. Sur quoi appuyait-elle son intime conviction ? Sur quelle logique ? Pourquoi elle seule et pas lui seul ? Pourquoi pas les deux ? Pourquoi pas invoquer la non-assistance à personne en danger à celui qui n'avait rien vu ? En lisant la presse, je me demandais si l'Etat de droit ne partait pas de travers. Les féministes protestèrent contre un verdict aussi caricatural. Il y eut de-ci, de-là des articles pour et contre. Puis, ce fut le silence.

Effet du hasard : le lendemain du verdict, je rencontrai Paul Lombard, l'avocat de Magali Guillemot. Il était choqué et parlait d'erreur judiciaire. Lorsqu'un avocat perd une cause, ne lui est-il pas naturel de crier à l'erreur judiciaire ? Il a souri, plus indigné qu'amer : « Si vous pouviez rencontrer Magali et lire le dossier vous comprendriez... »

En rentrant chez moi, j'ai retrouvé les articles sur l'affaire. Je les avais conservés, par habitude. Tous les faits divers, dit-on, sont porteurs de signes. Certains drames révèlent nos peurs, nos désirs les plus troublants, nos malaises les plus secrets. Mais en dépit de sa noirceur, l'histoire de Magali me parlait d'amour parfait, d'ambitions honorables, d'envies de bonheur simple, des idées presque désuètes dans un monde très moderne.

Quinze jours plus tard, Paul Lombard faisait libérer Magali sous contrôle judiciaire. Comment avait-il réussi à persuader la Chambre d'accusation de prendre une mesure aussi exceptionnelle après une condamnation en assises ? La nouvelle loi sur la présomption d'innocence permettait de faire appel de la condamnation, certes. Mais l'avocat avait aussi fait valoir les incertitudes, les doutes qui entachaient le verdict, les qualités de l'accusée. D'une certaine manière, cette liberté, même limitée, montrait à quel point on pouvait s'interroger sur la justice qui avait été rendue à Nanterre.

J'allai sonner chez Magali huit jours après sa sortie de prison. Une grande jeune femme très mince aux cheveux courts m'a ouvert. Dès l'abord, il y avait dans ce geste d'ouvrir largement la porte, un élan, une énergie communicative contrastant incroyablement avec la silhouette fermée entrevue à la télévision. Elle m'a fait entrer dans le living-room. Face à la porte, bien en vue, une photo de Lubin souriant. C'était un bébé au regard déjà rieur, au visage fin et rond. Je n'ai pas osé le dire : jamais, on n'aurait cru cet enfant maltraité. Magali avait le même sourire enfantin et confiant que son fils. Elle se déplaçait dans la pièce comme une adolescente, incertaine et gracieuse. Nous nous sommes installées sur un canapé usé où ronronnait une chatte angora nommée Nénette. Le compagnon de Magali, Pierre, nous a rejointes. Plus âgé qu'elle, il était aussi calme et réservé qu'elle était expansive. Cet endroit respirait la paix.

Et nous avons parlé. Ou plutôt elle m'a parlé, raconté. Elle manifestait un immense besoin de se livrer, de dire inlassablement tout ce qu'elle avait vécu. La nuit tombait, la pièce s'assombrissait, nous ne nous en apercevions pas. La seule source de lumière venait d'un gros aquarium où nageaient des poissons exotiques de toutes les couleurs. Pierre écoutait, moi aussi.

Quand je les ai quittés, nous avons envisagé de nous revoir. Peut-être d'écrire quelque chose. C'était assez vague dans mon esprit. J'ai dit : « Je vous rappelle. » En regagnant ma voiture, j'étais perplexe. Le récit de Magali tenait du cauchemar. Je me demandais comment j'aurais réagi si ma meilleure amie ou ma fille avait vécu ce drame. Qui se résumait en trois phrases : une jeune femme se marie, a un enfant; après deux mois de vie parfaitement normale, il tombe dans le coma et meurt. Elle n'a rien vu, rien compris. Elle est accusée et condamnée pour maltraitance. Ainsi concentrée, l'histoire ne livrait qu'un aperçu trop succinct. En un après-midi, Magali en avait dessiné les contours : son éducation, le milieu dans lequel elle avait grandi, ses aspirations, des éléments du dossier... Peu à peu surgissait bien autre chose qu'une simple histoire de maltraitance. Toutefois, la question essentielle demeurait. Coupable ou pas? Et soudain, comme si ma réflexion avait inconsciemment cheminé, il m'est apparu qu'elle était innocente. J'avais l'intime conviction que Magali n'avait jamais maltraité son enfant. Certes, je me refusais encore à l'admettre. Je voulais en savoir plus... J'étais fascinée, autant par le drame que par la condamnée. Il y avait en elle du secret.

Le soir même, Magali m'a appelée. Elle m'a dit qu'elle s'était organisée. Si j'étais d'accord, nous pourrions nous voir régulièrement et travailler ensemble. Et elle a ajouté d'une petite voix : « Je vous remercie de vous intéresser à moi. » J'ai brusquement compris que Magali, à sa manière maladroite, me donnait sa confiance. Et pour elle, si violemment déçue et trompée par la vie, c'était énorme. A cet instant, j'ai eu très peur. Peur de me tromper, peur de me voir investie d'une responsabilité trop lourde. Je voulais encore réfléchir, lire le dossier, interroger Magali. Quand je parlais autour de moi de « L'affaire Lubin », mes amies, mes proches, me disaient « Quelle horrible histoire ! Pourquoi s'intéresser à ça ? » Cela me gênait, me mettait mal à l'aise. J'opposais mon intime conviction. Et je me sentais pleine de doutes et de faiblesse. Pourtant, ayant décidé de faire un livre avec Magali, ne sachant pas exactement où j'aboutirais, mais portée par cette conviction, je refusai de me décourager.

Pendant toute l'année 2001, nous nous sommes vues régulièrement. Elle s'est livrée entièrement, ne m'a rien caché, m'a donné tous les contacts possibles pour mieux la connaître. J'ai enquêté sur elle, sa famille, sur les écoles qu'elle avait fréquentées, ses amies, j'ai été voir où elle avait vécu. J'ai découvert une jeune femme honnête, naïve, dont la seule erreur était de croire que l'on pouvait construire sa vie comme un conte de fées...

A l'approche de son procès en appel, j'ai suivi la préparation. Puis toutes les audiences. Quand, le verdict rendu, quasiment identique au premier, le samedi 17 novembre 2001 à 2 h 30 du matin, je l'ai vue disparaître suivie des gendarmes, j'ai pleuré parce qu'elle était devenue une petite sœur pour moi. Et aussi parce que, arrivée au terme de cette aventure, mon intime conviction s'appuyait sur des bases solides. Si quelques doutes subsistaient, ils étaient tellement faibles qu'ils ne devaient que lui bénéficier.

Elle enfermée, moi dehors, nous n'avons pas perdu contact. Et au lieu d'écrire son histoire comme un roman-vérité, nous avons décidé qu'elle raconterait son procès et sa vie ; je serais sa plume.

Tous ses amis, réunis en association, s'étaient donné une semaine de vacances pour assister aux audiences et les prendre en notes. Ainsi, nous pouvions relater son procès dans le détail, chose rare puisque la justice en France est avant tout orale et que tout appareil photo ou magnétophone sont interdits dans l'enceinte des assises. Magali a voulu tout raconter. Et je l'ai suivie. Parce qu'elle est innocente.

L.C.

Le drame

Vendredi 2 décembre 1994, 3 h 30

J'ouvre les yeux. Instinctivement, je cherche le point rouge du baby-call. Il est éteint. Je le rallume. De la petite boîte sort un bruit bizarre. A côté de moi, Jérôme dort. Je me lève à tâtons. Dans la chambre de notre fils, un gémissement rauque et assourdi me terrifie. Lubin est allongé sur le dos, inerte, les yeux fermés. Dans mes bras, c'est une poupée molle.

— Jérôme !

Mon mari émerge, agacé.

— Qu'est-ce qu'il y a ? Je lui ai donné son biberon vers 1 h 30, il ne peut pas avoir faim.

— Regarde.

— Quoi ?

— J'appelle le SAMU !

— Tu es folle !

Nous posons Lubin sur la table à langer, Jérôme le déshabille.

— Il n'a rien ce bébé... Oh puis si, il a une énorme diarrhée, voilà, c'est tout !

— Non, il ne va pas bien. J'appelle SOS médecins.

Et pendant que je compose le numéro, Jérôme change Lubin. Puis il le recouche et retourne au lit.

— Inutile d'être deux. Tu me raconteras.

Il ne semble absolument pas inquiet, persuadé d'une lubie de ma part.

Le médecin arrive trente minutes plus tard. Il est 4 h 44.

Je ne me souviens pas très bien du Dr L., seulement qu'il disait « le gamin », ce qui m'agaçait parce que Lubin était un tout petit bébé de 57 jours, pas un gamin. J'ai ouvert son pyjama et son body, il l'a ausculté, m'a demandé de prendre sa température. Il n'avait pas de fièvre, du moins je ne le pensais pas. Il a aussi examiné ses oreilles. Il a dit qu'il ne voyait rien d'alarmant. Peut-être un début de grippe. J'ai dit : « Pourquoi garde-t-il les yeux fermés ? ». « Il est fatigué », a-t-il répondu. Il a annoté son carnet de santé après l'avoir parcouru. J'ai insisté : « Il n'est pas dans son état normal, il geint. » Il a hésité : « Vous croyez ? Je n'ai rien entendu. » Lorsque j'ai installé Lubin dans son lit, il a eu de nouveau ce gémissement. Alors, le docteur L. a voulu me rassurer : « Ce n'est rien... ». Il m'a suggéré de lui donner son biberon à 6 heures, de voir le pédiatre dans la matinée. Et il est parti, me laissant toujours aussi inquiète. J'ai pris le couffin de Lubin et je l'ai installé dans le salon à côté de moi. Impossible de dormir. J'avais envie de le prendre dans mes bras, le tenir contre moi. Je n'ai pas osé, je ne le reconnaissais pas.

Je l'aurais gardé contre moi tout le temps, cette nuit-là, les nuits d'avant, il ne lui serait jamais rien arrivé, j'en suis certaine.

Jérôme part vers 6 heures 30. Il va s'entraîner pour le concours de violon à l'orchestre de Grenoble. Il est plus à l'aise au collège où il enseigne la musique, que dans l'appartement. J'essaie de donner son biberon à Lubin. Il ne veut pas téter, geignant par intermittence. En partant, Jérôme a observé : « Tu es toujours inquiète ? Il dort profondément. »

Ce sommeil n'a rien de naturel. A 7 heures, j'appelle le cabinet du pédiatre. Son répondeur indique un numéro d'urgence. J'hésite... Non, je préfère ma pédiatre : elle connaît mon bébé. Je me sentirai plus rassurée si elle le voit. S'habiller, ranger, chaque geste est un effort. 9 heures 20, nouvel appel. La pédiatre me fixe un rendez-vous vers 10 heures. L'angoisse me paralyse. Au fur et à mesure que s'écoulent les minutes, il me semble bouger de plus en plus lentement, comme dans les cauchemars où l'on veut courir en ne parvenant qu'à marcher. Pourtant c'est la routine : emmitoufler Lubin, le poser dans son couffin, mettre mon manteau, prendre le carnet de santé, mon chéquier, mon sac, brancher le répondeur, descendre au parking, installer le couffin sur le siège avec la ceinture de sécurité... Et toujours les gémissements de mon bébé, maintenant à côté de moi. Je crie presque : « Lubin ! Dis quelque chose, pleure si tu veux, pleure s'il te plaît ! Mais pas ce geignement ! »

A un feu rouge, je récapitule : 57 jours, une jaunisse les deux premières semaines, puis démarrage. Il a pris un kilo et demi depuis la naissance et il m'a souri. Hier ? Non avant-hier quand je le tenais face à moi. Il y avait ma voisine Isabelle C. J'étais soucieuse, je me souviens. Pourquoi, déjà ? Ah oui, il ne suivait pas des yeux lorque j'agitais un hochet devant lui, mais il me regardait bien, j'en suis certaine.

Je gare ma voiture. Dans le cabinet, je demande à être reçue en urgence, dès que le docteur aura terminé sa consultation. Attente, attente interminable. Lubin dans mes bras, je suis figée. Lui est tout mou, sans aucune réaction, sans vie.

« Il est très pâle cet enfant. Il est mal, ce petit, très mal », dit la pédiatre au premier coup d'œil. Elle l'examine et tout de suite appelle des hôpitaux pour savoir où on peut le recevoir. Lubin couché sur la table d'examen, je pose ma main sur son ventre. Encore une fois, je n'ose pas le prendre dans mes bras, le serrer contre moi, je ne reconnais plus mon petit. Je veux crier de peur, je ne peux pas. Tout à coup il s'agite, jette spasmodiquement bras et jambes de côté. « Il convulse, dit la pédiatre. Le SAMU, vite ! »

Elle téléphone encore. Comment fait-elle pour réagir aussi calmement ? J'ai l'impression d'être enfermée dans une cage de verre qui m'oppresse de minute en minute, je cogne, je crie, j'appelle au secours. Elle me parle lentement comme à un enfant :

— Ce bébé va très mal. Vous ne pouvez le transporter vous-même. Non, ne le rhabillez pas.

Elle diagnostique une infection urinaire, peut-être une méningite.

Elle dira plus tard qu'elle a été impressionnée par ma froideur. Elle me trouvait « sidérée ». Moi, je crois que je hurlais et personne n'entendait.

Le SAMU arrive et prend Lubin. Maintenant ils sont dans leur camion. Je ne peux pas venir avec eux. Le règlement ! « Retrouvez-nous à Saint-Vincent-de-Paul. » Ils ne partent pas. Je cogne à la porte. « Attendez, on le ranime. » Ranimer Lubin, ranimer Lubin ? Ça veut dire quoi ? Il s'est évanoui ? Mais qu'est-ce qu'il a mon bébé ? Expliquez-moi ! Je tape encore à la porte. Un regard par la vitre. Ils n'ouvrent pas.

Du café d'en face, j'appelle le collège d'Ecquevilly à côté de Mantes-la-Jolie et laisse un message à la gardienne pour Jérôme. Elle me jure qu'elle va le prévenir immédiatement, quitte à interrompre son cours de violon.

— Vous ne pouvez pas rester là, dit une contractuelle.

— Mon enfant est là, dans ce camion, il va mal.

— Vous ne pouvez pas rester là, je vous dis. J'appelle la fourrière, vous êtes sur des clous.

Il faut encore cogner à la porte. Par la vitre arrière, ils me font signe : « Débrouillez-vous. »

Une automate a pris ma place. Elle fait le tour du pâté de maisons, revient derrière le camion, attend, repart, revient, attend encore, retourne en rond, une heure durant. Le camion s'ébranle soudain. Je le suis. Bientôt il va trop vite, je le perds.

Aux urgences de Saint-Vincent-de-Paul, l'infirmière est pleine de compassion : on ne trouve pas Lubin ici, elle le cherche dans les hôpitaux environnants, encore du temps perdu. Je suis horriblement essoufflée. Où est mon fils ?

— Au Kremlin-Bicêtre, ils viennent de le déposer.

Comment va-t-on au Kremlin-Bicêtre ? Le périphérique ? Il pleut, tout est bloqué, je quitte le boulevard, me perds, et puis tout d'un coup, là, l'hôpital.

Un grand couloir, derrière une cloison de verre, des bébés tout nus, minuscules, sous des respirateurs. Lubin ? Je le cherche sans l'apercevoir. Une infirmière me tend un papier : un formulaire à remplir, une autre me dit d'attendre. Je veux qu'on me rende mon enfant, je ne veux pas le laisser ici. Si je le tiens contre moi, ça ira mieux. Je le veux contre moi.

Des gens passent. Une femme en pleurs, son mari la tient contre lui. J'envie ce chagrin partagé. Derrière eux, un couple plus âgé. Ses parents peut-être. Appeler ma mère ? Ma sœur aînée ? Non je ne veux pas les affoler. Je vais tenir jusqu'à ce que tout aille mieux. J'essaierai encore de téléphonner à Jérôme tout à l'heure pour qu'il vienne me rejoindre. Un médecin, enfin !

— Votre enfant est très mal, madame. On tente de calmer les convulsions pour faire un scanner. Y a-t-il des antécédents familiaux de problèmes sanguins ? Il a du sang dans le cerveau.

— Du sang dans le cerveau ? Mais qu'est-ce que ça veut dire ? Je n'ai jamais entendu parler de problèmes sanguins dans ma famille ou celle de mon mari. Enfin, il m'a dit que petit, il saignait facilement du nez...

— Nous en saurons plus après le scanner.

— Je peux le voir ?

— Hors de question. Rentrez chez vous, on vous joindra plus tard, ou appelez en fin de journée.

Je ne sais pas le nom de ce médecin. Il était écrit sur l'étiquette accrochée à sa blouse mais je ne peux pas lire de loin. J'ai oublié de le lui demander. Du sang dans le cerveau ? Je veux voir mon fils, le prendre dans mes bras, je ne peux penser à rien d'autre. Je refuse toute perspective.

De retour à la maison, le jour tombe, pas de message sur le répondeur. Je me couche. Jérôme arrive vers 18 heures. Je lui raconte la journée. Il ne me croit pas. Un coup de fil à l'hôpital : Lubin est dans le coma, les examens ne sont pas achevés. Il faut attendre.

— J'ai peur qu'il meure.

J'ai attendu toute la journée pour prononcer cette phrase. Le seul à pouvoir l'entendre était Jérôme. Le seul capable de me rassurer. Quelle erreur !

Il hausse les épaules :

— Enfin, il était très bien cette nuit, on ne lui a rien trouvé.

Moi, j'ai vu le visage de la pédiatre, des réanimateurs du SAMU, du médecin au Kremlin-Bicêtre. Je sais.

Je veux aller voir Lubin et je suis incapable de bouger. Si j'insiste vraiment, Jérôme m'accompagnera, mais je n'ai pas la force. Il a prévu une répétition pour un prochain concert. Je le supplie de rester avec moi, il accepte et annule sa soirée. Mais il va s'installer au salon. La chatte saute sur le lit, se blottit contre moi. Elle sent mon angoisse. Je la caresse mécaniquement et elle ronronne. Au bout d'un moment, le bruit familier me berce.

Plus tard, me remémorant ces instants où j'étais figée, aboulique, incapable même de demander de l'aide pour aller à l'hôpital, j'y ai vu de la lâcheté, l'incapacité à affronter la mort de mon enfant, la peur d'assister à son agonie. Alors j'ai pensé à une amie d'enfance. Elle avait une fille, Marie, âgée de 10 ans, atteinte d'un cancer. Sa manière de s'occuper de Marie faisait l'admiration de sa famille : toujours gaie, pleine d'entrain. La petite fille était tout pour elle et elle se démenait héroïquement pour lui faire oublier sa maladie. Vingt-quatre heures sur vingt-quatre, elle était présente, vigilante, infatigable. Puis quand est venu le moment de partir pour la dernière fois à l'hôpital, elle est restée à la maison, elle a laissé son enfant partir seule. Pas par manque d'amour, par désespoir. Elle avait atteint ses limites. Elle ne pouvait pas aller au-devant de la mort avec Marie.

Jérôme écoute un quatuor à cordes, son préféré. Je reconnais la mélodie, je n'ai jamais pu en retenir le titre. Lui au salon, moi dans la chambre, chacun de notre côté, comme d'habitude. J'imaginais, cet après-midi, que la maladie de Lubin allait nous rapprocher. Est-ce qu'un père et une mère devant un enfant aussi gravement atteint ne se réconfortent pas mutuellement ? Est-ce qu'ils ne sont pas dans les bras l'un de l'autre comme ce couple dans le couloir de l'hôpital ? Je me suis trompée. Ce poids de peur et d'incertitude, nous ne le partagerons pas. Il ne veut pas.

Samedi 3 décembre 1994

Nous arrivons tôt à l'hôpital. Un médecin nous reçoit dans son bureau : Lubin souffre d'une hémorragie cérébrale, d'une fracture du crâne relativement ancienne, d'une fracture du radius, de la clavicule, du tibia. Ces mots ! Il répète plusieurs fois hémorragie, fracture du crâne, fracture de la clavicule, fracture, fracture. Jérôme s'effondre en larmes, il crie : « C'est moi, c'est moi ! » Quelque chose comme une lave noire me submerge. Lubin ! Il me souriait, quand ? Il était beau, il avait grossi. Je ne peux pas supporter ça. Jérôme pleure bruyamment. Arrêtez ça ! Taisez-vous ! Personne ne m'entend parce que je n'arrive pas à parler. Je me noie.

Quelquefois la nuit, quand je suis très fatiguée, je tombe dans un demi-sommeil, l'impression d'être réveillée dans le noir sans savoir où je suis. Je me dis :

« Si je ne bouge pas, et ne dis rien, tout va s'arranger. Je vais me réveiller. » Je ne bronche pas. Je suis réveillée. Rien n'a changé.

Mon bébé battu, cassé, fracassé, par qui ?

Encore une fois, essayons le silence immobile. Quelque chose va se passer. Quelqu'un va entrer et dire :

— Excusez-nous, il y a eu une erreur. Votre bébé va mieux, des fiches, des radios ont été mélangées...

Au lieu de quoi, le médecin se penche vers moi :

— Vous pouvez me donner des détails sur la naissance et sur votre accouchement ?

Et je fais un petit résumé signalant une anesthésie péridurale et l'utilisation des forceps pendant mon accouchement.

— Et vous monsieur Duchemin ? Vous ne vous souvenez de rien ?

Il larmoie, il hoquette : « Je ne pensais pas avoir été si brutal... »

Je ne comprends pas du tout ce qu'il balbutie, pourquoi il veut être à l'origine des fractures. L'idée même de violence me fait trop horreur. Tant que je la rejette de toute mon énergie, elle n'existera pas. C'est idiot, je sais.

— Jérôme, qu'est-ce que tu racontes, enfin ?

On nous emmène voir Lubin. Il faut passer par un sas, mettre des bottes, une blouse, un bonnet, un masque, se laver les mains, tout un rituel que nous observons en silence. Jérôme ne me regarde pas, il ne s'approche pas de moi. Je le note fugitivement en suivant le médecin jusqu'auprès de Lubin.

Les palpeurs du monitoring le harnachent. C'est mon enfant, ce petit être écartelé par les perfusions, blanc sous la lumière des néons ? Il y a du bruit autour de nous, des vibrations, des sifflements doux.

Les yeux fermés, son visage est d'une pâleur atroce, sa peau palpite. Jérôme gémit : « Lubin, Lubin ! »

Je voudrais faire comme lui : « Lubin, attends-moi, ne pars pas sans moi... » Je ne sais pas dire ces mots à mon enfant. Je le caresse inlassablement. Je regarde mon petit mourir, et je meurs avec lui.

En sortant du sas, Valérie, mon amie d'enfance, celle qui m'appelait « Magote » en sixième, quand je l'appelais « Valy », Valérie m'attend avec Patrick son compagnon. Elle a fait médecine quand je faisais prépa et Centrale, elle est devenue gériatre et moi ingénieur, nous ne nous sommes jamais perdues de vue. Elle me serre dans ses bras et je m'écarte :

— Lubin est mourant, et tu sais la meilleure ? On nous accuse de l'avoir battu !

Ma voix rend un son que je reconnais à peine. Ce ne sont pas exactement les termes que j'aurais voulu utiliser, tant pis ! La stupeur, l'incrédulité, l'horreur passent sur le visage de mes amis. Jérôme soupire : « C'est moi, c'est de ma faute. »

Ses yeux gonflés, le visage rouge et tuméfié, il tord violemment ses grandes mains de violoniste, les jointures blanchissent. Où est l'homme qui, hier soir, me disait : « Tu dramatises tout ! »

— C'est une erreur, ils se sont sûrement trompés, dis-je.

Pendant quelques secondes tous me croient, tant ils en ont envie. Contre toute attente, j'espère encore quelque chose...

Valérie m'accompagne examiner les radios. A sa réaction, je vois qu'elle n'a pas de doute.

— Il a fallu une violence inouïe, dit-elle. Ça ne peut pas être l'un de vous. Il aurait fallu jeter Lubin par terre, le balancer contre un mur !

Jérôme rabâche : « C'est de ma faute... »

Enfermée dans ma cage de verre, je lutte contre la panique. Je dis à la radiologue :

— Une erreur ? On ne peut pas intervertir les radios ? Cela n'arrive pas de temps à autre ?

Elle me jette un coup d'œil glacial :

— Non, impossible. Enfin dans ce cas-là, j'ai tout vérifié.

Devant ce juge impitoyable, je reste impassible. L'espace de quelques secondes, en pensant avec effroi aux aveux de Jérôme, j'accepte l'impensable puis je refuse. Valérie m'entraîne hors du service.

De retour à la maison avec Valérie et Patrick, Jérôme leur montre à la cuisine où et comment il a cogné la tête de Lubin « contre le micro-ondes, ou le mur, enfin c'était dans le noir, il faisait nuit. » Valérie tente de lui faire comprendre que les fractures exigent beaucoup de force, infiniment plus qu'un simple heurt. Il insiste : il l'a cogné, ça a fait un bruit sourd, il a mis de la glace sur le front de Lubin et le bébé n'a pas réagi. Je l'écoute, tétanisée. Le chaos en moi est tel que je ne peux pas bouger même lorsque les parents de Jérôme arrivent. Avec eux, il réitère sa démonstration, refait les gestes, explique le choc.

Quand j'ai accouché, je n'ai pas souffert du tout. Et aussitôt, lorsqu'on a posé Lubin sur mon ventre, j'ai éprouvé un bonheur et une paix merveilleux. Comme si d'un coup, j'avais trouvé le rythme parfait de ma respiration, comme si mon corps s'était mis en harmonie avec ce petit bout d'homme que je découvrais contre moi.

La souffrance que j'éprouve maintenant est à la mesure de ce bonheur. Une douleur physique, un arrachement tels que je deviens inattentive à ce qui se déroule autour de moi. Par moments, j'essaie, en vain, de participer à la conversation. Que mon enfant soit mort sous les coups... est inconcevable. Valérie va rechercher de possibles pathologies.

— Les os de verre, dit-elle, j'ai entendu parler de ça...

Sa conviction, même de façade, m'encourage. Réfléchissons et analysons la situation. A l'hôpital, ont-ils vraiment fait toutes les recherches ? Est-on certain à cent pour cent que les examens sont ceux de Lubin ? Je fais mentalement une liste de tout ce que l'on peut envisager...

Soudain Jérôme dit :

— Je dois y aller.

C'est un autre homme, calme, rasséréné. Il va répéter pour le concert du lendemain. On lui objecte l'état de Lubin, l'attente de nouvelles éventuelles, il tient bon. Sa mère observe que cela lui fera du bien, il promet qu'il « jouera pour Lubin ». Je reste silencieuse, effondrée devant son attitude. Valérie, elle, est scandalisée. Les Duchemin m'emmènent chez eux à Fourqueux, Patrick et Valérie promettent de revenir demain à l'hôpital.

Dimanche 4 décembre 1994

J'ai longtemps attendu Jérôme puis je me suis endormie. Ce matin, on nous appelle : Lubin a fait trois arrêts cardiaques cette nuit. Il est mourant. Il faut venir vite. Jérôme veut emporter les photos de

Lubin : les premières, prises juste après la naissance et d'autres, plus récentes. Mon bébé a des traits réguliers, un petit nez bien dessiné et un regard comme un sourire. Ces images me renvoient à une réalité insupportable. Jérôme se déclare maintenant persuadé que la fracture du crâne est due aux forceps.

Nous retrouvons nos deux familles : mes parents, Bénédicte, la cadette de Jérôme et puis Valérie et Patrick. Ce matin, Jérôme est plus calme et plus gentil avec moi. A un moment, il m'a pris la main.

Un médecin vient me voir :

— Avez-vous remarqué quelque chose de particulier sur votre fils ?

— Rien. Si, une fois des marques au talon puis sur l'épaule. J'en ai parlé à ma belle-mère qui m'a dit que dans la famille, on marque facilement.

— Des marques ? Des traces de coups ?

— Non. Des marques, pas des traces de coups.

Le médecin note. Jérôme me tire par la manche et chuchote entre ses dents :

— Tu parles trop.

Je ne comprends pas. Valérie m'explique qu'elle a déjà entamé des recherches hier soir pour déceler ce qui a pu se passer. Elle me rend un peu d'espoir. La mort de mon enfant sous les coups ? Non, je ne peux pas imaginer.

Encore cette impression d'être derrière une vitre. Prisonnière et glacée. Alors je réfléchis sans oser m'aventurer loin parce que j'ai peur de ce que je pourrais trouver. La violence, les images de violence, m'ont toujours plongée dans une terreur abjecte.

Un autre médecin, ou une assistante sociale, je ne sais pas. On me pose encore des questions, de nouveau un récapitulatif : Est-ce que je peux me souvenir de faits sortant de l'ordinaire depuis la naissance de mon fils ? Est-ce qu'il pleurait beaucoup ? Non, justement, il était très calme. Y avait-il quelqu'un d'autre que mon mari ou moi pour le garder ? Non, personne. Lui et moi, c'est tout.

A mon tour, je veux poser des questions : Les forceps à la naissance peuvent-ils causer une fracture comme le pense Jérôme ? Une jaunisse peut-elle fragiliser les os selon la suggestion de mon accoucheur, le docteur Ouzilou ? Ne peut-on avoir commis une erreur en intervertissant les radios de mon fils avec celles d'un autre enfant ? Le médecin répond non à toutes mes interrogations. Mes hypothèses lui paraissent absurdes. Mais j'insiste encore :

— Ne peut-il y avoir une explication pathologique ?

— Dans un 1 % des cas.

— Lubin fait partie de ce 1 %.

Le médecin est convaincu que non. Ma belle-mère s'assied à côté de moi.

— Tu as parlé des traces de coups ?

— Non. Pas du tout.

— Il ne faut pas parler de coups. Jérôme s'accuse stupidement. Mais il n'a jamais rien fait. Tu peux en témoigner, n'est-ce pas ?

— Oui bien sûr !

Ma belle-mère veut me faire entendre quelque chose, je ne m'y attarde pas, je ne comprends pas.

Nous grignotons un sandwich. Jérôme regarde sa montre et dit :

— Bon, j'y vais.

— Où ?

— Au concert.

— Ton fils est mourant et tu vas faire de la musique !

— Je n'y peux rien, c'est un engagement.

— Mais enfin, la musique passe avant ton fils ?

— Non, mais je ne peux pas les laisser tomber...

Valérie s'interpose avec son franc-parler habituel :

— Comment peux-tu abandonner ta femme seule dans un moment pareil ?

— Je n'y peux rien, dit Jérôme, d'ailleurs elle est avec vous.

Plus tard, mes parents me proposent de revenir avec eux à Melun :

— Tu te sentiras mieux !

Je refuse, ne serait-ce que parce que Melun est beaucoup plus loin de l'hôpital que Fourqueux. Et puis, je ne veux ni chaleur ni tendresse sinon je vais m'effondrer. Je connais si peu les parents de Jérôme, ce sont des étrangers pour moi. La coquille que je me suis fabriquée ne tiendrait pas devant l'affection des miens, j'exploserais en morceaux, je ne m'appartiendrais plus. Or je dois tenir, survivre pour Lubin, pour comprendre, quoi qu'il m'en coûte.

Lundi 5 décembre 1994

Jérôme est parti à l'aube déposer ses dates de congés au collège d'Ecquevilly où il est maître-auxiliaire. Je lui ai proposé de le faire par téléphone, il ne m'a pas écoutée. Par moments, et en dépit des émotions qu'il manifeste, j'ai l'impression que la vie continue pour lui comme avant. Comment se débrouille-t-il ?

Quand il revient, il est trop tard : Lubin vient de mourir. Le médecin nous donne le diagnostic définitif : il est mort des suites du Syndrome de Silverman. Traduisons : Lubin a reçu des coups qui ont entraîné la mort. Ma belle-mère s'écrie : « La dépression, la gifle, puis ça maintenant ! » Jérôme sanglote de nouveau très fort. Personne ne prête attention à cette phrase. Au cours du procès, avec les témoignages de Jérôme, elle prendra tout son sens.

Le médecin annonce une enquête et une autopsie. Mon mari s'emporte, il ne veut pas d'autopsie, la trouve inutile, révoltante. Pascal T., son ami, enseignant dans le même collège et musicien comme lui, propose de voir le chef de service, le professeur Huault, et l'accompagne. Le médecin ne cède pas et explique qu'il n'y a pas de traces visibles de coups parce que : « Lorsqu'on casse les os d'un enfant comme on casse un crayon, il n'y a pas de traces. » Je m'efforce de convaincre Jérôme que cette autopsie peut justement donner l'origine de la mort de Lubin et nous permettre de ne pas connaître le même drame avec un autre enfant. Il reste silencieux.

Pascal ensuite nous emmène chez lui. Pendant que nous buvons un café, il nous offre de partir quelques jours dans sa maison à la campagne, quand tout sera réglé. Jérôme accepte. Il dit : « Partons tout de suite. Tu me passes les clefs puis tu viendras nous rejoindre... » Je refuse catégoriquement de l'accompagner : il va y avoir une enquête. Partir sans Lubin, la vie sans Lubin, je ne peux pas me faire à cette idée. Il insiste : « Cela te fera du bien ! » Je ne comprends pas cette hâte soudaine. Il propose de partir le prochain week-end.

Nous rentrons à Fourqueux, je n'ai plus d'énergie, plus de vie. Je suis un bagage encombrant que l'on dépose dans un coin. Jérôme me laisse pour aller chez nous, à Montrouge, prendre le courrier et enregistrer un message sur le répondeur indiquant où nous sommes.

Mardi 6 décembre 1994

Jérôme est parti à une répétition ou au collège, je ne sais plus. Ma belle-mère m'emmène faire des courses pour me changer les idées. Elle m'achète des chaussures, je donne à développer les dernières photos que j'ai prises de Lubin. Je suis une femme mécanique absorbée par des tâches banales. Maintenant, en moi, règne le silence, je ne sens rien, ne pense à rien. La souffrance m'a pétrifiée.

De retour à la maison, installées à la cuisine, nous buvons du café. Ma belle-mère parle, elle parle vite, sans reprendre haleine, sans qu'on puisse l'interrompre. Un flot de mots se déverse sur moi. Elle me raconte la crèche qu'elle a dirigée à Elancourt. Elle a connu le cas d'un bébé bleu dont on a cru qu'il était battu par ses parents, une erreur terrible. Elle a vu des cas de maltraitance dans cette crèche. Des parents violents que l'on finissait toujours par démasquer. Elle soupire qu'elle n'a pas pu continuer, trop dur, trop fatigant. Puis elle décrit sa propre famille, son enfance assombrie par la mort de son petit frère de neuf mois. Elle avait deux ans : « Ma mère ne m'a jamais pardonné la mort de mon frère. » Est-ce qu'elle l'a fait tomber ? Est-ce qu'elle est vraiment fautive ou est-ce un sentiment de culpabilité parce qu'elle est restée en vie et pas lui ? Elle se dit convaincue que sa mère aurait sûrement préféré que ce soit elle qui disparaisse. Elle, la fille, et pas le fils. « D'ailleurs mes parents n'aimaient pas les enfants. Quand je venais les voir, je devais enfermer Jérôme et Bénédicte dans la salle de bains toute la journée pour qu'ils ne dérangent pas. On ne les sortait que pour le déjeuner. Apparemment, ça ne les a pas traumatisés. Ils préféraient aller chez leur grand-mère maternelle que chez l'autre ! »

La mère de Jérôme, elle, adore ses enfants. Sa famille, c'est toute sa vie. Elle serait prête à tout sacrifier pour la préserver. De nouveau, l'impression confuse qu'au-delà de ses confidences, ma belle-mère veut me dire ou me faire dire quelque chose. Encore aujourd'hui, je m'interroge : avait-elle des doutes ? Voulait-elle me suggérer que certaines choses ne devraient pas être révélées ?

Mercredi 7 décembre 1994

Elle prend tout en main. Elle veut le conseil d'un avocat. Toujours persuadée que Lubin est mort d'une pathologie, je ne vois pas la nécessité de consulter un homme de loi. Je m'obstine même : « Puisque nous n'avons rien fait, on va bien finir par s'en apercevoir ! » Ma belle-mère soudain exaspérée lance : « Puisqu'il faut tout vous expliquer, c'est clair : on vous accuse, il faut vous défendre ! » Je voudrais savoir pourquoi elle sait que l'on nous accuse de manière aussi nette et définitive. Mais je n'ai pas la force de discuter. Jérôme m'emmène voir une avocate bientôt à la retraite qui promet, le cas échéant, de nous mettre en contact avec un défenseur. On va comprendre certainement quelle erreur a été commise. Je me tais. Inutile de contrarier ma belle-mère déjà si nerveuse.

Jeudi 8 décembre 1994

Deux messieurs arrivent vers 13 heures chez mes beaux-parents. Très corrects : « Madame Magali Duchemin est-elle là ? On a eu du mal à vous trouver. On est d'abord allés à votre appartement, à Montrouge. » Aujourd'hui, je comprends qu'ils ont appelé à Fourqueux et la mère de Jérôme leur a confirmé ma présence chez elle. Pourtant elle ne m'a pas prévenue. Ils sont là pour m'emmener mais ils demandent à Jérôme de venir aussi. Les deux hommes ont parlé avec le personnel de l'hôpital, leur opinion est déjà faite. Il ne leur reste plus qu'à recueillir des aveux.

C'est arrivé il y a huit ans. Jérôme et moi, immédiatement soupçonnés d'avoir tué notre bébé, avons été placés en garde à vue pendant quarante-huit heures. Puis incarcérés. Nous sommes restés en prison, lui dix-neuf mois, et moi vingt-deux.

Dès le début, cependant, les soupçons se sont orientés sur moi. Durant la garde à vue, toute l'enquête semblait n'avoir qu'un but : m'accabler et disculper Jérôme. L'instruction menée par deux juges successifs a suivi cette piste. Le dossier bouclé concluait à ma culpabilité et innocentait Jérôme, ne retenant contre lui que négligence et non-assistance à personne en danger. L'acte d'accusation ainsi rédigé ayant été refusé par le procureur de Versailles, il fut repris et nous avons alors été inculpés de : « Violences habituelles sur mineur de moins de quinze ans ayant entraîné la mort sans intention de la donner. »

En octobre 1997, j'ai été libérée sous contrôle judiciaire dans l'attente de mon procès. Deux ans de prison, à Versailles, m'avaient détruite. Mes parents m'ont prise chez eux comme une enfant en convalescence. Ils habitent un appartement dans un parc un peu sauvage avec de grands arbres. Tout y est calme et silencieux. Pendant mes premières semaines à Melun, je n'ai pas mis le nez dehors. Je dormais. Je me nourrissais. J'avais peur de sortir, peur de la foule. Ma sœur est venue me voir, j'ai découvert les jumeaux, son fils et sa fille nés pendant ma détention ; mes amis eux aussi sont venus. Progressivement, j'ai recommencé à vivre. Les grands accidentés de la route, lorsqu'ils reviennent à une vie normale, éprouvent peut-être les mêmes sensations d'étrangeté et de sensibilité excessive.

Au bout de trois mois de cette convalescence, j'ai pu réintégrer mon poste d'ingénieur au Commissariat à l'énergie atomique dans un service différent du mien, délocalisé dans le Sud. Mais comment reconstruire sa vie lorsqu'on est inculpé ? Et comment vivre avec l'ombre d'un enfant mort ?

Je ne parlais pas de mon drame, et dans mon équipe, personne n'était au courant. Je sortais peu, sauf pour aller dans ma famille ou voir des amies très intimes en tête-à-tête. Je redoutais tous les nouveaux visages. Si un inconnu me manifestait de la sympathie, je me cachais instantanément dans ma coquille. Je préférais être seule.

J'ai rencontré Pierre en 1998. Il m'a acceptée et m'a aimée telle que j'étais : accusée de meurtre, dans l'attente d'un procès et menacée de retourner en prison. Il m'a fait confiance, m'a appris à aimer. Il a partagé avec moi un bonheur en sursis, mobilisant son intelligence, son énergie, toutes ses forces, non seulement pour m'aider à vivre normalement cette existence entre parenthèses, mais aussi pour bâtir ma défense. Etrangement, cette période reste jusqu'ici la meilleure de ma vie.

Un premier procès a eu lieu aux assises de Nanterre en novembre 2000. Jérôme a été acquitté et moi condamnée à quinze ans de prison. J'ai retrouvé la prison de Versailles. Puis mon avocat, Paul Lombard, a réussi à me faire libérer sous contrôle judiciaire, et j'ai bénéficié de la nouvelle loi sur la présomption d'innocence qui m'autorisait à un appel d'assises. En revanche, Jérôme Duchemin, lui, était libre définitivement. La loi telle qu'elle existait en 2000 ne prévoyait pas qu'un acquittement puisse être remis en question.

Pendant un an, j'ai travaillé à nouveau mon dossier, j'ai cherché à comprendre pourquoi la justice s'était acharnée contre moi, pourquoi je n'avais pas réussi à convaincre de mon innocence. Mes amis, groupés en association, ont travaillé avec moi à ma défense. Nous nous sommes interrogés, nous avons demandé le conseil de médecins pour connaître les raisons médicales exactes du décès de Lubin. J'ai mesuré combien j'avais été aveugle, et les motifs de ma cécité. Une nouvelle avocate, maître Senyk, a rejoint Paul Lombard. Le 12 novembre 2001 a débuté le procès en appel. Ce fut un étrange procès, le premier sans doute, et le seul[1] de ce genre – puisque la loi sur la présomption d'innocence a été revue – où, des deux accusés d'origine, il ne restait que moi. L'autre, libre, revenait cependant dans le prétoire comme témoin. Le législateur n'avait en effet pas prévu que le Parquet puisse faire appel d'un acquittement en assises. Le résultat était ce procès bizarre, mal équilibré, difficile à comprendre.

On m'avait dit que le président Didier Wacogne était un des meilleurs présidents d'assises : intelligent, modéré, pondéré. Je l'ai rencontré avant le procès. La loi veut que le président reçoive l'inculpé pour signifier qu'il fait bien appel. Il avait un visage rond et calme. Une manière à la fois distante et aimable de s'adresser à moi. Parfaitement impassible. Il m'a été impossible de percevoir sa vision de mon affaire. Il portait une grosse montre bracelet et à l'autre bras un bracelet de métal. Pendant le procès, cet éclat argenté surgissait par instants lorsqu'il agitait le bras et que sa manche se relevait. Je me demandais pourquoi il portait ce bracelet. Est-ce que c'était un de ces anneaux de métal dont on dit qu'ils empêchent les rhumatismes ? Est-ce que c'était un cadeau ? Le contraste entre ce bijou et la robe rouge me fascinait.

L'avocat général, Philippe Bilger, 55 ans, lui aussi considéré comme une star de la magistrature, avait toujours été procureur, c'est-à-dire accusateur. Il était aux assises depuis dix ans environ. Je l'avais vu à la télévision dans une émission de Jean-Luc Dela-

1. Le seul parce que la modification de la loi permet désormais appel d'un acquittement. Ce procès, s'il avait eu lieu aujourd'hui, aurait pu réunir Magali et Jérôme à égalité.

rue sur la justice. Sa déclaration m'avait laissée perplexe. Il se disait « drogué aux assises : un théâtre vrai. J'adore la première seconde d'un procès, le moment où je découvre l'accusé, la victime ou les avocats... L'incertitude existe, elle colore le débat criminel. Je dois avoir une stratégie de conviction, qu'elle soit favorable ou défavorable à l'accusé, c'est une mission d'influence. » Il percevait avec une intelligence aiguë les moindres tensions, les moindres instants de faiblesse chez les uns et les autres. Mais par moments, il se laissait emporter par la colère ou l'agacement. Il devenait agressif, sarcastique, on le sentait au bord d'exploser... Et je me demandais s'il ne jouait pas avec sa colère comme d'autres avec leur charme.

Le procès a eu lieu. J'ai été condamnée de la même manière que la première fois ou presque : de quinze ans, ma peine a été ramenée à dix ans. Ne pouvant faire la preuve de mon innocence en justice, j'ai voulu dire mon histoire. Il n'y a plus de juge ni de jurés à persuader, plus de procureur à redouter. Je suis libre de dire ma vérité, celle que l'on n'a pas voulu ou pu entendre depuis sept ans.

Pendant toutes ces années, aujourd'hui encore, le tendre fantôme de mon fils ne m'a jamais quittée. Son petit visage, son sourire, je les porte en moi. Il me demande que la vérité soit reconnue. Je ne peux lui donner satisfaction : les éléments d'informations en présence auraient pu faire réfléchir et hésiter. La justice est restée sourde et aveugle.

Première partie

Lundi 12 novembre 2001

Lundi 12 novembre 2001
11 heures

Première audience

Un juré pris dans les embouteillages retarde l'ouverture de la première audience. Les avocats déambulent, discutent en aparté, reviennent à leur banc. Les rangs du public se remplissent, les journalistes discutent et lisent la presse. A Nanterre, l'an dernier, le décor évoquait l'administration et la paperasse : fonctionnel, carré, rigoureux, sans grandeur. La grande salle des assises de Paris, elle, n'a pas bougé depuis la moitié du XIXe siècle. Le chêne sombre des lambris sculptés, les bancs raides et inconfortables, les sept hautes baies vitrées ouvertes sur un ciel et des murs gris, le haut-relief doré de la justice dominant les bureaux et les fauteuils en cuir vert et en bois sculpté de la cour, une fausse tapisserie sur le panneau face à l'extérieur composent le faste discret, l'emphase et la solennité qui siéent à la justice et à ses serviteurs... Si le procès est un spectacle, j'ai trouvé son théâtre idéal.

Le box des accusés restera vide. Comme le veut la nouvelle loi, je me présente libre à l'audience, assise à côté de mes avocats : Paul Lombard, Martine Lombard et Nathalie Senyk. Il y a aussi la collaboratrice de Paul Lombard, Céline Astolphe.

Pour mon premier procès, Paul Lombard m'avait conseillé une tenue sobre. En noir par exemple. Je n'en porte jamais. Je n'avais rien de noir sauf un pull... Cette fois, une seule exigence : être moi-même, genre confortable mais pas négligée, donc pull blanc et une jupe longue en laine gris chiné. Je mets un cardigan à grand col et un foulard autour de mon cou. Je n'ai jamais porté ces vêtements de cette manière. Ce sera ma tenue de procès et je n'en changerai pas.

Vers 11 heures, l'huissier annonce à voix forte :

— La cour !

Et entrent les magistrats : le président Didier Vacogne et ses deux assesseurs, l'avocat général Philippe Bilger. Tout le monde s'assied.

Le président annonce :

— L'audience est ouverte !

Finis l'attente, la préparation, le travail de fourmi dans le dossier. « Tu n'as qu'à imaginer que tu vas passer un examen comme tu en as passé pour Centrale et toutes les grandes écoles que tu as préparées », m'a dit quelqu'un dont je préfère oublier le nom. Pour cet examen-là, j'ai eu beau potasser, j'ignore la plupart des règles et l'enjeu n'est pas un métier mais ma vie !

Comme pour tous les procès d'assises, un long moment se passe à choisir les jurés qui peu à peu vont remplir les fauteuils de part et d'autre des assesseurs. Le choix donne la place à une majorité d'hommes plutôt jeunes, quatre femmes elles aussi assez jeunes. Je ne connais pas leur profession, il me semble que la liste dont nous disposions l'indiquait mais maintenant je ne me souviens plus des noms et des emplois.

Restent des visages impersonnels, visiblement intimidés, attentifs.

Ensuite, le président donne la liste des témoins, le jour et l'heure prévus pour leur audition. Ils sortent et ne reviendront que pour être entendus. L'avocat général demande d'ajouter à la liste le docteur Dubec, psychiatre. Le président accepte et fixe sa venue à jeudi avec les autres experts.

Enfin, le président ayant réglé tous les problèmes d'organisation, prend la parole :

— Attention, on ne juge que Magali. Méfiez-vous de cette démarche simpliste qui voudrait que ce soit forcément Magali la coupable puisque Jérôme a été acquitté. Ecoutez votre intime conviction, analysez les éléments d'informations et n'ayez pas d'a priori au regard de la décision de la cour d'assises de Nanterre. Il est trop simple d'accuser Magali Guillemot ; il faut des convictions fortes établies après avoir entendu chacun des témoins, dont monsieur Duchemin. Le seul jugement ici concerne Magali Guillemot. Nous ne faisons pas de retour sur le procès précédent. Nous repartons à zéro. Le jugement des jurés sera fondé sur leur conviction intime après audition de témoignages contradictoires, y compris celui de Jérôme Duchemin.

Je regarde l'assistance. Tout le monde affiche un visage sérieux, personne ne réagit. Le président espère-t-il réellement que tout est oublié du procès de Nanterre ? Son avertissement est nécessaire : c'est le premier procès de ce genre dans toute l'histoire des assises ! Un procès en appel d'assises, qui permet à l'un des deux coaccusés acquitté de revenir comme témoin et, en l'occurence, accusateur.

Pas facile dans ces conditions de tout oublier du premier procès.

Comme un an auparavant, je retrouve Jérôme rouge, gauche, maigre, voûté, le regard fixé sur ses chaussures, presque inquiétant. Il me rappelle Van Gogh dans ce tableau intitulé *L'Oreille coupée*. Maître Lemaire, tout en rondeurs, a des fulgurances de fauve à la chasse et maître Bensoussan, silencieuse, semble aux aguets. Cette femme est étrange, elle a un visage modeste, une allure discrète lorsqu'on la voit pour la première fois. Or elle est capable d'arborer un sourire sardonique, un regard mauvais qui me plongent dans une angoisse intense.

La greffière lit l'acte d'accusation. Elle a la voix prise par une mauvaise grippe. Elle doit s'interrompre fréquemment pour boire. Il s'agit du même acte que lors du précédent procès. Long de quarante pages, il expose les résultats de l'enquête, cite des extraits des auditions de Jérôme et moi et des rapports d'expertises médicales et psychiatriques. Et il conclut sur l'accusation portée contre nous : « Violences habituelles sur mineur de moins de quinze ans ayant entraîné la mort sans intention de la donner. »

Il ne tient pas compte de la réalité du dossier. Il ignore que Jérôme n'est plus accusé, ni que, libre définitivement, celui-ci s'apprête à se constituer partie civile.

La lecture achevée, le président lit les réponses données par le jury de Nanterre aux questions sur la culpabilité des deux accusés : j'ai été reconnue coupable de tous les chefs d'accusation, Jérôme non. Il rappelle que la cour d'assises de Nanterre a prononcé l'acquittement de Jérôme Duchemin et m'a condamnée à quinze ans de réclusion.

Ensuite, on passe à la constitution de partie civile : les avocats doivent plaider pour et contre. La cour statuera ensuite. Cette décision est essentielle parce qu'elle modifiera complètement la suite du procès.

J'ai du mal à comprendre comment Jérôme peut se constituer partie civile. « Il veut tout simplement bétonner son acquittement parce qu'il le sait basé sur des arguments qui n'en sont pas », m'a expliqué maître Lombard. Il le répète ici en ajoutant : « Il y a des excès qui jugent mieux que les hommes ceux qui en sont eux-mêmes les auteurs... »

Maintenant l'avocat général parle, impétueux et enthousiaste :

— La remise en liberté de Magali était exceptionnelle. Vous êtes la juridiction de la seconde chance, innovez, inventez. Votre juridiction n'infirme ni ne confirme. La base juridique du premier procès a disparu. Le premier arrêt est réduit à néant.

Pour lui, Jérôme Duchemin acquitté devient victime dans cette affaire. Dès lors, il doit pouvoir se porter partie civile. Et il tranche : Jérôme Duchemin, libre, est à ses yeux « un demandeur comme un autre ». J'ignore ce qu'il met dans cette formule.

Ensuite, Philippe Lemaire prend la parole :

— Nous ne venons pas en accusateurs ou pour fausser le jeu judiciaire mais pour comprendre comment tout cela s'est passé. Jérôme Duchemin veut comprendre le drame, les raisons de la maltraitance.

Paul Lombard souligne que Jérôme Duchemin, ce témoin passé partie civile, ne prêtant pas serment, devient accusateur et peut dire n'importe quoi. Il achève ainsi : « Un homme innocent et acquitté n'a pas besoin d'un avocat présent à ses côtés pour lui dicter ses paroles. »

Il est 14 h 30. L'audience est suspendue.

Lundi 12 novembre 2001
15 heures

Deuxième audience

L'an dernier, mon repas quotidien consistait en un sac de chips et un morceau de pain de la veille, accompagné d'une crème de gruyère, pris dans une salle derrière les assises sous la surveillance d'un gendarme. Aujourd'hui, je vais déjeuner avec des amis. Nous cherchons un bistrot discret : des photographes et des cameramen me suivent. Et moi, en photo, j'aurai l'air hagard, renfrogné, l'œil rouge... La coupable idéale ! C'était l'effet produit au précédent procès. A voir ma tête, les médias m'avaient déjà condamnée : je ne faisais pas un sou à l'audimat des victimes tragiques et glamour.

Impossible d'avaler quoi que ce soit. Juste un jus de fruits mais j'ai trop mal à l'estomac. Mes compagnons supputent les chances de la partie civile, évaluent les comportements des jurés, estiment l'influence de la famille Duchemin sur la décision de la cour. Discussions, plaisanteries, ils ne perdent pas espoir.

De retour dans la salle, je m'assieds. En face de moi, Jérôme. Nos avocats respectifs sont en retard. L'attente provoque une telle angoisse que j'éclate en sanglots. La pensée de mon bébé, ce chagrin qui s'allégeait avec le temps reprend tout son poids. J'étouffe, des douleurs me crispent les jambes et le dos. J'ai une crise de tétanie. Nathalie Senyk à peine arrivée me donne du sucre, fait chercher du thé. Elle me secoue à sa manière maternelle et rudoyante. « Il faut tenir, Magali, tenir ! Nous commençons à peine. »

Le président annonce d'entrée que la constitution de partie civile est irrecevable, en conséquence de quoi les avocats de Jérôme Duchemin sont priés de quitter la salle. Maître Bensoussan s'exécute sur-le-champ, maître Lemaire demande à voir son client, fait un minuscule esclandre lorsque le gendarme tente de lui interdire l'accès à la salle des témoins. Restent en sentinelles des collaborateurs des avocats. Elles se tiennent à courte distance de Jérôme. Ils n'interviendront jamais, prendront des notes et parleront avec lui à chaque interruption d'audience. Régulièrement, maître Bensoussan viendra s'installer dans les rangs du public.

La tension qui agitait la salle s'est apaisée. La sérénité s'installe. Et je vais mieux. Infiniment mieux. Avec Jérôme, témoin à charge contre moi, mais seul, je me sens moins acculée. A la barre, je raconte ma vie. La lampe de cuivre éclairant sa robe rouge projette sur le visage rond du président des reflets cramoisis. Il feuillette le dossier en rappelant rapidement que je suis née le 7 août 1967 à Auxerre, que j'ai fait mes études à Châtenay-Malabry puis à Grenoble en suivant les postes où mes parents, fonctionnaires du

Trésor, étaient affectés. Puis avec un geste de la main, il m'encourage :

— Bon, eh bien racontez-nous !...

Je plonge dans mon album de photos personnelles : un bébé joufflu dans les bras de ma mère au sourire radieux. Je suis l'enfant qu'on n'attendait plus. Après la naissance de Clélia, ma sœur aînée, ma mère a subi une opération des ovaires et on lui avait laissé entendre qu'il ne fallait plus espérer un autre enfant. Sa grossesse lui est apparue comme un miracle. Ce serait un garçon, il s'appellerait Christophe. Ce gros bébé joufflu à qui elle sourit sur une photo prise à la clinique datée d'août 1967, est une fille ! Moi !

Plus tard, sur la plage de Saucey-les-Pins près de Cassis, un soleil éblouissant, je cligne les yeux, le sable tremble sous la chaleur. Oh le bonheur d'alors ! Autour de moi, une foule : mes parents, ma sœur, mes cousins du Midi, ceux du côté de maman. Je commence à marcher, je trébuche, je vais vers la mer. Clélia me tient par la main...

Noël, le sapin illuminé, des paquets luisent sous les branches, j'y trouve des poupées. J'adore les poupées. Papa et maman me regardent en souriant, il y a aussi ma grand-mère paternelle et des cousins que je retrouve régulièrement l'été à Meurville, près de Bar-sur-Aube d'où vient la famille de mon père. Pour mes parents, rien n'est jamais assez beau pour leurs enfants. Toute leur vie, ils ont gardé le goût d'une enfance trop vite enfuie. Ils ont toujours voulu nous offrir ce à quoi ils n'avaient pu goûter.

Plus tard, au bas d'une piste de ski, deux fillettes très grandes pour leur âge. Clélia en combinaison d'un orange éclatant, l'air renfrogné, prête à pleurer à côté de moi, en jaune et rouge, tout aussi repérable mais radieuse. Elle est recalée au passage du Flocon, je viens de l'avoir. C'est notre première année au ski en 1974. Mes parents ont acheté un appartement aux Orres dans les Hautes-Alpes et nous y allons désormais à chacune des vacances.

Ma sœur s'est imposée comme une seconde maman. Elle décide de tout : nos jeux, nos vêtements, nos programmes de télévision, nos loisirs : le mercredi, peinture sur soie, poterie, danse ; le samedi, jeannettes. Je ne me souviens pas de ma mère. Pourtant, elle a pris un congé en 1968 pour nous élever lorsque mon père a été nommé agent comptable à Centrale et que nous avons emménagé à Châtenay-Malabry dans une maison au bord du parc de l'école.

— Vous vous entendiez bien avec votre sœur ? demande le président.

— Mon premier souvenir d'enfance, c'est Clélia. Je n'ai pas parlé jusqu'à 3 ans, sinon mon langage à moi. Célia traduisait. Elle me lisait des histoires, m'apprenait à jouer. Elle était aussi calme que j'étais turbulente. Pendant toute mon enfance, jusqu'à mon adolescence, Clélia a été mon guide ou mon chef selon les jours. Oui, bien sûr ! Nous nous entendions merveilleusement.

En grandissant, c'était inévitable, nous allions nous éloigner. Encore un souvenir aux Orres, un été cette fois. Nous partons en balade à cheval. Je monte une jument grise pommelée, Tirelire. Clélia me précède sur une grande jument noire, Black Ball. Elle a 17 ans, j'en ai 13. On nous a interdit de nous dépasser. Ma sœur m'agace. Elle n'avance pas, elle n'est pas dégourdie du tout ! Et je la double. Les deux juments se bousculent, se mordent. Clélia, accrochée à l'encolure de Black Ball, crie « Maman ! Maman ! ». J'ai sauté à terre et Tirelire se sauve. En repensant à la tête de Clélia, j'ai envie de rire. Inutile de raconter l'histoire de Tirelire et Black Ball, on pourrait en tirer des conclusions selon lesquelles je nourrissais des sentiments de jalousie, de haine, que sais-je ? Pourtant, si on doit chercher un sens à cette anecdote, elle signale simplement le moment où je commence à prendre mon autonomie par rapport à ma sœur.

Quelque part dans ma tête, un dédoublement s'installe : d'un côté la petite fille, l'adolescente heureuse, et de l'autre l'accusée devant ses juges. Je ne peux pas croire que tout cela m'arrive. Je n'ai rien fait pour mériter cela.

Le président poursuit :

— Vous étiez bonne élève pendant toutes vos études. En étiez-vous fière ?

— Non. Je trouvais naturel d'être la première. Ça ne me coûtait aucun effort. J'étais surtout contente de faire plaisir à mes parents, de voir leur fierté, mais je n'en tirais aucune vanité.

En disant ma vérité, j'ai l'air d'être faussement modeste, genre bonne petite fille, mais à l'époque, la seule question que je me posais était : « Pourquoi les autres n'en font-ils pas autant ? » Tout me paraissait incroyablement facile.

Mes bulletins de l'école Sainte-Marie-la-Croix de Châtenay-Malabry racontent en effet une scolarité sans problème : de la sixième mauve à la quatrième beige, les notes se resssemblent et ne descendent pas en dessous de quinze. Je n'en fais pas une affaire.

L'essentiel de ma vie était ailleurs : les cours de danse, le poney-club et les jeannettes. Je me souviens de la réputation des jeannettes de Châtenay-Malabry : terrible ! Quand nous sommes allées voir le pape au Bourget en 1980, nous avons campé. La nuit, nous avons retiré les piquets de toutes les tentes. Ma vie était celle, insouciante, gaie et simple, d'une petite fille ignorant chagrin ou échecs. Exactement ce que mes parents avaient voulu construire.

— Vous avez déclaré, reprend le président, que votre mère vous avait empêchée de vous rapprocher de votre père. Pourquoi ?

— Ma vision du couple de mes parents a évolué avec l'âge. J'avais l'impression, étant petite, que mon père commandait parce qu'il avait une grosse voix et qu'il criait. Or je me suis aperçue qu'en réalité, c'était ma mère qui détenait l'autorité parentale. Elle en a écarté mon père. J'ai souffert de cette absence due essentiellement au caractère de ma mère. Encore aujourd'hui, cela se manifeste par des petits détails de la vie quotidienne. Par exemple, c'est toujours elle qui répond au téléphone. J'ai peu de souvenirs de ma mère. Elle était toujours là quand on avait besoin d'elle, mais elle donnait peu de tendresse.

Comment expliquer que mes parents se disputent tout le temps ? Pourtant, ils partagent tant de choses :

le théâtre, la politique, les journaux. Ils se lisent les articles qui les intéressent, ils en débattent entre eux. Leur métier commun, sujet permanent de conversations, les rapproche. Cependant, la chicanerie est leur mode de communication. Hier encore, je les ai vus se disputer pour des futilités. Ma mère lançait des remarques désobligeantes. Mon père élevait la voix : « Ce n'est pas gentil, on ne parle pas comme ça. » Et il n'était pas content. Cela a commencé, semble-t-il, à leur retour en France. Ils se sont mariés et ont vécu à Alger, ma sœur est née là-bas. Quand ils sont revenus, ma mère a constaté un changement dans son caractère sans pouvoir l'expliquer. Entre mon père, hypersensible et irritable, et ma mère, facilement angoissée, essayant de tout régler au mieux, il y a eu des moments pénibles. Alors, je me suis repliée sur moi-même pour me protéger, pour rester libre...

Pendant que je parlais, le président a noté quelque chose :

— Vous vous êtes décrite extravertie. Mais vous avez changé, semble-t-il ?

— Quand j'étais petite, oui. Je disais tout ce qui me passait par la tête. Puis à l'adolescence j'ai changé. Je crois que je me suis renfermée.

C'était à Grenoble. Pour la première fois, je fréquentais une école mixte, Boisfleury. Je m'imaginais trouver des princes charmants, en fait ils étaient boutonneux, moches, bêtes. J'étais la meilleure de la classe, ils me regardaient comme un phénomène. Nous habitions d'un côté de la vallée, au pied du Vercors à Sassenage, où papa dirigeait la perception. Mon école se trouvait à l'autre extrémité, sur les contreforts de la Chartreuse. Il me fallait une heure de trajet et deux changements de bus pour y arriver. J'étais demi-pensionnaire. Cet univers ne me plaisait pas. Je suis devenue encore plus farouche et complexée. Clélia était en faculté. Elle avait sa bande, elle sortait. Je restais à la maison. Sur notre grande terrasse face à la montagne, je lisais, j'écoutais les Eagles, Téléphone, et d'autres groupes que j'ai oubliés aujourd'hui. Je n'étais pas malheureuse. Nous sortions souvent en famille, au cinéma, au théâtre, à la maison de la Culture où mes parents avaient un abonnement et nous finissions la soirée dans un restaurant chinois...

— A l'adolescence, vous commenciez à plaire, vous préoccupiez-vous de séduction ?

— J'ai toujours eu besoin de plaire. Je pratiquais le sport en équipe pour les amitiés que cela créait et pour le sentiment de vivre comme dans une grande famille. Je suis timide, pas autoritaire mais à l'écoute des autres. On m'apprécie et même on se confie volontiers à moi. A l'adolescence, comme beaucoup de filles, mon image ne me satisfaisait pas du tout, j'étais encombrée par mon corps.

A cette époque, en me regardant dans un miroir, qu'est-ce que je voyais ? Une grande fille « baraquée » comme on dit, les épaules larges, les cuisses musclées, une poitrine bien formée. J'avais le look sportif avec des lunettes de myope et des cheveux dont je ne parvenais pas à décider s'ils devaient être courts ou longs... J'aurais aimé m'habiller de façon sexy ou rigolote, mais je ne savais pas encore comment m'y prendre. Alors, me rabattant sur les jeans et les pulls, j'accentuais mon allure de garçon manqué. Il aurait suffi de très peu pour me transformer et je n'osais pas. Embusquée derrière une tenue passe-partout, à mi-chemin entre l'enfant et la femme, la vraie Magali était bien trop timorée pour s'afficher.

Une anecdote m'a marquée. Un jour, mon père devant une photo de vacances prise au bord de la mer, où je faisais de la planche à voile avec des copines, demande : « Mais qui est ce grand garçon ? » C'était moi. Ski, tennis, équitation, j'étais folle de sport. Etais-je simplement « forte » ou bien vraiment grosse ? J'ai fini, en tout cas, par m'en convaincre.

Le président veut savoir s'il y avait de la compétition entre Clélia et moi.

— Non, pas de compétition. Nous étions différentes. Je nourrissais une grande admiration pour Clélia, créative et artiste. Mais j'avais d'autres capacités. L'âge nous a éloignées. Sur les choses importantes, en revanche, nous nous retrouvons. Je reste sa confidente. Par exemple, elle m'a présenté son fiancé avant nos parents. Elle est la première de la famille à qui j'ai présenté Jérôme.

L'avocat général s'adresse à moi pour la première fois. Il s'excuse par avance si certaines de ses questions paraissent brutales, il s'agit de connaître ma vraie nature. Ses circonlocutions me font peur.

— Vous critiquez assez vivement votre mère, vous aviez de bons rapports avec elle ?

— Ma mère était très présente pendant mes études, elle était même pesante et a écarté mon père de l'éducation.

— L'image de votre mère n'est pas gratifiante ?

— Si, car elle était toujours très attentive, mais peut-être a-t-elle manqué de tendresse, elle-même.

— Clélia était plus séduisante que vous ?

— Oui, mais elle ne cherchait pas à plaire. Elle était le plus souvent en jeans et gros pull.

— Diriez-vous que vous avez de la personnalité ?

— Qu'est-ce que vous entendez par « avoir de la personnalité » ?

— Que vous êtes adepte de l'affirmation de soi ?

— Non, pas du tout. Petite, j'étais très entourée parce que j'écoutais les autres. En général, je ne m'affirme pas, je suis en retrait.

La nuit est tombée, la tapisserie, les baies vitrées sont noyées d'ombre, les petites lampes dessinent des halos autour des visages du président et des assesseurs. Epuisée, je n'ose pas regarder ma montre. Je n'entends pas la salle. Je me retourne de temps à autre : les rangs sont bondés, et au fond des spectateurs sont debout. Mes avocats, attentifs, silencieux, parfois plongés dans leurs dossiers, attendent pour intervenir. Philippe Bilger se rassied. L'interrogatoire continue avec le président : mes études, Centrale, mes débuts dans la vie professionnelle et puis mon inscription à une agence matrimoniale et ma rencontre, par ce biais, avec Jérôme.

Ce sujet intéresse l'avocat général.

— Le recours à une agence matrimoniale à vingt-quatre ans : une peur de la vie, un besoin de tout organiser ? Est-ce que je me trompe ?

— Non.

Je réfléchis un instant pour trouver la meilleure expression.

— Je recherchais l'affection mais je voulais faire l'économie de l'imprévu, j'ai besoin de garanties.

— Vous ne vous estimez pas ambitieuse alors que parfois, vous êtes obsédée par le travail ?

— Je m'investis dans tout ce que j'entreprends. On me dit sérieuse et consciencieuse. J'étais passionnée par mon activité et ce que je découvrais, et apprenais.

— L'univers professionnel était important pour vous ?

— Oui, huit à dix heures par jour.

— Quelle représentation aviez-vous de Jérôme Duchemin ?

— Jérôme avait un côté viril, masculin.

— Etait-ce une mésalliance ?

— Pas du tout, on m'a cataloguée comme une intellectuelle, en fait je suis quelqu'un de très simple.

— Froide et sèche ?

— Quand j'étais petite, je pleurais beaucoup, j'étais très émotive. Puis je me suis fabriqué une carapace contre les émotions quand elles sont trop fortes.

— Alors vous ne pleurez jamais ?

— Jamais en public. Par pudeur.

— Vous avez une vie secrète, invisible aux autres ?

— Non, je suis complètement compréhensible et ouverte. J'ai horreur du mensonge, j'ai besoin de transparence. Et si je ne dis pas tout, c'est souvent pour éviter de blesser les autres.

J'ai envie de m'adresser aux jurés. « Est-ce que vous comprenez ce qui se passe ? Qui je suis ? Résumons ! Vous avez devant vous une femme qui était une jeune fille heureuse et trop timide, la tête farcie d'illusions, le cœur épris d'absolu. Et elle croyait obstinément à ses rêves, oui, pensait-elle, elle les réaliserait tous. Intelligente oui, sûrement, brillante même, chouchoutée par sa famille, elle vivait dans le décor rose et bleu du bonheur parfait. Et puis, vers 24 ans, elle a eu le sentiment d'une urgence. Elle s'est vue seule, sans enfants, vieille fille. Elle a eu peur. Croyez-moi, il fallait qu'elle se marie, qu'elle ait un enfant. Elle ne voulait pas d'aventure, pas d'incertitude. Elle se figurait que pour toute femme, il y a une âme sœur, un homme, un prince charmant. Alors dans la naïveté de son esprit scientifique, elle s'est persuadée que pour trouver cet animal rare, il fallait s'adresser à des spécialistes, de bons spécialistes. Une agence matrimoniale ! La sotte ! La stupide ! Elle a commis l'erreur de sa vie en franchissant le seuil d'Union-Conseil et en confiant son destin à une employée qui n'avait d'autre souci que d'encaisser un chèque et de classer des fiches...

Voilà comment j'ai gâché ma vie ! Après, tout ce qui a suivi n'est que la conséquence de cette bêtise fatale. Jérôme Duchemin, lui, savait qu'il ne faut faire confiance à personne. Il m'a trouvée. M'a jugée la poire idéale pour réussir son plan : avoir une épouse, un foyer, un enfant, et mener sa vie de musicien en toute quiétude. Il cherchait une mère et une gouvernante, pas une femme. Moi, j'ai épousé le prince charmant, lui a signé un contrat avec un ventre ! »

Mais je me tais. Je ne suis pas ma propre avocate. Mes défenseurs savent mieux que moi quel langage tenir. Nécessité d'être sans cesse sur mes gardes, de ne pas dire de bêtises, j'ai peur de tomber dans je ne sais quel piège. Devant ce jury, je ne suis pas certaine de mes réponses, je me surprends à ânonner comme une mauvaise élève qui ne comprendrait pas ce qu'elle récite.

L'avocat général a une intuition foudroyante, il perçoit exactement ma faiblesse à cet instant. Alors il prend un ton presque négligent et curieux à la fois :

— Qu'est-ce que vous éprouvez, Magali Guillemot, à vous trouver seule, avec vos avocats, et personne en face de vous ?

Comme il est habile ! Comme il sait bien s'y prendre ! Jérôme est bien là mais je ne veux pas le voir. Il est libre, moi j'expie quoi ? Je fonds en larmes :

— Il m'est insupportable d'être en face de l'assassin de mon fils. Je suis à sa place, c'est lui, l'assassin de mon bébé, je n'ai jamais fait de mal à Lubin.

L'avocat général répond :

— Jérôme Duchemin dit la même chose de vous !

Cette phrase ! Cette injustice ! La colère m'envahit et je la laisse libre. Elle me rend des forces. J'affirme à haute et intelligible voix :

— Jérôme Duchemin sait très bien que c'est lui ; il a avoué au début...

— Non ! crie l'avocat général.

Comment peut-il nier ? Tout dans les déclarations de Jérôme disent sa violence sans retenue, ses abus de pouvoir sur son petit enfant. Savait-il ce qu'est l'amour paternel ? Je n'arrive pas à contrôler mes larmes. Je me heurte à ce mur d'incompréhension, de haine depuis sept ans. Dans la salle, mon émotion est passée. Mes avocats voient le bon moment pour intervenir, maître Senyk la première :

— Magali, vous vous souvenez de Clélia lorsque vous êtes sortie de prison ? Elle est venue vous voir avec les jumeaux et vous a dit : « Je te donne les jumeaux et tu vas t'en occuper ! » et vous avez passé deux mois à prendre soin de ces bébés.

Je ne peux pas répondre. Un moment de silence passe.

L'avocat général revient à la charge :

— Devant les problèmes, comment réagissez-vous ?

— Je réfléchis, mais quand je suis paniquée, je me tétanise et ne bouge plus.

— Donc, vous sortez de prison en 1996 et vous êtes réintégrée au Commissariat à l'énergie atomique ?

— Oui, mais dans un autre service, car le mien avait déménagé à Marcoule. Le CEA a toujours respecté la présomption d'innocence envers moi !

— Vous rencontrez Pierre en 1998, qui est-il ?

— Mon chef de service.

— Quel âge a-t-il ? Vivez-vous ensemble ?

— 49 ans. Nous vivons ensemble depuis 1998.

— Envisagez-vous d'avoir un enfant ?

— Pas avant d'avoir fait le deuil de Lubin.

L'avocat général se rassied. Ce soir, mes amies me diront qu'à ce moment-là, maître Bensoussan est revenue dans la salle et s'est assise à côté de la famille Duchemin. Paul Lombard se rapproche de moi :

— Madame Guillemot, pouvez-vous nous expliquer en quoi consiste votre travail au CEA ?

— Il s'agit de procéder, sur le site de Fontenay, aux premières opérations d'assainissement et de démantèlement de laboratoires de recherche nucléaire, opérations qui pourront ensuite être étendues aux installations de même type sur d'autres sites.

— Vous avez été reprise par le CEA en 96 puis en décembre 2000 à votre poste ?

— Oui.

— Vous serez reprise par le CEA si vous êtes acquittée ?
— Oui.

Le président lit le témoignage de la directrice d'Union-Conseil, l'agence matrimoniale. Elle est certaine que je suis incapable de violence.

Lundi 12 novembre 2001
18 h 45

Troisième audience

Je vais me rasseoir à côté de mes avocats. Mes amis, mes collègues du CEA, les anciens de Centrale et des classes préparatoires de Sainte-Geneviève de Versailles vont être entendus. Ils sont étiquetés « témoins de moralité ».

Alain J. n'a pas changé depuis que je l'ai rencontré en 1985. Il a toujours le cheveu ras, cet air avenant et heureux comme si la vie pour lui n'était qu'un immense sourire. Il s'avance à la barre, un peu perdu dans ce décor étrange :

— Je me nomme Alain J., 33 ans, je suis actuellement ingénieur chez Renault. Je connais Magali depuis 1985, nous étions dans la même classe préparatoire à Sainte-Geneviève à Versailles...

Alain symbolise pour moi Sainte-Geneviève de Versailles – Ginette comme l'appellent les anciens élèves – et trois ans de travail acharné dans la meilleure préparation aux grandes écoles de France. J'ignorais tout de Ginette lorsque j'ai été admise. Je déduisis, de la joie et la fierté de mes parents, que j'avais progressé au-delà de leurs attentes. Mon père espérait que je m'y ferais des relations intéressantes et peut-être que j'y trouverais un mari. Ma mère savourait mon succès comme le sien. Selon ses convictions profondes, les femmes, même si elles se marient et ont des enfants, doivent d'abord comme les hommes faire des études aussi poussées que possible, posséder un métier, assurer leur propre avenir, être maîtresses d'elles-mêmes. Dans ce qu'elle estimait être le début de ma réussite s'inscrivaient toutes ces idées.

Moi je ne pensais à rien de tout cela. Je regrettais de n'être pas entrée dans une préparation intégrée à une école de chimie à Lyon pour continuer à faire du ski tous les week-ends. Mais la satisfaction de mes parents, la certitude de découvrir un monde nouveau me suffisaient. Tel un poulain prêt au dressage, j'avais envie d'exercice, et de me mesurer à plus fort que moi. Et surtout j'avais hâte d'échapper au cocon familial devenu pesant. J'allais vivre ma vie avec des gens de mon âge. Les études n'étaient qu'un jeu intellectuel.

Une semaine avant la rentrée, les élèves, suivant la tradition, partent dans « un chantier » à la campagne pour faire connaissance. Au programme : camping, discussions, travail physique, feu de bois, cuisine et vaisselle en tâches partagées. Dans l'autocar qui nous emmenait, j'étais assise à côté d'Alain. Même âge, père polytechnicien, bonne famille, « le gendre idéal » en somme. Nous nous sommes trouvé un point commun : provinciaux d'origine, nous ne connaissions personne. Alain m'a raconté plus tard qu'il m'avait cataloguée instantanément comme « la-provinciale-mal-dégrossie-et-polarisée-par-son-travail » ! Alors pourquoi lui ai-je plu ? Pourquoi Alain a-t-il été mon premier vrai flirt ? Et pourquoi est-il resté un de mes meilleurs amis encore aujourd'hui ? Il savait que derrière la bosseuse qui aimait rire, il y avait une fille hypersensible et il voulait la démasquer. Moi, je ne tenais pas à aller trop loin dans une relation intime, physique ou sentimentale. J'avais peur, je n'étais pas prête. Cependant, entre les exercices de maths et les rêveries d'avenir, il y avait la place pour un marivaudage sans souci et sans drame.

Capable de plaire, j'ai commencé à m'intéresser à mon image : régime à base de fruits – je croquais des pommes toute la journée – nouvelles tenues, maquillage, je m'amusais à me chercher.

A l'occasion de la traditionnelle soirée de fête offerte par les élèves de première année de prépa au printemps, on donnait une pièce suivie d'une soirée dansante. Titre et sujet de la pièce : La Vie et l'œuvre de Jack l'éventreur. Parmi les personnages, une prostituée très bien roulée, bustier rouge sang et flatteur, minijupe de cuir, bas résille sur hauts talons se faisait étrangler assez rapidement, ce que tout le monde regretta ! C'était moi ! On m'a découverte sexy, et on m'a regardée autrement.

J'ai commencé à être invitée à Paris ou à la campagne. Alain m'emmenait souvent chez ses parents. Nous sortions parfois tard le week-end, et nous rentrions à pied de Paris. J'allais à des fêtes, des anniversaires en tenue de soirée. Je m'étais offert un bustier turquoise et une jupe à carreaux bouffante bleue en taffetas avec un gros nœud derrière à la taille. Hyperclassique mais très chic ! Le dimanche, seul jour de liberté dans la semaine, on se baladait la main dans la main, on allait au cinéma. Alain n'était pas vraiment amoureux de moi. Nous nous embrassions. Il avait bien tenté d'aller plus loin, mais j'avais esquivé. Il n'en faisait pas un drame.

Paradoxalement puisque j'étais pensionnaire, cette première année me parut une année de liberté et d'harmonie. Toutes les classes ayant les mêmes motivations, travaillaient en équipe et se stimulaient. J'aimais cet esprit de corps, je crois que je m'y suis épanouie.

Pendant les trois années de prépa, j'ai rencontré d'autres garçons. Je faisais partie d'un petit noyau de copains bosseurs, heureux de vivre dans la mesure où Ginette vous procure l'agréable sensation d'appartenir à une sorte de grande famille. Nous passions toutes nos vacances ensemble : à Saint-Raphaël dans la maison des parents d'Alain, aux Orres chez moi et chez d'autres en Bretagne ou dans le Périgord. C'était la vie rêvée...

Maintenant à la barre, Alain résume ces années en quelques mots puis ajoute :

— J'ai fait Centrale avec Magali. Après les études, malgré la distance, l'amitié est restée forte. Magali est une amie qu'on a l'impression d'avoir quittée la veille. J'ai été à son mariage. On s'est téléphoné au moment de la naissance, elle était très heureuse. Elle n'a jamais eu un geste de violence sur son bébé, c'est impossible.

Le président ne s'embarrasse pas de formes contrairement à l'avocat général :

— Vous avez eu des relations intimes ?

— Non, l'internat était peu propice à ce genre de choses.

— Quel était le rapport de Magali avec ses études et son avenir professionnel ?

— Magali était un élément moteur de notre groupe. Quant à sa vie professionnelle, je sais qu'elle avait envisagé de partir en province.

L'avocat général se lève :

— Vous a-t-elle parlé de problèmes de couple ?

— Non, et je ne lui ai pas posé la question.

Maître Senyk à son tour :

— Comment Magali vous a-t-elle paru au téléphone après la naissance ?

— Elle était tout à sa joie de la maternité et de la découverte d'une nouvelle vie. Nous avons discuté plus d'une heure.

Jean-Luc B. lui succède. Entre lui et moi il y a une amitié profonde, une confiance mutuelle absolue depuis Ginette. Il fait partie de ces gens que je peux toujours appeler au secours : il arrivera, de quelque endroit du monde où il se trouve. Aujourd'hui, il vient de Londres où il travaille. Il a attendu patiemment toute la journée pour témoigner. Et il parle longuement sans être interrompu.

— Etudiants ensemble en 1985 à Ginette, nous avons fait un stage aux Etats-Unis en 1986, ce qui a marqué le début de notre amitié. Nous avons ensuite continué nos études à Centrale. Dans les années 90, c'était la crise, avec une forte montée du chômage. Magali se posait des questions sur son avenir, nous parlions beaucoup et ses réflexions étaient toujours très pertinentes. Nous étions relativement préoccupés par la conjoncture même si, au fond, il n'y avait guère de problèmes pour nous.

Elle avait envie d'enfants, adorait sa nièce. Elle est la gentillesse même, la sincérité et le sérieux, C'est une personne équilibrée. Elle voulait réussir sa vie professionnelle et aussi fonder une famille. Quand elle a rencontré Jérôme Duchemin, j'ai été surpris par ce choix car je le trouvais sans intérêt mais Magali paraissait heureuse. J'ai assisté au mariage. J'ai vu Magali enceinte, elle était radieuse et épanouie, puis, après la naissance, très fière et maternelle.

— Comment définissez-vous son caractère ?

— Magali est très humaine, sincèrement intéressée par les autres et à l'écoute de leurs problèmes. Simple et modeste, elle n'est ni frimeuse ni carriériste. Dans notre milieu d'anciens centraliens, nous savons qu'un des risques majeurs est de voir son métier cannibaliser toute la vie personnelle. Magali, elle, se méfiait, elle était consciente que le milieu professionnel ne lui convenait pas forcément car il peut être agressif. Or elle évite systématiquement les conflits. Elle montre une grande pudeur pour les problèmes intimes ; elle fait parler les autres mais ne parle pas d'elle-même.

— Qu'avez-vous pensé de son inscription à une agence matrimoniale ?

— J'ai été surpris qu'elle soit passée par une agence matrimoniale. Puis en réfléchissant, j'ai compris les angoisses enfouies au fond d'elle-même. Ses silences sont éloquents.

— Vous a-t-elle parlé d'elle ?

— Actuellement, Magali parle peu mais je sens sa douleur. Devant la mort de son enfant, elle n'a pu extérioriser sa souffrance. Son deuil lui appartient, elle ne le partage avec personne. Quant à sa détention, elle n'a parlé que de ses codétenues. Elle ne s'est jamais plainte. Elle n'a jamais évoqué ses problèmes de couple. C'est une amie à laquelle je suis très attaché. J'ai du mal à dire pourquoi précisément j'aime sa compagnie. Cela représente une foule de petits détails, une présence discrète et chaleureuse... Je suis persuadé de son innocence. Si j'avais eu le moindre doute, notre amitié aurait été rompue. Magali n'a pas de double personnalité, c'est une absurdité de croire ou de dire cela.

— Vous avez dit que vous pensiez qu'elle n'aimait pas Jérôme Duchemin ?

— Oui, je crois. Je trouvais le passage par une agence matrimoniale peu poétique.

— Votre rencontre avec Jérôme Duchemin ?

— Il parlait peu. Quoique fuyant, il semblait avoir une forte personnalité.

— Vous avez le sentiment que l'un dominait l'autre dans le couple ?

— Non.

L'avocat général intervient en faveur de Jérôme :

— Pourquoi êtes-vous si irréfutable dans votre jugement sur la culpabilité de Jérôme Duchemin ?

— Parce que Magali est non violente et maternelle. C'est une aberration de l'avoir accusée de ce crime. Avec son bébé, elle était animée d'un tel bonheur, d'un tel rayonnement !...

— A cause de sa réserve sur sa vie personnelle, ne pensez-vous pas que ses proches ne la connaissent pas vraiment ?

— Non, car elle est sincère, elle répond franchement si on lui pose des questions.

— Vous avez vu Magali en novembre 1994 ?

— Non.

Alain, puis Jean-Luc ont quitté la barre, ils ont disparu dans la salle, fondus dans le public. Leur gravité, leur sérieux, leur confiance en moi me bouleversent. Avec eux, l'insouciance sereine de mon adolescence s'enfuit. Quand nous nous rejoindrons, rien n'aura subsisté de ce fragile bonheur. Un insondable chagrin nous habite.

Sophie B. voulait à tout prix témoigner pour moi. Elle devait se rendre à San Diego pour discuter de la création d'un laboratoire avec des chercheurs américains et canadiens, spécialistes comme elle en fibre optique. Elle a retardé son voyage. Très tendue, elle succède à nos deux copains. Après son témoignage, elle filera à Roissy.

Elle n'a pas changé depuis Centrale. Quand j'y suis arrivée, bâtiment E, premier étage, chambre en face de l'escalier, il y avait déjà cette petite brune, l'air vif et timide à la fois. Elle m'a dit : « Tu veux te mettre où ? » Elle avait attendu mon arrivée pour s'installer. C'était Sophie. Nous ne nous souvenons pas qu'il y ait eu une période d'observation, d'accoutumance comme souvent dans ces cas de cohabitation. Nous sommes devenues amies dans l'instant et pour toujours.

La longue attente dans la petite pièce réservée aux témoins a éprouvé ses nerfs. Elle ressent comme moi toute l'horreur de ce procès. L'impossibilité de suivre les débats à venir la frustre. Elle commence à parler d'une voix étranglée :

— J'ai connu Magali en 1991, elle partageait ma chambre dans la cité universitaire sur le campus de Centrale. Nous avons passé trois années ensemble. Magali était très conviviale et enjouée, une fille sérieuse et raisonnable, pas meneuse, et en même temps ouverte. Beaucoup d'autres étudiants aimaient parler avec elle. Elle essayait toujours de dédramatiser leurs problèmes.

Sophie ne décrira pas notre petite chambre, les deux lits, les placards, le plan de travail devant la fenêtre ouverte sur le campus vallonné, avec des pelouses et des massifs d'arbres. Il y avait deux chaises Knoll et cela l'amusait de voir ces objets design si chics dans ce décor spartiate et exigu. A l'étage, nous disposions d'une salle de bains et d'une cuisine communes assez crasseuses, la cuisine donnant sur une sorte de salon meublé d'un canapé passablement usé et de vieux fauteuils Sacco. Si les bâtiments années soixante-dix commençaient à être fatigués, le campus à l'américaine, lui, était agréable.

J'ai choisi Centrale pour deux raisons. D'une part, j'étais persuadée que j'y retrouverais une ambiance de collège comme celle de Ginette à laquelle j'étais encore attachée, d'autre part mes parents connaissaient Centrale pour y avoir passé quelques années de leur vie professionnelle, et me poussaient à faire une grande école. La médecine, la biologie ou les sciences de l'environnement m'attiraient plus, mais Centrale pouvait m'ouvrir toutes les portes.

Sophie, elle, a été déçue par Centrale. Elle disait : « J'ai trimé deux ans pour ça ! Qu'est-ce que je fais là ? » Et parfois, cela l'affectait terriblement. Et à propos des autres étudiants : « Ils sont gentils mais tellement immatures et superficiels. Qu'est-ce que c'est une école type Centrale ? Des gens complètement lobotomisés par deux ans de prépa : manger, dormir, travailler, manger, dormir, travailler ! Après ça, ils passent le concours, le réussissent, et on leur dit : " Voilà vous avez réussi le concours, vous n'avez plus rien à prouver. C'est terminé. " » Elle caricaturait mais sur un fond de vérité. En première année, beaucoup d'élèves se laissaient complètement aller, certains étaient ivres morts tous les soirs.

Pas plus que Sophie, au début, je ne me suis sentie dans mon élément à Centrale. Dépourvue d'ambition dans un milieu d'ambitieux, je ne voyais pas mon avenir, alors que, pour la plupart de mes camarades, il était tout tracé.

Quand nous évoquons nos années à Centrale, Sophie rappelle toujours : « Notre minuscule chambre était devenue un centre d'attraction, animé par Magali. Quelqu'un arrivait qu'elle ne connaissait pas, elle s'en occupait instantanément. Alors assez vite, on venait boire un verre, un chocolat chaud et consulter Magali. Sa manière d'écouter avec concentration, son air parfois totalement absent, donnaient l'impression de ne pas comprendre son interlocuteur. En fait elle a toujours possédé une étonnante capacité d'analyse et décèle, sans jamais juger, les difficultés de chacun. Une dizaine d'habitués venaient régulièrement voir la Macha Béranger de Centrale ! »

Sophie m'a fait remarquer un jour que « Cette faculté de perception et de jugement, je ne la possédais pas du tout pour moi-même. » Elle me voyait habitée par des doutes terribles sur mon avenir, des doutes que je dissimulais : « Tu étais très entourée, je sais maintenant que cela ne t'empêchait pas de te sentir seule. »

Sophie s'est inscrite au groupe de théâtre. Je me suis moins qu'elle investie dans la vie sociale de l'école. Je participais toutefois au ski-club, pour lequel j'ai organisé un stage d'initiation à la montagne avec deux autres élèves.

En deuxième et troisième années, nous avions droit à une chambre individuelle. La salle de bains était partagée avec une autre élève. Sophie et moi avons continué notre vie à deux. J'ai eu quelques aventures amoureuses. Je me souviens d'une liaison avec un étudiant de seconde année. J'en parlais à Sophie avec un tel détachement qu'elle y voyait même du cynisme, mais je lui expliquais que j'étais seulement lucide : sa beauté m'attirait, et de toute évidence, cette relation resterait sans lendemain.

La vérité sur moi-même, il aura fallu des années pour me l'avouer. Et je n'en ai jamais parlé à qui que ce soit : les doutes qui me minaient ne portaient pas sur mon avenir mais sur ma capacité à plaire, à séduire, à être aimée comme je suis. Contrairement à celles qui jouent le jeu de la conquête pour se rassurer, je n'avais pas envie de collectionner les hommes, je n'aimais pas ce que cela supposait de superficialité, d'hypocrisie, même de sournoiserie. J'avais besoin de relations sincères, tout de suite.

Quant à la sexualité, elle n'était pas mon continent. Je la maintenais à distance. Ce territoire où il fallait s'abandonner, s'oublier, ne plus rien contrôler pour accéder au bonheur total me paraissait une terre inaccessible. Cela exigeait trop de confiance mutuelle. J'estimais une fois pour toutes chaque relation parfaite de ce point de vue, et refusais de me poser la moindre question. Mon désir de relations vraies et solides ne pouvait se réaliser qu'en fondant une famille : un mari et un enfant. Je ne voyais rien d'autre pour me donner la sécurité qui me faisait défaut.

Pourtant, toutes ces années furent si sereines et si simples ; les incertitudes et les questionnements eux-mêmes participaient de ce bonheur.

Sophie à la barre me bouleverse. Elle pleure et tente désespérément de se maîtriser. Cela donne une déclaration entrecoupée de longs silences. Le président ne souffle mot. Il écoute, patient.

— Après Centrale, dit Sophie, nous avons continué à nous voir. En 1994, elle m'a annoncé son mariage et sa grossesse. Elle s'est mariée à l'église suivant le vœu de ses parents et surtout de ses beaux-parents.

Va-t-elle raconter comment nous avons déménagé mon studio du quinzième à Chaville ? Alors que je connaissais Jérôme depuis trois mois, nous avons décidé de vivre ensemble. C'est à cette occasion qu'elle l'a rencontré. Nous avons passé la journée à trimbaler des caisses de chez moi à son deux-pièces, Sophie n'a pas arrêté. Jérôme était plus que réservé avec elle. Pas hostile, seulement indifférent, ne cherchant pas à faire connaissance, alors qu'il savait bien qu'elle était une de mes amies les plus proches. Le soir, quand tout a été installé, il s'est ostensiblement carré dans un fauteuil et a commencé à boire une bière. Et j'ai été lâche parce que j'ai eu peur de sa réaction. Je n'ai pas invité Sophie à dîner, pas même un verre. Sophie a hésité :

« Bon, eh bien... tu vas te débrouiller ? Je te laisse... Alors à bientôt. »

Je suis restée là, un peu bête, et Sophie, qui a peut-être compris, peut-être pas – nous n'en avons jamais reparlé – est partie...

— Je lui ai rendu visite en octobre 94, reprend Sophie, Lubin était tout petit. J'étais intimidée car je n'étais pas habituée aux bébés. Lubin n'a pas pleuré une seule fois. Nous n'avons parlé que de lui. Je lui avais apporté un pyjama en cadeau. Le mois suivant, elle m'a envoyé une photo de Lubin avec le pyjama. Elle avait ce genre de délicatesses, et pour son bébé, elle était ainsi : une douceur, une attention, un amour infinis. Quand j'ai appris la mort de Lubin, je ne pouvais pas y croire, c'était impossible...

Elle se tait. Pas un bruit. Moi en larmes, la tête dans les mains.

— ... Plus tard, en prison, reprend Sophie, elle m'a écrit qu'elle ne comprenait pas ce qui avait pu se passer, mais elle ne se plaignait pas. Quand je suis venue la voir avec une amie, elle avait tellement maigri, elle avait l'air si fatigué que j'ai été bouleversée. Et c'est elle qui m'a réconfortée, elle avait observé que je m'étais coupé les cheveux et que ça m'allait bien. Ce petit détail pour dire sa manière de dédramatiser l'ambiance. Elle avait fait une poupée pour la fille d'une amie. C'était tout elle.

Pourquoi n'avons-nous pas plus parlé de nous, Sophie et moi ? Pourquoi avons-nous parfois laissé si longtemps sans nous voir alors que nous nous comprenons si bien ! Une pause, ponctuée des reniflements de Sophie. Elle a l'air d'une enfant punie et désespérée.

Son père est un scientifique, un universitaire encore jeune à l'air timide. Il l'a accompagnée, et lui a promis de suivre le procès, de prendre des notes pour qu'elle puisse avoir le détail des audiences. Il est assis tout droit, dans le public, le regard fixé sur sa fille. Son carnet posé sur ses genoux est ouvert sur une page blanche, il ne peut écrire. L'avocat général se lève et marque un temps, puis avec le ton d'un psychiatre bienveillant dit :

— Qu'est-ce qui suscite chez vous cette très forte émotion ?

— Je ne me suis pas rendu compte que Lubin allait si mal. C'est aberrant qu'on puisse l'en rendre responsable. J'ai été horrifiée au premier procès par l'image de Magali donnée par les policiers, j'ai entendu des énormités.

— N'est-il pas difficile d'avoir une autre image que celle-ci ?

— Non, je n'ai pas d'autre image d'elle que celle que je connais et que je viens de vous donner. Elle n'a jamais changé.

— Pourquoi pensez-vous qu'il est bien de ne pas exprimer d'émotion ?

— C'est une grande qualité chez Magali : elle est calme et constructive. Contrairement à moi, trop émotive, qui dis toujours tout ce que j'ai sur le cœur. Magali possède une sorte d'équilibre, au moins apparent.

— Elle avait donc un équilibre apparent !

Mes avocats ont senti la menace : l'avocat général construit peu à peu le portrait qu'il veut donner de moi. Lombard et Senyk vont s'acharner tout au long du procès à l'en empêcher. Ainsi ils se lèvent et demandent la parole pour s'intéresser aux visites de Sophie chez moi après la naissance de Lubin et ramener le témoin sur un terrain plus concret. Et Sophie qui elle aussi a senti les manœuvres de Bilger, a un ton rasséréné pour raconter comment j'avais décoré la chambre du bébé, l'après-midi entièrement consacré au bébé qu'elle a passé avec moi au mois de novembre.

Quand Sophie s'en va, elle ne pleure plus, elle a un geste vers moi, un petit sourire. Nous nous reverrons plus tard, dans de tout autres conditions.

Après mes études, vient la vie professionnelle. Le président m'a fait résumer mon parcours, il est rapide : je suis sortie de Centrale en 1991 avec mon diplôme (mention bien) en poche. On m'a proposé un poste chez Thomson. Je conseillais des gens de dix ans plus âgés que moi, je ne me sentais pas crédible. Et je crois aussi que mes collègues moins diplômés me jalousaient. J'ai démissionné et je suis entrée au Commissariat à l'énergie atomique comme ingénieur. Bonne ambiance, salaire honnête, j'ai tout de suite aimé le côté un peu familial et pas du tout arriviste des équipes. Je gagnais 15 000 F (2 134 €) par mois. Je crois qu'on m'appréciait. On disait que je disposais d'« un bon bagage, un bon relationnel » et que je n'avais pas de problèmes ».

Le CEA se trouvait à Fontenay. Chaque matin, je prenais ma voiture et je partais là-bas. Je pénétrais dans une zone sécurisée, qui avait été contaminée par des matériaux nucléaires. C'est là que s'effectuait une partie de nos recherches. Est-ce le fait d'être confinés dans une enceinte ? Est-ce le fait de travailler en équipe ? J'aimais surtout l'ambiance de mon service. Il y avait une femme, Anne M., un peu plus âgée que moi, avec laquelle je me suis très vite liée d'amitié. Nous fonctionnions de manière identique : directe, carrée, sans ambiguïté. Anne, elle, a le goût du bonheur. Sa compagnie était rassurante, intéressante. Avec elle, la vie devenait simple. Nous avions fini par avoir nos habitudes en dehors du travail : aller boire un café, déjeuner ensemble, aller au cinéma. Nous discutions de tout et de rien. Je lui parlais de moi. Elle, mariée, mère de famille, possédait une expérience de la vie que je n'avais pas.

Un jour je suis arrivée au bureau les jambes griffées. Anne qui connaissait déjà l'existence de Jérôme m'a demandé ironiquement si nous nous étions battus ou si j'aimais être fouettée...

« Rien de tout cela, ai-je dit : c'est ma chatte ! Elle est folle ! »

Dans la famille Duchemin, on n'a pas la même passion pour les animaux que chez nous. Mais Jérôme était décidé à me faire plaisir. Dans les premières semaines après notre rencontre, il m'a offert un chaton trouvé par hasard, une petite femelle de quelques semaines. J'étais enchantée, je l'ai baptisée Nénette. Jérôme a refusé que je l'installe chez moi :

« Il faut que je la dresse d'abord, me dit-il.

J'ai éclaté de rire ! Nous connaissons bien les chats dans ma famille :

— Un chat ça ne se dresse pas ! Dès qu'elle aura vu son panier et sa litière, elle comprendra... Ce n'est pas comme un chien !

— Tu vas voir, je vais lui apprendre !

— Mais elle n'en a pas besoin ! »

J'étais déçue et je ne comprenais pas très bien ce que Jérôme entendait par « dresser ». Mais j'ai cédé. Avec cette petite bête, j'ai découvert un aspect du caractère de Jérôme qui aurait dû m'alerter et même mettre un terme à nos projets...

A Chaville, je voyais Jérôme poursuivre inlassablement la chatte, la coincer, l'obliger à se cantonner à une pièce. Il expliquait qu'un animal doit apprendre à obéir, qu'il s'agissait d'exercices ! Mais ce jeu me mettait très mal à l'aise. Quant à la chatte, elle avait des diarrhées, tremblait, et fuyait dès qu'elle voyait Jérôme. Elle devenait si farouche qu'elle avait fini par avoir peur de moi et m'agressait chaque fois que je voulais la caresser, d'où les griffes. Cela me tracassait tellement que j'ai tout raconté à Anne. Réponse : « Si la chatte pose un problème, débarrasse-toi d'elle, pas de Jérôme. » Je n'ai fait ni l'un ni l'autre, j'aurais voulu comprendre pourquoi Jérôme avait tant besoin de dresser l'animal ! Puis peu à peu les choses se sont calmées.

Plus tard, en mars 1994 – j'étais déjà enceinte – nous avons emménagé à Montrouge dans un appartement tout neuf, plus vaste, avec une chambre pour Lubin. Nénette s'est fait sa place. Et Jérôme, qui avait d'autres préoccupations, ne s'y est plus intéressé. J'ai confié à Anne notre projet de mariage, l'attitude de mes parents si réticents. Elle savait écouter et m'apprenait à faire la part des choses. Nos conversations à la machine à café ou à la cafétéria prenaient parfois le tour d'une consultation !

Pour Paul Lombard, Anne doit éclairer un point essentiel. Elle a dit qu'elle m'avait jointe au téléphone le 30 novembre pour mettre au point le rapport que nous avions rédigé ensemble. C'est ce jour-là que je suis soupçonnée d'avoir brutalisé Lubin. Le détail de mon emploi du temps est donc important.

— Quelle était l'heure de l'appel, le 30 novembre 1994 ?

— C'était entre 10 et 11 heures, je m'en souviens car j'avais une réunion à 11 heures. A ce moment Jérôme Duchemin s'occupait du bébé. Nous avons parlé une heure au téléphone, elle était détendue, intéressée par le boulot et disponible. Normale, en un mot.

Maître Senyk veut savoir comment s'est passée ma réintégration au CEA :

— J'étais partie dans un autre service à Saclay, répond Anne, mais je voyais Magali très régulièrement. C'est une femme que j'aime beaucoup et en qui j'ai toute confiance. Deux mots la définissent de l'avis de tous : douceur et consensus.

Lorsque je suis revenue au CEA en janvier 1997, Anne était la seule avec quelques membres de la direction générale à savoir ce qui s'était passé. Il faut le dire, les responsables ont protégé mon anonymat : ils m'ont affectée à un service où personne ne me connaissait et j'ai pu reprendre une activité professionnelle normale sans subir la moindre curiosité malsaine. J'étais fragile, terrifiée par ce que je venais de vivre. Je ne voulais surtout pas en parler à qui que ce soit. Je me cantonnais à ma tâche, je parlais peu, ne me mêlais pas beaucoup aux autres équipes. Je me sentais vidée. Quand mes forces sont revenues, au printemps, j'ai loué un studio pas très loin de Fontenay, en banlieue.

Il y avait alors dans mon service un homme en fin de carrière, plein d'humour et de gentillesse. Un type rondouillard à l'œil bleu, avec des moments de silence, d'étrange solitude, comme si soudain il ne voulait plus voir personne. Je me suis rapprochée instinctivement de lui. Nous nous comprenions de manière tacite sans savoir pourquoi. C'était bien le seul de mon équipe avec lequel je pouvais déjeuner sans que mon mutisme soit interprété comme une bouderie. Il ne faisait aucun commentaire, me souriait simplement. Nous échangions une ou deux phrases banales. Mais le silence nous enveloppait tous les deux comme une protection. Un jour, j'ai appris pourquoi. C'est aussi la raison pour laquelle, il est là ce soir à la barre.

— Vous n'avez jamais été entendu dans cette affaire, qu'est-ce qui vous amène ici ? dit le président.

— Nous avons un point commun avec Magali, c'est la mort d'un fils. J'ai perdu mon fils dans un accident de moto...

Il marque un temps, comme pour respirer. Puis :

— Ce qui est atroce, c'est qu'ensuite les gens ne savent pas quoi dire, ils ne savent pas comment vous aborder. Certains vous évitent, vous en évitez d'autres.

A nouveau, il se tait. C'est si douloureux pour lui d'évoquer ce passé !

— Je ne voulais pas parler, je ne voulais pas que l'on me parle. Cela pouvait paraître étrange mais c'était mon unique défense contre le chagrin. Magali est la seule qui ait su me comprendre. J'étais étonné d'un tel comportement chez un être aussi jeune. Puis j'ai appris ce qui lui était arrivé. Or moi, à la mort de mon enfant, j'ai eu exactement le même comportement que Magali. On se referme, on se bloque, il faut être passé par là pour comprendre. Magali est comme une fille pour moi, et cela me fait mal au cœur de la voir là.

Jacques et ses mots si simples pour exprimer cet indicible chagrin ! Quand il se tait, le temps s'arrête.

Le président murmure que ces silences sont plus évocateurs que de longs discours.

Mon témoin poursuit :

— Magali parle de son fils au présent et de mon fils comme s'il était vivant, ça me touche beaucoup. Elle est toujours d'humeur égale, elle ne médit jamais de personne, c'est quelqu'un d'honnête.

L'avocat général intervient :

— Vous comparez deux morts. Que pensez-vous de ceux qui commettent des violences sur un bébé ? Sont-ils équilibrés ?

— Non, justement non. Et Magali, elle, est très équilibrée.

Après le départ de Jacques, le silence se déploie sur la salle comme s'il fallait éponger ce débordement d'émotion. Je ne peux pas pleurer, c'est trop pénible : tout ce qu'il a dit me renvoie à mes propres épreuves, ma douleur, mes ruines...

Didier L. roulait en direction de Limeil-Brevannes, le 24 novembre 2000 à 7 heures du matin, lorsqu'il entendit le verdict de mon premier procès. Il s'arrêta sur la première aire d'autoroute, et pleura. Pourtant, lorsqu'on lui demande quels sont nos liens de parenté, il dit que nous n'en avons aucun, qu'il me connaît à peine. Didier a épousé la fille de très bons amis de mes parents. Depuis son mariage, il les fréquente régulièrement. Nous nous voyons de temps à autre : j'ai été à son mariage, lui au mien, et nous échangeons des vœux ; parfois je croise ses parents, lui les miens. Nos liens ressemblent à ceux de cousins éloignés.

Ce matin-là, comme les autres jours d'ailleurs, ce qu'il entendait, le compte rendu des audiences, ne correspondait à rien de ce qu'il savait de moi, de ma famille. Il l'admettait lui-même : « Je ne la connaissais pas plus que ça mais rien que le réquisitoire et le verdict étaient à mes yeux incompréhensibles. »

Didier, une fois passé son émotion, a appelé mes parents, les a réconfortés comme il a pu. Ma mère lui a dit qu'elle ne voulait pas en rester là, il l'approuva et l'assura qu'il était à sa disposition. Puis il reprit la route de son bureau. Sa vie était bouleversée.

Le surlendemain, il se retrouvait chez Pierre avec Anne, Sophie, et quelques autres. Des amis du CEA avaient déjà lancé une pétition en ma faveur et la faisaient signer sur les marchés, à Paris et en banlieue. Didier est un citoyen très actif, convaincu que chacun a des devoirs vis-à-vis de la société, autant que des droits. Il a déjà organisé des pétitions pour des actions dans sa municipalité, il participe beaucoup à la vie de la collectivité. Sur le résultat d'une pétition, il était sceptique.

Il prit la parole pour demander ce que ce petit groupe désirait. Crier mon innocence ? Me faire libérer ? Obtenir un autre procès plus juste ? « Tout ça à la fois, conclut-il. Mais ça, nous pouvons l'obtenir : la nouvelle loi va jouer en faveur de Magali. En revanche, proposa-t-il, il faut s'employer à sa défense. Nous pourrions nous organiser pour répartir le travail, et voir comment aider les avocats. » Ainsi naquit l'Association de Défense de Magali Guillemot dont Didier fut d'emblée élu président et qui regroupa tous les amis du CEA et de Centrale, les amis de mes parents, les amis d'amis et peu à peu des étrangers qui ne croyaient pas à la justesse de ce verdict ni à l'équité de mon procès.

L'association regroupait des compétences variées mais de haut niveau : des scientifiques, des chercheurs, des ingénieurs... Un petit noyau s'est attaché à comprendre pourquoi le procès s'était si mal passé. Ils ont étudié le dossier, notamment les expertises médicales, constitué une ébauche de bibliographie sur le sujet de la maltraitance en allant voir sur Internet des sites spécialisés ou associatifs français et étrangers ; ils ont procédé à des recoupements avec des ouvrages médicaux, aidés par des médecins généralistes, hospitaliers et spécialistes de la petite enfance. Les conclusions et arguments de Nanterre ont été assez vite contredits par les praticiens, ce qui méritait une enquête plus approfondie. De son côté, Didier a écrit à son député, un RPR très gentil qui l'a reçu mais n'a rien fait pour nous. Puis il s'est occupé du côté administratif : statuts, financement, organisation... J'ai découvert tout ça lorsque Paul Lombard, ayant déposé un appel, a obtenu ma libération sous contrôle judiciaire. Je me souviens que la vraie surprise pour moi fut de lire la liste de 210 noms dont beaucoup m'étaient totalement inconnus. L'association m'a soutenue aussi moralement et intellectuellement. Didier a consacré des week-ends entiers sans compter ni son temps ni son argent à ma cause. Il m'a expliqué, un dimanche après-midi, alors que nous venions de passer des heures à étudier des informations médicales en provenance d'Internet, que l'association prouvait que pour se défendre, il faut des moyens : du temps, de l'argent, des compétences. Je n'avais rien de tout cela. Seule, j'étais perdue. L'association palliait bénévolement mon absence de moyens financiers. Didier aimait cette idée que des citoyens regroupés autour de l'un d'entre eux pouvaient, en aidant ses avocats, le défendre efficacement. « C'est le rôle de la société civile », disait-il.

Et le voilà à la barre, complètement dérouté parce que, lorsqu'il affirme être venu au nom de l'association, le président le coupe sèchement : un témoignage de moralité ne peut être donné qu'en son seul nom, il n'a pas à parler pour l'association. Néanmoins, après un court silence, il se ressaisit et explique tout de même pourquoi lui, Didier, a voulu monter cette association.

L'avocat général semble intrigué :

— Mais qu'est-ce que vous pouviez faire ?

— Magali avait reçu un courrier abondant en prison. Des gens ne comprenaient pas ; ceci nous a donné l'idée de nous mobiliser.

Le président a une mimique d'agacement à l'idée de tout ce travail fait sur le dossier en parallèle avec celui des avocats et des magistrats. Mais peut-il ignorer qu'un travail de ce genre est loin d'être inutile ? Les avocats en sont demandeurs. Or la seule existence de cette association vaut contestation d'un verdict. Et il tente de déstabiliser Didier :

— Vous pensez qu'elle a été condamnée injustement, mais vous n'avez pas assisté au procès !

Quant à l'avocat général, il ironise :

— Depuis quelques années, ajoute-t-il d'un ton sarcastique, chaque fois qu'un condamné n'est pas satisfait du verdict, une association de défense se crée.

Paul Lombard soulève un point important :

— L'association a-t-elle jamais fait pression sur quiconque ?

— Non, répond fermement Didier.

Il est 20 h 50 : l'audience est suspendue pour quinze minutes.

Lundi 12 novembre 2001
21 h 5

Quatrième audience

Je me demande quelle impression ont donnée mes témoins de moralité. Ils me paraissent normaux, gentils. Et l'image qu'ils offrent de moi leur ressemble, comment pourrait-il en être autrement ? L'avocat général aura beau chercher dans ma vie un monstre caché qui pourrait surgir à tout moment, il n'existe pas.

L'audience reprend et Jérôme entre en scène. Quel étrange sentiment de voir cet homme que j'ai trouvé beau, que j'ai cru aimer, devenu mon ennemi et mon accusateur alors que rien ne prouve ma culpabilité plus que son innocence. Il est à la barre. Je reste droite sur ma chaise, le regard fixé devant moi. Impossible de me tourner vers lui. En cet instant, au-delà de la haine, c'est de l'horreur que j'éprouve pour lui.

Le président lui annonce qu'il faut sérier les problèmes. Ce soir seront étudiées les étapes de sa vie jusqu'à la période du drame. Comme pour moi, l'étude du parcours se fait d'après sa déposition du 17 février 1995.

Jérôme a du mal à parler, il s'embrouille. Dans sa voix étouffée passe de l'émotion, de la fureur. A peine compréhensible, il patauge dans ses phrases, bute sur les mots...

Le président commence donc par l'enfance, les origines de Jérôme, en relevant quelques points :

— Vous êtes né le 4 octobre 1968, à Saint-Germain-en-Laye, votre mère est infirmière spécialisée en pédiatrie, votre père dessinateur-projeteur. Vous avez une sœur cadette, professeur de français ?

— Nous avons deux ans et demi d'écart.

Jérôme semble peu sûr de cette différence d'âge...

— Vos grands-parents maternels sont fâchés avec vos parents, savez-vous pourquoi ?

— Les relations entre ma mère et ma grand-mère me chagrinent, je ne les comprends pas.

Debout, raide devant la barre, ses énormes mains crispées, agrippées l'une à l'autre dans son dos, il parle lentement, cherche ses mots. Le ton est de plus en plus bas, jusqu'au chuchotement par moments.

— Vous avez dit que votre mère était très dure avec votre grand-mère paternelle ?

— Rien de très fâcheux, c'étaient des relations normales entre belle-mère et belle-fille.

Le président fait remarquer que certaines sont très bonnes ! Par moments, il me semble agressif envers Jérôme Duchemin.

— Vous vous souvenez de cette phrase : « Mes parents forment un bon couple, à sa manière très équilibré. Ma mère est sèche et vigoureuse, mon père plus effacé. »

Aujourd'hui, il ne reconnaît plus ce témoignage donné voici six ans, le 17 février 1995, et affirme que sa mère n'est pas sèche.

Le président évoque son enfance, sa scolarité peu brillante, l'imitation de la signature de ses parents sur ses mauvais bulletins. « Péché véniel ! » juge d'un geste le président. Ensuite, vient la musique, et là Jérôme s'anime un peu :

— J'ai toujours aimé la musique, j'ai commencé le piano à 4 ans puis le violon et l'alto vers 14 ans. Je suis tombé amoureux de cet instrument. Je voulais devenir professionnel. J'ai réussi le conservatoire régional...

De nouveau des hésitations à se remémorer les noms des conservatoires régionaux et nationaux. Il s'excuse et précise :

— J'ai un problème de mémoire, même en musique, il me faut toujours une partition.

Le président l'aide un peu et il parvient à redonner forme à son cursus :

— J'ai commencé en 1988 à Fourqueux dans une école de musique dirigée par un ami de mes parents. J'ai également fait de l'éveil musical à Ecquevilly. Actuellement je suis professeur de musique dans une Zone d'enseignement prioritaire au Val-Fourré à Mantes-la-Jolie. Je suis en train de monter une comédie musicale avec des adolescents qui ne s'intéressaient pas du tout à la musique au départ. Personne n'a fait cela auparavant. Je donne également des cours dans quatre écoles de musique, je suis soliste dans deux orchestres.

Parlant de sa passion, il trouve de l'aisance, ses mains déliées ne sont plus derrière le dos, elles s'agitent devant lui. Décidément, quand Jérôme disait : « Je suis double », comment ne pas le croire : il y a le Jérôme musicien et puis l'autre. Moi, je n'ai connu et vécu qu'avec l'autre !

Puis on passe à un autre sujet et l'interrogatoire reprend, partie de ping-pong entre deux joueurs classés – le président et l'avocat général – et un débutant, Duchemin. celui-ci trébuche de syllabe en syllabe, hésite, laisse mourir ses phrases sans les achever.

— Quelles sont vos relations avec votre sœur ? Vous vous disiez distant ?

— Très bonnes, très complices. Elle consacre sa vie à l'enseignement, moi je ne suis pas un littéraire, mais malgré cela...

— Vous souvenez-vous de ce que vous disiez au sujet de vos parents : « Ma mère est excessive, elle a recours à la douche froide », ces témoignages à l'époque ressemblaient à des reproches !

— Ce sont des anecdotes, la confrontation entre une mère et un fils. J'avais du mal à m'exprimer et surtout avec mon père. Quand il parle, il s'emporte facilement, comme moi. Mais j'ai changé. Avec ma mère, elle veut toujours avoir raison, je la laisse parler.

— Vous avez dit : « Je ne m'aime pas moi-même. »

Il devient nerveux. Il n'arrive pas à exprimer ce qu'il ressent. Il nie avoir dit cela, puis :

— En prison, on dit tout et n'importe quoi, je n'étais pas moi-même.

Alors le président s'énerve :

— Mais je n'arrive à rien vous faire dire ! Vous ne vous souvenez de rien ?

— Ecoutez, c'est loin...

Cette manière d'effacer d'un mot toutes ses déclarations faites pendant l'instruction irrite le Président. La salle est perplexe : quand dit-il la vérité ? Depuis l'instant où nous nous sommes rencontrés, il m'a menti, il a menti ensuite devant les policiers et la juge d'instruction... Il mentira peut-être encore. Je ne sais pas. Sa présence m'oblige à un retour vers un passé tout proche. Depuis que je le connais, le temps s'est accéléré de façon foudroyante : le 7 août 1994, c'était il y a sept ans, c'était hier.

Un soir, en rentrant, un message sur mon répondeur : « Je suis Jérôme Duchemin. J'ai eu votre nom à Union-Conseil, il faut me rappeler au numéro suivant. » Je sursaute. La voix comminatoire, le ton d'homme d'affaires me déplaisent. Je pense : « Celui-ci, si je le rencontre, je ne m'en sortirai pas ! » Je me prépare un bain, me sers un verre de jus de fruits. Un peu plus tard, bien reposée, je réécoute le message, puis je décroche le téléphone.

Qu'est-ce que je savais de Jérôme Duchemin ? Rien. Ou si peu : 24 ans, violoniste altiste, professeur de musique. Un artiste, un musicien ! A mes yeux, savoir dessiner ou écrire, pouvoir jouer d'un instrument ou être comédien ne représentent pas une supériorité, mais plutôt un don merveilleux. J'ai toujours eu une profonde admiration pour les gens qui peuvent s'exprimer à travers leur art. Mon imagination galope : « La scientifique et le musicien ! Nos enfants seront élevés dans un univers artistique de rêve, tellement plus agréable que le monde rationnel et technique qui est le mien ! »

Le téléphone sonne. Un autre candidat. Un très gentil ingénieur avec lequel j'ai déjà dîné. Nous nous sommes bien entendus, nous avons beaucoup ri, nous resterons amis, mais rien de plus. Je lui dis que je vais rencontrer un musicien :

« Un musicien ! Tu es folle ! J'ai vécu avec une musicienne, ce sont des gens pas possibles. Nous n'avions pas les mêmes façons de vivre, pas les mêmes horaires, et pas les mêmes idées sur la vie, rien de commun. Ça a été une catastrophe. Franchement, ne t'embarque pas dans une histoire pareille ! »

J'éclate de rire et lui fais observer qu'il est très subjectif. Il tient bon mais ne réussit pas à me faire douter de mon projet de dîner avec Jérôme Duchemin !

Pourquoi cette idée d'une agence matrimoniale ? Tout le monde m'a posé la question. Elle a perturbé les magistrats, les jurés, mes amis, mes avocats, ma famille. Voici peu de temps, j'ai lu un livre sur la solitude dans les grandes villes. Il expliquait que dans l'année 1993 à 1994, on comptait sur l'ensemble des foyers français, 28 % de personnes seules, et que 26 % de femmes sur le total de la population adulte disaient ne pas vivre en couple [1] : « *Entre le départ du foyer parental et l'entrée prudente et tardive dans la conjugalité, s'installe une nouvelle séquence intermédiaire qui, elle aussi, tend a devenir un nouveau mode généralisé d'entrée dans la vie adulte : l'autonomie résidentielle* [2]. » Cette « séquence » solitaire était une découverte pour moi et je ne voulais pas la prolonger. N'ayant jamais vécu seule, je ne concevais cette indépendance qu'avec un homme.

Déboulant dans la vie active, au sortir de six ans de vie dans le cocon de Ginette puis de Centrale, j'étais,

---

1. Chiffres : Louis Roussel, Eurostat, cités par J.P. Kaufman dans *La Femme seule et le prince charmant*, Pocket (2001).
2. J. P. kaufman, *op. cit.*

paraît-il, typique des femmes de ma génération. Intelligentes, volontaires, elles bénéficient de tous les acquis des féministes : études poussées, postes à haut niveau, autonomie financière, liberté sexuelle... Mais au même âge et au même niveau, 11 % des hommes vivent seuls pour 19,2 % des femmes. Un rêve, dit-on, nous possède toutes : le prince charmant ! Existe-t-il un homme à la fois intéressant, beau, sympathique et intelligent ? Où le rencontrer ?

Je partais le matin vers 7 h 30 en voiture pour Fontenay, et arrivais au CEA trois quarts d'heure plus tard. J'y passais la journée. Le soir, je rentrais chez moi vers 19 h 30. Plutôt fatiguée, mais il suffisait d'un bon bain et j'étais prête à ressortir. Où ? Voilà le hic ! J'avais presque rompu avec les anciens de Ginette. Certains m'avaient invitée à leur mariage où j'avais pu mesurer mon envie d'en faire autant. J'avais de temps en temps des nouvelles d'Alain J. ou de Sophie B., devenue chercheur à l'université, un monde qui m'était totalement étranger, ou d'autres que je n'allais pas voir... Je dînais régulièrement chez ma sœur et mes parents.

Je crois que je n'ai jamais parlé à qui que ce soit de ma crainte d'être seule, de cette hantise de vieillir sans enfant. On pourra dire qu'à 24 ans, c'est prématuré ! Cette année-là, Clélia s'est mariée. Son mari, Stéphane, ne faisait pas l'unanimité dans la famille, nos parents critiquaient violemment ce projet. Mais dans cette histoire, Clélia et moi avons retrouvé notre complicité d'enfance. Je l'ai défendue bec et ongles, j'ai activement milité pour ce mariage. Papa et maman ont fini par s'incliner. Maman estimant : « Après tout, Clélia est adulte et puis contrairement à

Magali, elle est très mûre et elle sait parfaitement ce qu'elle fait. Elle saura toujours se sortir d'affaire. »

J'ai vu Clélia mariée, puis enceinte, on m'avait dit que 24 ans est le meilleur âge pour avoir un enfant ! J'entendais le tic-tac de mon horloge biologique s'accélérer et j'avais peur.

Occupée dix heures par jour par mon travail, j'étais peu disponible pour faire des rencontres ailleurs qu'au CEA. Quelques amies ont organisé des dîners pour me présenter des célibataires. Je trouvais sinistres la démarche et les candidats ! Au CEA, mes compagnons de travail, mes chefs, mes collaborateurs étaient mariés, ou bien peu séduisants à mes yeux. Or, je voulais rencontrer un homme appartenant à un univers très différent du mien et qui m'ouvrirait d'autres horizons. Un artiste, un créateur.

Cécile, ma première nièce, est née. Dans les heures qui suivirent son arrivée, je me suis précipitée à la maternité. J'ai pris le bébé dans mes bras. Un coup de foudre ! Je regardais ce nourrisson, sa peau délicate, ses doigts fins, son regard déjà direct, je la tenais contre moi. Mettre un enfant au monde, le tenir dans ses bras, le voir grandir me paraissait le bonheur absolu. Au fil des jours et des mois, je suis fréquemment venue voir Cécile, et chaque fois je retrouvais ce plaisir doux de s'occuper de cette petite fille, de la bercer, lui donner le biberon. J'ai été convaincue que mon épanouissement passerait par la maternité.

Pas un instant je n'ai envisagé d'avoir un enfant seule. Mais un homme qui voudrait bien vivre avec moi et être père me suffisait... L'histoire d'amour viendrait en surplus, tout naturellement.

Je ne voulais pas perdre de temps. Tous les hommes que je rencontrais étaient, plus que tout, préoccupés par leur carrière, ou bien ne souhaitaient pas une famille immédiatement... Je m'entêtais. Si je ne trouvais pas un prince charmant, au moins un futut père de famille qui m'aimerait ! L'agence matrimoniale dans ces conditions me paraissait une bonne solution.

J'ai découvert dans le dossier de mon procès ma fiche ainsi rédigée par Dominique D. quand je me suis inscrite le 24 juillet 1993 :

« Présentation :

1,76 mètre, élancée, élégante, moderne, pas canon mais beaucoup de charme.

Caractère :

Très agréable, franche, expansive sans chichis, beaucoup de maturité, mais joie de vivre et positivité, dynamique et entreprenante, culture artistique, veut une vie affective réussie avec enfants.

Goûts :

Peinture (Gauguin, Matisse, Magritte et peintres contemporains), lit beaucoup (psycho, auteurs russes), aime le cinéma, beaucoup le théâtre classique, très sportive (voile, équitation, ski), aime la nature (mer et montagne) un peu la musique, par contre aime beaucoup les voyages, les chats et les chiens.

Une voiture. »

Sont également mentionnés mes lunettes, mes cheveux courts et foncés, mes études supérieures, mon métier d'ingénieur. Mon père et ma mère figurent comme « comptables ». Elle n'a rien compris.

Dominique D. m'a demandé aussi mes papiers d'identité, un justificatif de ressources, une fiche d'état civil et deux photos récentes. La règle requiert un extrait de casier judiciaire mais toutes les agences ne l'observent pas. C'est le cas d'Union-Conseil. La conseillère m'a écoutée, puis elle m'a proposé un contrat d'un an au prix de 12 980 F (1 981,68 €) réglable en douze mensualités. Le montant total avec les intérêts et l'assurance était de : 17 000 F (2 595,42 €). Pour cette somme, je suis devenue adhérente du groupe 3 R, ce qui me donnait accès à toutes les propositions des agences faisant partie de ce réseau pour la durée du contrat. Ma fiche figurait également dans le réseau.

L'homme dont je rêvais devait avoir une bonne situation, de préférence une profession libérale, être d'un niveau intellectuel et culturel supérieur. Je dis attacher de l'importance au physique, c'est vrai, la beauté est nécessaire pour moi. Je voulais rencontrer un prince charmant donc grand et beau, doté des qualités que je juge essentielles : ouverture d'esprit, curiosité, sens de la communication, franchise, authenticité. Pour Dominique D. j'étais une bonne cliente parce que : « On sent qu'elle veut réellement trouver quelqu'un et que cette rencontre doit être sérieuse », a-t-elle noté.

Une centralienne de 25 ans, « pas canon mais beaucoup de charme » et manifestement sans le moindre handicap, qui vient frapper à la porte d'une agence matrimoniale, est une rareté. Je le sais maintenant. Je rehaussais le niveau ! J'étais même une bonne affaire puisque tout le travail de l'agence après une inscription, consistait à classer les fiches correspondant à mes *desiderata* et à me les envoyer. Je n'ai jamais revu Dominique D. Mais j'ai reçu en rafales une trentaine de propositions de prétendants bien sous tous rapports. Pendant les mois d'août, septembre et octobre, j'aurais pu rencontrer une demi-douzaine d'ingénieurs, des techniciens en électronique, un comptable, des cadres financiers d'âge variant entre 26 et 38 ans.

Dans une interview, le président du syndicat des agences matrimoniales estime que « le hasard ne fait pas toujours bien les choses. Or, il y a de plus en plus de personnes seules dans les grandes villes, de plus en plus de femmes et d'hommes qui n'ont tout simplement pas le temps d'avoir des relations sociales suffisantes pour trouver quelqu'un, ou qui circulent dans un milieu trop limité, trop fermé. Toutes ces solitudes représentent un marché juteux : instituts relationnels, clubs, agences de rencontres, supports d'annonces, Minitel, Internet, thés dansants ! Le savoir d'un professionnel doit aider à limiter le hasard. » Encore faut-il savoir ce qu'on entend par professionnel. Le président ne le définit pas, mais comment le pourrait-il ? En dépit d'un entretien d'une heure, des papiers d'identité et des justificatifs de revenus ; ou plutôt, en dehors de cela, comment apprécier un ou une candidat(e) ?

Lorsqu'on lui demande, par exemple, si une agence doit garantir la bonne santé mentale et physique d'un candidat, il répond qu'à partir du moment où celui-ci a pu venir à l'agence, il est en bonne santé. Le risque du Sida ? On ne peut pas exiger un test, c'est illégal et puis ça ne rimerait à rien vu les délais. Une expertise psychologique ? Qui la paiera ? Et quid de ceux qui la refusent ? Bref, il faut faire confiance au flair des conseillers et à son propre flair. Ce que j'ai fait. A l'époque, ignorant tout ce que vous venez de lire, j'étais certaine que lorsqu'on me présentait quelqu'un, c'était quelqu'un de très bien !

A l'agence Aurore, autre filiale du groupe 3R, 15, rue Saint-Louis à Saint-Germain-en-Laye, Jérôme Duchemin avait signé un abonnement de six mois payable en trois fois, au prix de 6 980 F (1 065,65 €). Comme moi, il avait trouvé une publicité dans sa boîte aux lettres, ce qui lui avait donné l'idée de tenter sa chance. Il a eu un entretien d'une heure environ avec une conseillère matrimoniale, le 18 mars 1993. A la suite de quoi il a rencontré une dizaine de candidates sans jamais donner suite jusqu'à notre première soirée.

Sa fiche porte les mentions suivantes :

« Etudes supérieures : conservatoire.

Religion : croyant.

Professions des parents : mère infirmière, père dessinateur.

Présentation :

Allure décontractée et moderne dans la vie de tous les jours, smoking et classe le soir.

Caractère :

Jeune homme instruit, se dit nerveux et impulsif, compense en faisant du sport (musculation dans un gymnase et billard) et en mangeant 300 g de chocolat par jour, excellente éducation, sort d'un milieu bourgeois, désire un mariage réel.

Objectifs :

Très pris par ses concerts surtout le soir, mène une vie mondaine forcée, préfère une vie tranquille dans un intérieur douillet, gastronome, esthète, cultivé, donne également des cours de musique dans un lycée.

Souhaits :

Cherche une jeune femme célibataire, de 19 à 25 ans, préférence pour un milieu bourgeois, intelligente et cultivée ayant beaucoup de tolérance, décontractée dans la vie sociale et aimant sortir. Il souhaite qu'elle ait une activité professionnelle, le domaine lui est indifférent. Sur le plan physique, il aimerait qu'elle soit bien mais il ne se prononce pas sur ses préférences.

Il tient à un mariage religieux. »

Le président a pu lire cette fiche dans le dossier. Il reste intrigué :

— Pourquoi une agence matrimoniale ?

— J'ai fait ce choix par désespoir, répond Jérôme. J'ai vu une publicité et j'ai voulu tenter le coup. Je venais de connaître cette rupture douloureuse avec Florence. Ça n'avait pas marché avec deux musiciennes, il me fallait essayer autre chose, un autre milieu.

Ensuite, le président évoque notre rencontre en août 1993.

— Quels étaient vos sentiments alors ?

— Nous avions les mêmes idées, le même objectif. Il y a plusieurs degrés dans l'amour : l'amour pour avancer dans la vie et l'amour personnel. Le premier je l'ai accepté. Enfin, nous l'avons accepté tous les deux.

Mais il se trompe, Jérôme ! Il a oublié ce que fut notre première rencontre : j'étais pleine d'illusions, lui n'en avait aucune. Le président résume bien la situation :

— Vous étiez d'accord sur la chose et le prix ! On a l'impression d'être devant un contrat. Vous avez fondé une association et non un couple !

— J'avais déboursé des sommes folles pour ça à l'époque. J'en ai parlé plus tard.

Personne n'a raconté au président notre première rencontre. C'est l'instant où Jérôme découvre qu'il peut avoir un retour sur investissement pour « les sommes folles » qu'il a déboursées, et moi, je crois avoir enfin trouvé l'homme de ma vie. Rencontre du troisième type entre deux extraterrestres venus de deux galaxies différentes !

Le 7 août 1993, dans un bistrot de Montmartre bondé de touristes, j'avais rendez-vous avec un grand brun aux yeux verts et au regard distant. Jérôme ! A cet instant, je l'ai trouvé très beau, j'ai aimé ses longues mains fines et sa manière d'être attentif et charmeur. Dès l'apéritif, il a discuté avec le serveur, le rendant complice, lui racontant que nous dînions ensemble pour la première fois. J'ai détesté ça, je me suis mise à rougir, j'essayais de dissimuler mon énervement. Au dessert, il me plaisait moins, mais en le regardant, il restait beau ! Nous ferions de beaux enfants...

Je l'ai beaucoup écouté. Forcément, lors d'un premier dîner, il n'y a rien d'autre à faire que raconter sa vie. Contrairement à moi, il s'affirmait un cancre. A partir de la troisième, il avait peu à peu bifurqué vers la musique. Après deux ans au conservatoire de Versailles, il avait fait une année de formation professionnelle au conservatoire de Rueil pendant laquelle il donnait déjà des cours à Fourqueux. Il aimait l'enseignement mais il préférait de beaucoup jouer avec un orchestre. La musique, c'était, c'est toujours la passion de sa vie.

Tous deux, nous avons voulu savoir à quoi tenait notre rencontre. Il a dit vouloir se marier et avoir un enfant très vite, c'était essentiel pour lui. De nos jours, avait-il remarqué, les femmes ne sont pas d'accord sur ce point. Quand il m'a dit cela, j'ai su que j'avais trouvé l'homme idéal ! Rien dans la suite de son récit ne m'a découragée ! J'étais devenue aveugle, sourde. Naïve, je l'étais déjà.

Il sortait d'une grave déception sentimentale, il avait aimé follement une jeune musicienne, flûtiste, Florence. Ils baignaient tous les deux dans la musique, c'était un amour très fort. Trop fort sans doute. Elle ne l'avait pas supporté. C'est ainsi qu'il interprétait la rupture dont elle avait pris l'initiative. Il se montrait avare de détails.

En picorant dans mon assiette, j'ai noté sans m'alarmer, et j'ai pensé : « C'était il y a deux ans. » Deux ans, l'éternité !

« J'ai été très déprimé, je ne te le cache pas. J'avais des envies de suicide. J'ai même été soigné avec des antidépresseurs. Je suis retourné vivre chez mes parents. Enfin j'ai surmonté cette histoire, je repars à zéro. J'habite un studio à Poissy pour avoir un endroit à moi. »

En racontant son drame amoureux, il remettait de l'ordre dans les couverts, les replaçait en ligne à côté de son assiette, ramassait les miettes en petit tas avec des gestes méthodiques et machinaux.

Ensuite, il a voulu tout savoir de moi. Je croyais ne pas avoir grand-chose à raconter, aucun chagrin d'amour, pas de grande passion. Mon cursus scolaire avait absorbé l'essentiel de mon attention et de mon énergie.

J'ai bifurqué vers l'avenir : un enfant très vite, une famille harmonieuse, un cocon paisible.

Nos simples rêves d'harmonie et de paix nous ont séduits. Je ne lui ai pas demandé grand-chose malgré ma curiosité, lui encore moins, mais comment soupçonner que je l'intéressais si peu ? Il m'a raccompagnée chez moi. Dans la voiture, nous écoutions de la musique. Très fort, trop fort à mon goût mais cela me semblait un détail. Il m'a demandé si j'aimerais le revoir. J'ai dit oui. Au pied de mon immeuble, il m'a embrassée sur la joue.

Qu'est-ce qui, chez moi, a séduit Jérôme ? La beauté ? Il s'en moquait. En revanche mon niveau intellectuel, mon métier inspiraient la sécurité. Il m'a aussi jugée sérieuse et m'a donc imaginée fidèle. En somme, j'assurerais la vie quotidienne et l'éducation de ses enfants, je serais une sorte de point fixe dans sa vie.

Nous nous sommes revus le week-end suivant. Chaque matin, il quittait Poissy pour donner des cours dans différentes écoles de la banlieue Ouest, et le soir, répétait avec d'autres musiciens. Il n'était pas très disponible pendant la semaine. Pour notre second rendez-vous, Jérôme est arrivé chez moi avec un bouquet de fleurs et un petit bijou, promettant une ode qu'il composerait pour moi et me souhaitant la bienvenue dans sa famille. J'étais impressionnée. Nous avons dîné au restaurant, un verre dans mon studio a suivi, et puis la nuit. Je me souviens de cette première fois : Jérôme en a pris l'initiative. Il affirmera le contraire dans un interrogatoire. Nous en avions, certes, tous deux envie. Mais je me sentais trop peu sûre de moi pour une telle invite. Il est rentré chez lui avant l'aube.

— Vous avez dit à vos parents dans quelles conditions vous vous êtes connus ? demande le président à Jérôme.

— Non, ce mode de rencontre n'est pas très sage.
Le président rectifie :
— Pas très conventionnel !

Dans les semaines qui suivirent notre rencontre, Jérôme m'a emmenée chez ses parents à Fourqueux. Les Duchemin habitaient un pavillon entouré d'un jardin. Pierre Duchemin, le père de Jérôme, dessinateur industriel de formation, l'avait conçu lui-même. Ils en étaient très fiers. J'ai découvert une famille unie, le père avait un poste d'ingénieur chez Schneider à Rueil-Malmaison. La mère, Jackie, infirmière puéricultrice avait dirigé une crèche appartenant à la Croix-Rouge, avant de cesser son activité après une dépression nerveuse. Il semble qu'elle ne supportait plus les cris des enfants. Elle était volubile, chaleureuse et charmeuse. Pierre parlait très peu, et écoutait beaucoup. La petite sœur Bénédicte adorait visiblement son grand frère. Elle faisait des études de lettres et envisageait l'enseignement. Je retenais de cette première journée l'image d'une famille heureuse, confortablement installée dans la vie. La mère régnait sans discussion, mais cela ne me surprenait pas : je connaissais déjà ce matriarcat.

Aux Duchemin, j'ai fait bon effet. Mes diplômes les impressionnaient autant que mon travail au Commissariat à l'énergie atomique. J'étais presque fonctionnaire et je gagnais bien ma vie. Jérôme était casé. On a parlé de tout et de rien. Conversation mondaine menée par madame Duchemin qui habilement faisait valoir la bonne qualité de la famille où j'allais entrer. Elle m'a posé toutes sortes de questions sur mes parents, leur métier, ma sœur, ma nièce, enfin mon pedigree !

Nous sommes passés à table. Madame Duchemin a indiqué sa place à chacun avec un tel souci du protocole que ça a fini par m'amuser. Chez moi, on ne fait pas tant de façons pour finir par être placé comme il se doit. Après les hors-d'œuvre, la mère de Jérôme a posé la question qui intriguait tout le monde :

« Comment vous êtes-vous rencontrés ?

Nous nous sommes concertés d'un coup d'œil :

« Allez raconte ! Non toi !... ».

— C'est simple, a dit Jérôme. Magali assistait au concert que j'ai donné au mois d'août, et elle était avec une amie qui connaissait Pascal. Elles sont venues nous voir après et on a dîné ensemble. Et puis voilà, elle m'a plu, je lui ai plu...

J'ai confirmé cette version qui serait désormais officielle.

On pourra me dire que j'ai construit mon histoire d'amour de toutes pièces. Nier le recours à une agence, inventer le coup de foudre me permettait de jouer à la femme amoureuse sans attendre. Je me suis glissée dans la peau du personnage sans difficulté ! Toutes les femmes savent bien qu'on est amoureuse d'abord de l'amour. C'est banal. Et puis cette liaison avec un musicien me valorisait ! Je n'avais besoin de personne pour comprendre que ce lien ainsi forgé ne devait rien à l'émotion et tout à une forme cruelle de consumérisme conjugal. Me restait la satisfaction de contrôler sentiments, émotions et choix, comme je l'avais fait pour le reste de ma vie.

Je me leurrais. Je ne maîtrisais rien. Je le devinais confusément. Comme d'habitude, j'ai enfoui ce problème trop confus, trop fort, trop essentiel pour pouvoir lui trouver seule une solution. Je me piégeais, je le savais et je refusais d'entendre la voix d'une possible sagesse. Au contraire, je me voulais pleine de joie et d'espoir. Nous allions mieux nous connaître, nous découvrir et nous aimer... Très vite nous formerions un couple amoureux et uni comme tous les autres ! Après tout, combien de mariages de raison ne se sont-ils pas conclus par des années de bonheur ?

Le président était curieux de savoir comment et pourquoi Jérôme avait donné suite à une relation avec une femme si loin de son univers :

— Vous disiez que la musique occupe les neuf dixièmes de votre vie, ce n'est pas trop pour fonder une famille ?

— Il me restait du temps.

— Partagiez-vous avec Magali votre émotion pour la musique comme avec vos élèves ?

— Non, je ne m'en souviens pas, on ne parlait pas de ça.

Le président insiste,

— Pourquoi se marier ? L'aimiez-vous ?

— Pour avoir un enfant. Je pense que l'amour est venu parce que nous avions le même destin.

— On ne peut pas parler de coup de foudre ?

— L'amour est né petit à petit en vivant ensemble.

— Qu'est-ce qui le faisait vivre, cet amour ?

— Le désir d'avoir un enfant.

— Mais pas Magali Guillemot ?

— On était tous les deux d'accord sur l'enfant, j'ai souhaité cet enfant, je n'avais pas pris de précautions, volontairement.

C'est le tour de l'avocat général. Il attaque, direct et critique :

— Je vous trouve abrupt, confus, articulant mal. Est-ce votre tempérament, alors que votre épouse semble calme et équilibrée ?

— Non, je ne suis pas toujours comme cela.

— Vous vouliez un enfant plus qu'une vie amoureuse, contrairement à Magali. Elle attendait plus que vous de ce mariage ?

— Oui.

— Comment vivez-vous aujourd'hui ? Quel est votre état d'esprit ?

— Je vis mal, très mal, parce que depuis sept ans, je suis habité par un cauchemar, je n'ai plus mon fils...

Il fond en larmes. La cour lui donne du temps pour pleurer.

— Excusez-moi. Je vois mes collègues avec leurs enfants qui grandissent. Ce qui me fait le plus mal, c'est de savoir que mon fils est mort de coups d'une exceptionnelle violence.

Ses pleurs redoublent et il se retourne ostensiblement vers moi en prononçant cette dernière phrase. Il ajoute :

— Je revis une seconde fois tout ça.

Me taire ! Protester de mon innocence en cet instant ne servira à rien. Lui, acquitté alors que le doute, répétons-le encore et encore, demeure sur son innocence, lui seul peut s'offrir ce luxe de venir me provoquer en plein prétoire, pleurer devant moi en me demandant des comptes. Et moi, innocente sur laquelle planent les mêmes doutes, accusée encore, condamnée déjà, je dois subir cette mise en scène, cette violence, à moins qu'il ne s'agisse d'une sorte de perversité. La justice offre à Duchemin une tribune d'où il peut manifester comme il le veut pendant tout mon procès et il ne se gêne pas. L'accablement et la révolte m'étouffent. Qui me rendra justice pour Lubin, mon enfant, mon petit que je ne trouvais ni « pleurnichard, ni capricieux » comme lui s'en était plaint ?

Jérôme pleure facilement, accordons-lui cela. Ce n'est pas mon cas. Et c'est dommage : la justice tient-elle à une larme ?

J'aimerais que l'audience s'arrête mais il n'en est pas question.

Paul Lombard prend la parole :

— Je vais citer une de vos déclarations datée du 21 décembre 1994, dans le dossier : « Vous me demandez si j'ai aimé Magali Guillemot, non je ne l'aime pas. Je ne l'ai jamais aimée. Avec elle, j'ai voulu construire une vie parce qu'elle avait le même objectif de mariage que moi, le même désir d'avoir un enfant très vite. C'était la perspective d'être père dans un bref délai, de tourner une page dans ma vie, pour mes parents d'être enfin marié et père. J'avais définitivement renoncé à aimer. Je pensais pouvoir éduquer malgré tout nos enfants en leur dissimulant l'absence de lien entre nous... Je n'étais pas inquiet quant à ma capacité à vivre longtemps avec elle sans l'aimer car grâce à la musique, j'évacue tout. En revanche, je n'étais pas sûr qu'en m'engageant à rester avec une femme que je n'aimerais que pour avoir des enfants, je pourrais leur éviter d'en souffrir. Je m'étais ouvert de mes préoccupations à madame B., j'en ai parlé à cœur ouvert à Pascal, à Adeline, à Sylvie... Ils sont tous au courant. » C'est contraire à ce que vous venez de déclarer en disant que l'amour était venu petit à petit, avez-vous aimé Magali ?

— Oui, mais j'étais en prison et perturbé, j'ai dit n'importe quoi.

Pourtant, Jérôme a confié à un des experts psychiatres qui l'ont examiné après ses premières auditions chez le juge d'instruction, qu'il éprouvait « une véritable délivrance, qu'il s'était vidé. Il n'avait jamais parlé aussi librement et pleinement sauf avec Florence B. lorsqu'il vivait avec elle. »

— Vous avez écrit en prison des lettres d'amour à votre épouse, à Adeline L. et Florence B. ? dit Paul Lombard. Je vais lire quelques extraits de ces lettres, telles que les destinataires les ont reçues. La première s'adresse à Magali :

« Le 11 janvier 1995 [1]

18 h 3

Mon amour

Je suis effondré d'apprendre de tes nouvelles qu'aujourd'hui le 11 janvier 1995. Depuis tout ce temps, tout l'entourage me montait contre toi. J'ai eu comme toi plus de sept heures d'audience à Madame le juge Pous qui me faisait sous-entendre que tu ne m'aimais plus, que notre amour artificiel au départ ne pouvait durer et que... Tout cela étant dit. Aujourd'hui je pleure de désespoir, d'allégresse et de colère. Jamais je ne te laisserai tomber. Je suis marié avec Magali Duchemin pour le meilleur et pour le pire. J'ai une totale confiance en toi. Je te sais innocente et te soutiendrais quoi que disent les autres. Je n'ai jamais cessé de penser à notre petit Lubin et ai

1. Toutes les lettres sont restituées telles quelles, avec les fautes d'orthographe. (NdA).

correspondu depuis ce mois avec ma musique et celle, la seule qui pouvait sans te nuire de mon passé, écouter et chanter ou jouer mes compositions pour notre fils. Elle me demande de tes nouvelles et moi qui croyait que notre courrier était stopper, je lui ai donc répondu que je ne savais plus depuis notre transport dans le fourgon, *le 12/12/94.*

Ma très chère femme quoiqu'en pense Madame le Pous de nos relations, Je t'aime encore plus aujourd'hui. Pourquoi ? Je disais il y a quelques jours à Adeline, car c'est elle qui pense à toit et te soutient, que la meilleure façon de donner tout son sentiment d'amour c'est par le silence. Je pense que nous allons sortir maintenant de ce trou noir et nous retrouver tous les deux en retraite au Mt St Michel. Sinon, je pensais pour toi, accepte ta candidature pour Marcoule, moi de toutes façons je suis grillé professionnellement. Il faudra faire pression avec l'éducation nationale. Sur ces bonnes raisons après ton accord je m'empresse de faire une petite lettre à tes parents et t'embrasse comme le père de Lubin et le mari de sa femme. Je crois que dans l'avenir nous serons un couple encore plus soudé que certain.

Mille bises et bonne année. »

Et le même jour, vous écrivez à Adeline L. :

« mon cœur d'or

Le silence est roi en cette minute... Je t'aime comme jamais, même si cela doit en choquer certain ou certaine... Magali est l'amour Mère, toi Adeline l'Amour Musical, l'Amour Amitié, l'amitié amoureuse, toi Adeline, toi et ton violoncelle, la Reine de Lubin... Je t'aime et désire tant te voir... »

Jérôme a un ton exaspéré pour commenter :

— Je me raccrochais à tout et à tout le monde, j'étais dans un désarroi total, je voulais parler, communiquer.

— Vous étiez sincère ?

— Non.

— Vous vous êtes décrit comme l'auteur de scènes de violence, est-il exact que l'on vous surnommait « brise-fer », que vous avez cassé un violon en l'accordant ?

— Ça vient de ma grand-mère. Quand je faisais une bêtise, elle me disait : « Tu es casse-pieds, brise-fer », voilà tout.

— Est-il vrai qu'au cours d'une dispute avec votre mère, vous avez cassé une potiche ? Vous avez été violent aussi pendant votre service militaire ?

— J'ai pris, un jour de discussion avec ma mère, une potiche et je l'ai cassée sur la table. Au service militaire, une fois, il faisait –2 degrés et le sous-lieutenant nous avait fait rester au garde à vous plus d'une heure. A la fin, j'étais excédé et j'ai tapé à coups de poing contre un arbre.

Jérôme m'a parlé de ces épisodes. Au cours d'une dispute assez vive avec sa mère au sujet d'une de ses relations amoureuses, il a brisé une potiche dont il a menacé sa mère. Il s'est entaillé si gravement le pouce qu'il a fallu des points de suture. Et à propos de cette altercation, il disait à la juge d'instruction le 17 février 1995 :

« Je me dis que c'est impensable de ne pas aimer du tout un de ses deux parents. Je crois que c'est pour ça que je ne m'aime pas moi-même. Je n'oublierai jamais, je ne me pardonnerai jamais la scène au cours de laquelle je me suis blessé à cause d'une dispute avec ma mère. Elle, elle m'a pardonné. Mais moi je ne pourrai jamais me pardonner d'avoir voulu tuer ma mère car c'est extrême d'avoir envie de tuer quelqu'un qui vous a mis au monde... »

Et, lorsque pendant son service, il a cogné de ses poings sur un arbre, il s'est fracturé deux phalanges de la main droite, au risque de devoir renoncer définitivement à la musique, l'essentiel de sa vie.

Paul Lombard continue :

— Est-ce que vous avez dit de vous-même, « Je suis double » ?

— Oui, il y a la musique et moi. J'ai dit cela pendant l'instruction. Je n'étais pas moi-même. Je ne comprenais pas la réalité de ce qui se passait.

— Etes-vous droitier ou gaucher, et votre femme ?

— Je suis droitier et ma femme gauchère.

— Vous dites que vos déclarations n'étaient pas vraies ?

— Non, je n'étais pas moi-même.

— Pourquoi ?

— Je ne comprenais pas.

— Dans cet interrogatoire du 21 décembre 1994, vous dites : « Vous me demandez si je suis impulsif. Oui je suis impulsif, je suis même très impulsif mais sur moi-même pas sur les autres. »

— Non, je ne suis pas impulsif, c'était encore en prison. J'ai déclaré cela car j'étais perdu.

Il s'est toujours reconnu impulsif, il ne mesurait pas sa force. En avril 1994, il était rentré soucieux d'un cours. Un élève particulièrement chahuteur l'avait traité « d'enculé ». Jérôme lui avait flanqué une telle gifle qu'il avait projeté sa tête contre un mur. L'adolescent avait eu l'arcade sourcilière ouverte et ses lunettes brisées!... Jérôme s'était excusé ensuite auprès des parents, qui, je crois, voulaient porter plainte. Le proviseur était intervenu, les lunettes avaient été réparées et l'affaire n'avait pas eu de suite.

Nathalie Senyk insiste :

— Dans les fiches que vous avez remplies pour l'agence matrimoniale, donc bien avant la prison, vous vous décrivez comme impulsif...

— Alors aujourd'hui, je ne suis plus impulsif...

— Quelle est la raison de votre départ de l'orchestre Calmel? Vous n'étiez pas à la hauteur musicalement, d'après Bernard Calmel, c'est pourquoi il ne vous a pas gardé dans sa formation?

— C'est faux, je suis parti parce que le pupitre d'alto a été supprimé.

Son pupitre dans l'orchestre de Bernard Calmel était capital pour Jérôme. Toutefois, il allait le quitter pour incompatibilité. Il m'avait expliqué que Bernard Calmel ne partageait pas sa conception de la musique. Un soir, le dernier pour Jérôme, où l'orchestre donnait le *Requiem* de Mozart à la Madeleine, il avait invité mes parents. Les siens y assistant également, nous pouvions organiser la première rencontre entre les familles. Après le concert, nous sommes tous allés le féliciter. Mon père a été choqué : « Jérôme poursuivait le chef de ses amabilités. Il semblait vouloir obtenir sa réintégration à force de flatteries. Quand on a été viré, on ne rampe pas comme ça! » Mais Jérôme n'a rien obtenu. Bernard Calmel, interrogé le 27 janvier 1995 par l'inspecteur Baudouin, a déclaré :

« J'ai été amené à me séparer de monsieur Jérôme Duchemin car je considérais qu'il n'avait pas le niveau artistique requis pour notre formation. Je lui en ai fait part en octobre 1993 avant le dernier concert auquel il a participé à la Madeleine à Paris. Je n'ai plus revu monsieur Duchemin après son départ de l'orchestre. »

Lundi 12 novembre 2001
22 h 25

Cinquième audience

Jérôme va se rasseoir. Dix heures d'audience ! Avec la fatigue, un profond découragement me gagne. Maintenant, c'est l'histoire amoureuse de Jérôme et ses héroïnes qui vont défiler. Celles-ci représentent, chose cocasse qui me ferait rire en d'autres circonstances, ses témoins de moralité.

Je les connais toutes sauf la première qui ne témoignera pas : elle a initié Jérôme à l'amour, elle avait 18 ans et lui 15. Madame Duchemin avait fermement exigé une rupture. Les jeunes filles qui viennent à la barre se ressemblent : des musiciennes, jeunes, plutôt mignonnes, modernes, étonnamment hautaines, sans doute assez peu satisfaites de venir encore témoigner en faveur de leur ancien amoureux. Elles décrivent un violoniste romantique qui vit pour son art et adore les enfants, qu'il fait entrer dans l'univers magique de la musique. Les petits l'appellent papa. L'idée de leur faire découvrir les instruments, les harmonies, les grandes pages musicales est un bonheur pour lui, il est patient, gentil, attentif avec eux. Ni frimeuses, ni modestes, elles sont finalement banales, encore stupéfaites de se retrouver dans une histoire qui les dépasse et ouvre devant elles un monde qu'elles préféreraient ignorer.

Chacune de ces jeunes filles a entamé une liaison avec Jérôme très jeune – 17 ans environ – et dépeint le jeune homme comme un amoureux follement épris, manifestant ses sentiments de manière exubérante avec des lettres exaltées, des cadeaux, et des gestes de tendresse... J'avoue que je ne connais pas cet amoureux-là !

J'ai un souvenir précis de mes rencontres avec Cécile H. qui débute la série de témoignages. La première fois, je l'ai seulement entrevue à Chaville. La seconde fois, à l'époque de Pâques 1994, j'étais déjà enceinte, nous avons dîné avec elle chez Pascal T., le meilleur ami de Jérôme qui viendra témoigner demain ou après demain. Je l'avais trouvée sympathique, elle m'avait estimée « froide et distante », mais sans doute était-elle trop jeune pour mesurer à quel point j'étais étrangère à leur monde. J'écoutais attentivement et restais silencieuse : je n'avais absolument rien à dire aux amis de Jérôme qui, de toute façon, s'en moquaient. Si j'avais été moins préoccupée par ma grossesse, j'aurais pu m'étonner de voir ces musiciens plutôt gentils se montrer à ce point indifférents. J'ignorais à ce moment-là que Pascal savait tout des sentiments de Jérôme pour moi et même, vaguement, comment nous nous étions rencontrés. Cependant, ma grossesse suffisait à justifier ma présence aux côtés de Jérôme.

De son côté, Cécile, à qui Jérôme n'avait rien dit de nos projets, avait tout de suite deviné qui j'étais lors de notre première rencontre. Mais elle avait estimé qu'après les échecs de Jérôme, je représentais aux yeux de ses parents la fiancée idéale. Je rentrais « dans le moule », pensait-elle. Elle seule était capable de savoir ce que cela signifiait. Elle arrivait de Montpellier pour faire des études musicales à Paris lorsqu'elle avait rencontré Jérôme au cours d'un stage. Très vite, il lui avait juré le grand amour, elle était la femme de sa vie, il le lui répétait et la couvrait de bijoux. Il l'avait présentée à ses parents. Ceux-ci avaient aménagé un petit studio indépendant dans leur maison. Jérôme obtint d'y loger Cécile.

— Nous nous sommes fiancés par choix, explique-t-elle à la barre. Dans cette famille très pratiquante, c'était l'expression religieuse d'affirmer notre projet de fonder une famille et d'avoir des enfants. Elle a connu la famille Duchemin de l'intérieur :

— Les parents avaient des principes rigoureux. Ils formaient un couple très uni mais n'étaient pas à l'écoute de leurs enfants. Rentrant dans le moule, j'étais acceptée comme la future belle-fille.

Avant le procès, dans le cadre d'une commission rogatoire, elle a dit :

« Je me suis posé la question, je me la pose encore, de savoir si la mère de Jérôme n'a pas castré moralement son fils... Pour elle, il n'y a qu'une seule alternative : c'est bien ou c'est mal. Sa position est sans nuance et elle l'assume parfaitement. »

L'histoire d'amour de Jérôme et Cécile H. se détériore rapidement. D'abord parce que, ainsi qu'il me l'a raconté, sa mère, une fois la jeune fille admise dans la famille, a commencé à lui trouver beaucoup de défauts et particulièrement celui d'être logée gratuitement. Quant à Jérôme, il se montrait beaucoup moins épris... Par hasard Cécile est tombée sur une lettre qu'elle n'aurait pas dû lire et elle a découvert que Jérôme avait entamé une autre liaison avec Florence B.

Elle explique calmement :

— A l'occasion de notre rupture, je lui ai reproché sa lâcheté, mais en réponse, il n'a montré aucune agressivité. Jérôme est du genre à se mortifier de ses propres fautes mais il n'est pas prêt à endosser les fautes de quelqu'un d'autre. En fait, il est totalement imprégné et prisonnier de l'éducation que lui ont prodiguée ses parents.

— Vous avez dit que Jérôme était lâche et égoïste ? demande mon avocat.

— Oui : quand il a un problème, il voit les choses uniquement de son point de vue.

— Vous maintenez que sa violence est toujours dirigée contre lui-même ou des objets ?

— Oui. Elle se manifestait par de petites crises contre lui-même.

— N'était-il pas surchargé de travail, ayant peu de temps à consacrer à son fils ? L'avez-vous connu comme ça ?

— Pascal T. m'avait parlé, en effet, du peu de temps que Jérôme consacrait à sa femme et son fils. Il donnait beaucoup à la musique parce que c'est essentiel pour lui, c'est sa vie. Il aime vivre en courant à droite et à gauche pour donner des cours et participer à des concerts.

Aujourd'hui, Cécile C. a perdu Jérôme de vue. Ils se croisent de temps à autre à l'occasion d'un concert. Elle a visiblement tourné la page.

Florence B. succède à Cécile à l'audience comme dans la vie de Jérôme. Elle est assez jolie, petite tête fine et brune, cheveux courts. Elle s'avance à la barre en redressant la tête, un peu théâtrale, étonnamment à l'aise. Elle semble être très consciente du fait que la rupture avec elle est indirectement à l'origine du drame. Sans en tirer satisfaction, elle se présente, consciemment ou non, comme une héroïne. Pendant toute l'audition, elle n'a pas un regard pour Jérôme qui, lui, ne la quitte pas des yeux.

Jérôme l'a rencontrée de la même manière que Cécile : dans un stage. Elle n'avait pas plus de 17 ans, il en avait 21. Il entame avec elle une liaison passionnée. Cette fois, il quitte le giron familial pour aller s'installer chez la jeune fille. La mère de celle-ci l'accueille comme un fils. Il restera toujours proche d'elle. Il fait son service militaire à l'époque, elle suit des cours de musique, tout baigne dans une harmonie parfaite. Ils s'installent ensuite ensemble dans un petit studio que les parents de Florence ont trouvé. Pour Jérôme, la musique forme une bulle protectrice à l'intérieur de laquelle il s'exprime librement. Le foyer qu'il vient de fonder en représente une seconde et, miracle, il peut aller et venir de l'une à l'autre sans rupture. Il a réalisé son rêve. Florence qui n'a nul besoin de ces protections, et pour laquelle le monde est grand ouvert, étouffe rapidement dans l'univers conçu par Jérôme. Elle rompt brutalement deux ans après leur rencontre. Pour lui, c'est une chute dans le vide. Il l'a dit à plusieurs reprises : il ne s'est jamais remis de cette rupture. Il en est encore gravement blessé lorsque je le rencontre. Florence demeure dans sa tête, dans son cœur, il est toujours obsédé.

Bien entendu j'ignore tout cela, pire j'attache très peu d'importance à ce que j'en apprends. Je ne peux imaginer que notre mariage est une thérapie pour Jérôme, thérapie vouée à l'échec. Tous ses proches le savent, le lui disent. En vain.

Mon couple est donc un trio avec cette ombre que je ne connais pas. Enfin presque pas. Au début de notre installation commune, je m'étais fixé une règle : partager le quotidien d'un artiste suppose d'être prête à des concessions. Il faisait passer sa musique avant moi. Même si cela m'attristait, je respectais ce choix de toute une vie et j'acceptais de me conformer à ce qu'il pouvait attendre de moi.

Un jour, j'aperçois dans l'étui de son alto, une photo : de longues mains jouant sur une flûte à bec. Je la trouve très belle et je lui en fais le compliment.

« C'est Florence, dit-il. Pour moi, cette photo, c'est la musique. »

Il n'y avait pas lieu de m'émouvoir. L'histoire de Florence, croyais-je, était close. Et puis, un jour, il y a eu une seconde photo.

« Jérôme, c'est qui sur cette photo dans ton étui ?

— Tu le vois bien, c'est Sylvie B., tu ne la reconnais pas ?

— Sylvie ou Florence ?

— Elles sont jumelles !

— Justement...

— C'est Sylvie. C'est moi qui ai pris la photo en Corse quand on a fait cette tournée en août.

— Pourquoi ?

— Pourquoi j'ai pris cette photo ?

— Oui. Pourquoi ? Parce qu'elle ressemble à Florence ?

— Non. Je l'aime bien, j'ai fait des photos de tout le monde.

— Oui, mais celle-ci, tu la gardes dans ton étui avec la photo des mains de Florence.

— Et alors, tu es jalouse ? »

Non. Pas jalouse, intriguée. Jérôme m'avait dit qu'il avait eu une forte attirance physique pour Florence mais que tout était oublié. Et voilà qu'il gardait sa photo dans l'étui de son alto, un endroit hautement symbolique, et comme il se sert chaque jour de son violon, il contemple quotidiennement cette photo. Il s'agissait vraiment de Florence, j'en ai eu la preuve plus tard quand j'ai rencontré Sylvie et que j'ai constaté que les deux sœurs ne se ressemblent pas. En fait, Jérôme ne m'aimait pas et Florence avait sans doute encore un rôle essentiel dans sa vie.

C'est la jumelle de Florence, Sylvie, qui avait présenté Florence à Jérôme. Elles sont toutes les deux musiciennes. Etrangement, elles sont aussi différentes que possible : Sylvie est plus petite, plus massive et plus ingrate que Florence. Ce soir elle se présente à la barre, les mains dans les poches. L'avocat général lui fait remarquer qu'un respect de la cour s'impose, qu'elle pourrait avoir une attitude plus correcte. Elle retire les mains de ses poches. Une chose ressort de son témoignage : elle est la seule des jeunes filles qui témoignent ce soir dont Jérôme ne soit pas tombé amoureux. Ne serait-elle pas la seule qui l'ait vraiment aimé, et qui l'aime encore ? Elle ne dit que du bien de lui.

— J'ai connu Jérôme Duchemin en 1989 ou 1990, avant Florence ; c'est quelqu'un de très passionné, de fidèle. D'une très grande générosité et calme. Il m'a annoncé la naissance de Lubin comme le plus beau jour de sa vie. A travers son enfant, il trouvait enfin un sens à son existence.

Le président demande :

— A-t-il déjà eu des réactions violentes ?

— Jérôme Duchemin est fidèle et généreux, toujours calme et jamais violent. Ce qu'il a fait au service militaire était tourné contre lui-même. Il est patient avec les enfants.

— Il vous a fait des cadeaux ?

— Oui, et je lui en ai fait aussi. Je le considère comme un frère. J'avais rencontré Magali lorsqu'elle était enceinte. Elle ne semblait pas tenir à avoir des relations avec nous. Cela aurait été possible. Ça ne tenait qu'à elle.

Elle s'exprime avec calme, en réfléchissant, forte de ses convictions.

Puis elle évoque les moments du drame :

— Il était très perturbé, très touché et effondré. Pendant que Lubin était à l'hôpital, Jérôme est venu pour les répétitions et le concert le samedi soir et le dimanche après-midi. Il oscillait entre l'espoir et la catastrophe, mais il n'a pas parlé de soupçons vis-à-vis de Magali.

Elle ne peut imaginer qu'il a commis le moindre acte de violence. Il cherchait désespérément des explications, il lui a dit qu'il croyait à une pathologie, ou aux forceps. Elle laisse entendre comme une évidence que si Jérôme voulait comprendre ce qui s'était passé, il était innocent.

J'aimerais pouvoir faire observer à la cour qu'il y a deux poids deux mesures dans ce procès comme depuis le début de la garde à vue. A l'hôpital et par la suite, lorsque Jérôme cherche à comprendre les causes du décès de son fils en posant des questions, en s'interrogeant, en réfléchissant, c'est la preuve de son innocence. Lorsque j'ai exactement le même comportement au même moment, c'est la preuve de ma culpabilité. Je n'invente pas : la réflexion a été faite à l'hôpital et ensuite par les policiers.

Marie-Noelle B., la mère des jumelles Florence et Sylvie, succède à ses filles. Le contraste est saisissant entre le physique de cette femme ou celui de ses filles, et ce qu'elles disent : elles parlent d'amour fou, de sentiments exubérants, d'harmonies romantiques, de bonheur, de douceur et de patience et elles sont dures, sèches, bouches pincées. Si Florence est très jolie, sa sœur a un visage buté, peu aimable ; leur mère porte de très longs cheveux gris en queue de cheval, des lunettes, elle a un visage austère. En apparence rien qui respire l'épanouissement. Or ces assises, ce spectacle judiciaire m'ont appris que les apparences comptent.

Marie-Noelle B. restera tout au long du procès et attendra le verdict aux côtés de la famille Duchemin. Evidemment, elle ne peut rien dire sur moi : nous ne nous sommes rencontrées qu'une seule fois. Les seules informations dont elle dispose viennent de Jérôme.

Avant qu'on lui pose des questions, elle explique que Jérôme Duchemin était très bien accepté chez les B., il était agréable. Elle en donne une vision très positive. Le fait de passer par une agence matrimoniale l'a surprise. Il y avait en lui le profond désir d'un enfant. Elle ne retire rien de ses déclarations antérieures : Jérôme Duchemin avait beaucoup de respect et d'admiration pour moi, mais pas le même élan passionné que pour Florence. Elle ne répète pas ce qu'elle déclarait le 6 mars 1995 aux policiers chargés d'une commission rogatoire :

« Je sais, il me l'avait dit qu'il n'a jamais été amoureux de Magali. A mes questions sur les raisons de cette union, il m'avait répondu qu'il ne pouvait imaginer vivre sans un but familial et social. Il avait ajouté que selon lui, Magali éprouvait plus de sentiments d'attachement à son égard que lui envers elle... J'avais été la première à être informée qu'il allait se marier, je peux dire que j'ai tout fait pour l'en dissuader, je me rendais bien compte de l'ineptie d'une telle union. »

Et puis, tout à trac, et sans rapport avec les témoignages qui viennent de s'écouler, l'avocat général lui demande :

— Vous pensez qu'un accouchement difficile peut marquer une femme sans que ça se voie ?

— Oui.

Marie-Noelle B. n'a aucune qualification pour juger de cela, mais dans une de ses déclaration, en février 1995, elle avait déclaré avoir eu « un accouchement très douloureux, très long et difficile et qu'elle pensait que la douleur extrêmement intense à ce moment-là, pouvait provoquer un traumatisme, un choc qui marque une mère sans que ce soit visible. » Et elle avait ajouté : « Je ne veux rien dire de particulier mais c'est un choc tel qu'il peut marquer très profondément une femme au point inconsciemment d'en vouloir à son enfant. » Comment ne pas voir dans cette phrase une accusation ? Une manière détournée d'expliquer que je pouvais avoir battu Lubin après qu'il m'ait fait souffrir à sa naissance ? Détail qu'ignorait madame B. : j'avais eu une anesthésie péridurale. Et si mon accouchement avait été un peu délicat, je n'avais pas souffert. En revanche, Lubin, lui, avait supporté les forceps et je m'étais promis de lui offrir toute la douceur possible pour lui faire oublier ce moment !

Cependant, cette déclaration n'avait pas échappé à l'avocat général et il voyait la possibilité d'en tirer quelques arguments, d'où sa question.

A propos de Jérôme, il dit :

— Il a écrit des lettres incohérentes, c'est sa manière d'exprimer ses sentiments ?

— C'est normal après ce qu'il a vécu.

— C'est un personnage exalté, peut-être est-il capable de violence ?

— Il manifeste ardeur et passion mais la violence, si elle est très forte sur le plan psychologique, n'est pas physique ou alors seulement contre lui-même.

Madame B. se retire. Pour elle, Jérôme est un fils adoptif.

Si Jérôme n'avait pas été incarcéré en décembre 1994, il aurait peut-être eu une liaison avec une jeune fille de 17 ans : Adeline L., jolie petite brune un peu perdue, très inquiète de devoir encore témoigner d'une histoire qui la dépasse complètement. En octobre 1994, Jérôme avait formé un quatuor avec trois jeunes filles : Sylvie B. Christine X. et Adeline. C'est Sylvie qui l'avait enrôlée. Très vite, elle a plu à Jérôme, très vite il s'est proposé pour lui donner des répétitions. Le jour où Lubin était à l'hôpital, Jérôme était introuvable : il déjeunait avec Adeline et lui offrait un cœur en or ! Elle assure qu'elle ne s'est jamais aperçue que Jérôme était à ce point amoureux d'elle jusqu'à ce qu'elle reçoive ses lettres enflammées lorsqu'il se trouvait en prison. Elle a subi deux interrogatoires désagréables destinés à lui faire dire qu'elle avait une liaison avec Jérôme, elle a écrit à Jérôme pour lui dire de se calmer. On lui lit une lettre de Jérôme. Elle fond en larmes. Elle aimerait oublier toute cette histoire dont elle est une « victime collatérale », comme on dit aujourd'hui.

Seconde partie

Mardi 13 novembre 2001

Mardi 13 novembre 2001
9 h 45

Sixième audience

Impossible de dormir, je suis hantée par des cauchemars. J'ai essayé de me maquiller pour faire bonne figure, puis j'ai renoncé. Ce matin, la salle est pleine : ma famille, mon groupe d'amis, ceux de mes parents d'un côté de l'allée centrale, la famille Duchemin et leurs alliés de l'autre. S'ajoutent des avocats qui passent en coup de vent pour tâter l'ambiance, la robe repliée sur le bras et chargés de dossiers, des étudiants et les « tricoteuses », ces habituées des assises qui viennent là pour un spectacle gratuit. Le nombre des journalistes a augmenté. Ils parcourent la presse, vont et viennent, ont des apartés avec mes défenseurs ou l'avocat général. Pour eux, c'est une journée de travail comme une autre.

Jérôme reste sur le banc de la partie civile, aucune autre place n'étant prévue pour le rôle que les hasards de la justice lui ont assigné. Nous sommes face-à-face de part et d'autre du prétoire et nous n'échangeons pas un regard, pas un mot. J'aimerais tellement lui demander de dire la vérité... pour Lubin.

Non loin de lui, une jeune avocate déléguée par ses défenseurs. Elle ne l'assiste pas mais elle veille sur lui et reste disponible à chaque suspension d'audience.

Jérôme vient à la barre, plus calme, il s'exprime nettement. Le président veut savoir s'il a refait sa vie.

— Oui, dit Jérôme. Je vis depuis 1997 avec une jeune musicienne.

— Selon Magali Guillemot, demande le magistrat, vous aviez des problèmes financiers, est-ce exact ?

— Je participais du mieux que je pouvais aux dépenses du ménage.

— Vous faisiez beaucoup de cadeaux, comme ce cœur en or offert à Adeline L., et mentionné dans le dossier ; est-ce que ça n'obérait pas les dépenses du ménage ?

— Non, pas du tout. Ils n'étaient pas chers.

— Vous aviez un compte commun ? Un budget commun ?

— Non. Je ne sais plus si on en avait parlé. Il n'y avait pas de règle établie.

— Mais pour le quotidien, les courses ?

— Ce n'était pas calculé.

Les artistes ne comptent pas ! Ils sont brouillés avec l'économie et la gestion financière. Or Jérôme était un artiste. Il aimait la vie sans limite, et dépensait de la même manière. Il était généreux. Il aimait les passions commençantes et les célébrait en offrant des fleurs, des cadeaux. Au début de notre histoire, il arrivait à nos premières rencontres avec des bouquets, des petites attentions. Une fois installés ensemble, tout a changé. L'artiste était aussi un homme un peu enfantin, donc très égoïste. Plus de cadeaux, même pour Lubin. Il dépensait pour lui. Il n'avait pas de carte bleue, juste un chéquier, du liquide et des découverts massifs. Les impôts le poursuivaient. Mais il avait pris un crédit pour s'offrir une Opel Corsa équipée de toutes les options possibles. Je l'avais approuvé : il circulait énormément en voiture pour son métier.

Nous n'avons jamais eu de dispute pour des questions d'argent : il était entendu qu'il gagnait moins d'argent que moi, ce qui excusait tout. A la barre, il répète tout cela assurant qu'il gagnait à peine 9 000 à 11 000 F (1 300 à 1 600 €) par mois. En fait, les dés sont pipés ! Il gagnait plus de 11 000 F (1 600 €) parce qu'il lui arrivait fréquemment comme beaucoup de musiciens d'orchestre d'avoir des cachets au noir. Personne n'a jamais su ce dont il disposait vraiment puisqu'il ne déclarait pas tout.

Le président veut connaître mon avis sur sa gestion. Et nous voilà tous les deux, devant la cour, débattant de qui payait quoi. Cette conversation prend un tour absurde. Il ressort au bout de quelques minutes que je prenais à ma charge l'essentiel des dépenses du ménage – loyer, alimentation, assurances, faux frais –, Jérôme réglant quelques factures dont l' EDF et parfois le téléphone.

Puis je retourne m'asseoir tandis qu'on aborde les déplacements et les horaires de Jérôme.

— Je pars le matin très tôt, explique Jérôme, tous les jours sauf le mercredi matin et le jeudi matin, où je ne commence que dans l'après-midi, tous mes week-ends sont libres sauf si j'ai un concert.

Le président décompte les absences de Jérôme, évalue son stress. Mais, après tout, il n'était pas tellement plus absent qu'un salarié moyen de la région parisienne travaillant en un point de la banlieue et habitant un autre.

Son emploi du temps montre qu'après ses répétitions, il lui arrivait de boire un pot avec des amis, d'en raccompagner certains dans des directions opposées à la sienne. Il revenait donc tard à la maison. Et il n'a jamais caché qu'il aimait cette vie toujours en mouvement.

Enfin, le président veut savoir qui a eu l'idée des horaires partagés de soins au bébé :

— C'est moi, dit Jérôme qui ai proposé cette organisation. Je m'occupais des biberons de nuit et Magali de ceux du jour, de 7 heures du matin à 20 heures le soir.

Je confirme :

— Ça s'est installé après le sevrage.

— Je trouvais que Magali était fatiguée. Je lui ai proposé cette organisation.

Je proteste vigoureusement. Il sait parfaitement que je n'étais pas plus fatiguée qu'avant la naissance. Mais il a imaginé ce système pour limiter nos rencontres au maximum et il l'a reconnu à l'instruction.

L'avocat général veut vérifier s'il est exact que la dernière semaine de vie de Lubin, Jérôme était surchargé de travail. Celui-ci répond affirmativement : en plus de ses cours et de ses répétitions, il préparait le concours de violon pour l'orchestre de Grenoble. Or dans le compte rendu qu'il a donné au juge d'instruction, il s'accorde relativement peu d'heures d'exercice par rapport à toutes les répétitions et les moments passés avec ses amis. Mais pourquoi, alors qu'il évoquait entre son fils et lui un amour fusionnel, un besoin intense de sa présence, tenait-il à raccompagner autant d'amis ce qui, augmentant considérablement ses parcours, l'amenait à rentrer tard dans la nuit ?

Les experts médicaux vont évoquer les blessures de Lubin. Entendre pour la seconde fois en un an ce que mon enfant a subi, dans le détail, minutieusement décrit... ! Je suis glacée.

Le professeur Huault, à la retraite aujourd'hui, dirigeait le service de réanimation néonatale à l'hôpital du Kremlin-Bicêtre quand Lubin y a été admis le 2 décembre 1994, à midi et demi.

Le médecin explique l'état de Lubin à son arrivée et les constatations qu'il a été amené à faire après différents examens. Selon l'usage, il a alerté le procureur de la République alors que Lubin était mourant, par une lettre officielle :

« Monsieur le Procureur,

Je souhaite faire un signalement pour l'enfant Duchemin Lubin né le 10 octobre 1994... Les raisons qui motivent cet appel sont les suivantes :

... Il s'avère que cet enfant présente une hémorragie méningée, des hémorragies des deux fonds d'yeux prédominant à gauche. Le scanner révèle l'existence de très importantes lésions bilatérales prédominant à gauche, à type de contusions hémorragiques dans un contexte de traumatisme puisqu'il y a fracture de la voûte du crâne à gauche. Par ailleurs, il existe des signes multiples de traumatismes osseux remontant au moins à une quinzaine de jours. On note en effet l'existence d'une fracture de la clavicule gauche, une autre du radius gauche pratiquement déjà consolidées, un arrachement osseux du plateau tibial interne droit, un probable décollement sous-périosté en regard du plateau interne du tibia gauche.

Cet enfant présente toutes les manifestations d'un Syndrome de Silverman avec au moins quatre ou cinq traumatismes osseux différents associés et une très grave contusion cérébrale avec saignement. Ces traumatismes relèvent d'au moins deux épisodes différents dans le temps. Le pronostic vital paraît très sérieusement menacé du fait de la gravité des lésions cérébrales... »

Dans les heures qui suivaient cette lettre, Lubin mourait.

A la barre, le professeur Huault, mince, moustache blanche, allure militaire, s'exprime avec clarté et concision. Selon lui, les maltraitances se sont produites à deux reprises au moins. Il ne peut dater celles-ci avec précision.

Le président ouvre un sujet annexe :

— Vous souvenez-vous d'avoir eu des contacts avec les parents ?

— Non. Je n'ai eu aucun contact, je n'ai pas le souvenir d'avoir eu une conversation avec eux. C'est le médecin de garde qui les a vus, le dimanche 4 décembre, probablement.

C'est exact, je n'ai jamais rencontré le professeur Huault. Il a cependant reçu Jérôme lorsque celui-ci voulait refuser l'autopsie. L'inspecteur Cécile Rome venue l'interroger dans le cadre de l'enquête pendant la garde à vue rapporte que le médecin lui aurait dit « que le père avait pris de haut le fait que le permis d'inhumer soit refusé ».

En ce qui me concerne, le professeur Huault s'est fait une idée sur mon compte, la preuve, cette lettre écrite à une journaliste en avril 2001 refusant une interview pour un projet de livre sur le cas de Lubin [1] :

« Chère Madame

Je décline votre proposition concernant mon interview au sujet du petit Lubin Duchemin.

En effet, je viens, il y a deux jours, d'avoir confirmation que l'affaire allait bien être rejugée. En effet, la famille et les avocats de la mère persistent dans leur intention de faire appel. Je vais être à nouveau appelé à témoigner. Il n'est donc pas question que j'évoque tout cela avant que le procès ait lieu.

Je sors d'un autre procès pour des raisons semblables et là encore, les personnes responsables de grands malheurs n'acceptent pas le verdict d'un jury populaire et font, paraît-il, appel. Il y a autour des mauvais traitements – c'est ce que je ressens – un climat qui n'est pas toujours très sain. A trop en parler, on risque de donner des idées ou des échappatoires à des personnalités fragiles. »

Bien entendu, le professeur Huault avait tout à fait raison de refuser une interview s'il craignait que celle-ci puisse avoir la moindre influence sur sa déposition au procès. Il « parle sans haine et sans crainte » comme il est dit dans le serment des témoins, mais sans savoir grand-chose sur Jérôme et moi en dehors du dossier médical de notre enfant. Or ce n'est pas Jérôme qui est visé dans sa lettre, c'est moi très explicitement, moi qu'il n'a jamais vue. Comment me connaît-il ? Qu'est-ce que son équipe lui a rapporté sur moi ? Sans doute que je m'étais interrogée sur l'éventualité d'une erreur de diagnostic. N'a-t-il

1. Cette lettre a été personnellement adressée à Loly Clerc, qui l'a communiquée à Magali Guillemot (NdA).

jamais eu dans son service des parents éperdus, incrédules, cherchant désespérément à imaginer un autre diagnostic que celui de la mort programmée de leur enfant ? A-t-il jamais vu de mère foudroyée, silencieuse, apathique, lorsqu'on lui annonçait la fin de son premier et unique enfant ? Seraient-ce là des signes de culpabilité indéniables de ma part ?

De nouveau, je suis assaillie par ce sentiment d'insondable désespoir : devoir entendre le martyre de son enfant et en être désignée comme coupable alors que je me reproche déjà de n'avoir rien vu, rien imaginé...

Le médecin explique maintenant qu'un bébé peut souffrir, qu'alors il crie. Selon lui, des soins brutaux ne suffisent pas à tout expliquer, les hémorragies cérébrales peuvent avoir été provoquées par la fracture mais ce n'est pas certain. Et enfin, il donne la définition du Syndrome de Silverman : des coups portés volontairement à un enfant.

— Avez-vous entendu parler du Syndrome du bébé secoué ? demande le président.

— Le Syndrome du bébé secoué ou SBS est une variété de mauvais traitements. Avec Silverman, on a des constats de fractures. Le SBS se caractérise par des secousses fortes occasionnant un mouvement de cisaillement violent dans la boîte crânienne. Le SBS peut effectivement expliquer les hémorragies sous-durales constatées chez Lubin. Mais les fractures ne font pas vraiment partie du SBS.

Ensuite, l'avocat général demande si Lubin était prématuré. Il sait qu'il était né avant terme, mais peut-être veut-il l'avis du patron d'un service de réanimation néonatale, qui à ce titre doit voir beaucoup d'enfants prématurés.

— En fait, répond le médecin, il avait dépassé de quelques jours la date en deçà de laquelle un enfant est considéré prématuré.

— La maternité peut-elle être une source de bouleversement psychologique chez une femme ?

— Oui, ce n'est pas rare.

Le président intervient à nouveau, il veut une précision : y a-t-il eu vraiment deux vagues successives de violences ?

— Oui, répète le professeur Huault : la première quinze jours, et la seconde environ sept jours avant l'admission à l'hôpital.

— Les traces de sang sur le bavoir, demande l'avocat général, trahissent-elles un traumatisme crânien récent ?

— Pas impossible, dit le praticien, il s'agirait de l'ingurgitation de sang s'écoulant via les fosses nasales.

— Un choc léger contre une porte peut-il entraîner une fracture du crâne ?

— Le choc doit être violent, mais c'est une éventualité.

— Est-il imaginable, reprend l'avocat général, que ces contusions soient le résultat de gestes maladroits de la part de parents aimants ?

Le médecin hésite à répondre, puis choisit de se taire, adoptant un air perplexe.

— Dans les cas de maltraitance, insiste l'avocat général, rencontre-t-on majoritairement des pères ou des mères ?

— Aussi bien les hommes que les femmes ; les femmes surtout pour les enfants très jeunes. Mais c'est également réparti. Un accident est toujours possible, il n'y a pas besoin d'être fragile psychologiquement, mais la répétition des chocs, c'est quelque chose de très différent.

Quand vont-ils arrêter ce jeu de questions-réponses ? Est-ce que quelqu'un, une mère, ma mère peut-être, ne va pas se lever et crier : « Arrêtez ! Ne voyez-vous pas comme c'est douloureux pour elle ? Est-il indispensable de répéter tout ce qui est déjà dans le dossier et a été ressassé des dizaines de fois ? » On a dit et redit que je suis une personne rationnelle, froide, qui analyse parfaitement ses émotions. Ici, que puis-je analyser ? Un torrent de souffrances déferle sur moi. Rien d'autre à faire que me taire... Un bout de phrase de Huault me reste en tête : « les femmes surtout pour les enfants très jeunes... » Il n'ajoute pas, et on ne le lui demande pas, pourquoi les femmes maltraitent en majorité des nourrissons. Tout bêtement parce que, selon les statistiques, elles sont les plus nombreuses à s'occuper des nouveau-nés ! Et que si on regarde les chiffres de maltraitance, comme je l'ai fait depuis un an, on s'aperçoit qu'en 1994, il y avait peu d'hommes coupables de maltraitance sur des nourrissons parce qu'ils étaient encore rares à prendre soin des enfants comme l'a fait le père de Lubin !

Paul Lombard demande :
— Confirmez-vous qu'il n'y a eu qu'une seule fracture du crâne ?
— Oui.
— Savez-vous que les nombreux médecins consultés par Magali Guillemot, auxquels s'ajoutent sa belle-mère, infirmière puéricultrice je le rappelle, et

madame W., une amie qui est médecin et que nous entendrons demain, n'ont rien vu ?

— Cela ne m'étonne pas. Ces traumatismes ne sont repérables que par radio ou par une forte pression sur la zone.

— Par ailleurs, l'examen dans la nuit du 1er au 2 décembre 1994 n'a rien décelé, est-ce envisageable ?

— Oui, à 5 heures du matin, on a moins d'attention.

Le professeur Huault a terminé son témoignage mais pas sa collaboration avec les magistrats. Le président lui demande, s'il est libre de son temps, de rester à disposition pour d'éventuelles précisions. Ce que le témoin accepte volontiers. Il avait bien l'intention de suivre le procès.

Reste le docteur Campana, médecin légiste qui a pratiqué l'autopsie, et les trois spécialistes qui ont effectué une expertise anatomopathologique pour dater et expliquer les blessures. Ils sont précis, essaient de s'exprimer dans un langage simple accessible à tous : ils sont des professionnels de ce genre de témoignage. Leurs conclusions confirment toutes celles du professeur Huault.

Lorsque le médecin légiste a fini de déposer, maître Senyk demande la parole :

— Lors de votre entretien téléphonique avec la police, vous avez indiqué « la fracture du crâne est de l'ordre de 24 heures », est-ce vrai ?

— Je n'ai jamais eu la police au téléphone !

Un certain émoi saisit la cour. Le président veut savoir dans quelle cote il est fait mention de cet appel. Il le vérifie.

Il s'agit des interrogatoires qui ont eu lieu en garde à vue. Dans l'un de ceux-ci, je reprends une phrase de mon interrogateur, l'inspecteur principal Gérard Berthet : « Vous me faites part que le médecin qui a pratiqué l'autopsie de mon enfant a déclaré que le décès résultait des lésions au cerveau avec fracture du crâne. Il explique que cette fracture a dû se produire quelques heures avant l'hospitalisation avec un maximum de 24 heures... »

Dans l'autre interrogatoire, c'est l'inspecteur divisionnaire Joël Robert qui me pose la question : « Si la fracture du crâne a été établie qu'elle a eu lieu par le médecin légiste vingt-quatre heures avant son hospitalisation au plus tard et quarante-huit heures au plus tôt... »

Petit détail, j'ai voulu citer la phrase telle quelle : bâtie de guingois, à peine compréhensible. C'est pourtant sur cette phrase que repose mon inculpation. Cette phrase me semble parfaitement refléter les maladresses et les erreurs commises à mon détriment.

Maître Senyk insiste :

— Selon les comptes rendus de garde à vue, cette fracture du crâne est datée de 24 heures par le Dr Campana, et selon l'autopsie il n'y a aucune datation mais la seule mention : « une fracture de la voûte du crâne de 4 cm récente ». Le docteur Campana à la fin de son compte rendu note qu'un examen anatomopathologique sera nécessaire pour préciser l'âge des lésions.

— Je n'ai jamais téléphoné à la police, répète-t-il, et aucun inspecteur ne m'a appelé.

— Toute l'accusation des policiers ayant accompli la garde à vue est basée sur ces vingt-quatre heures, lance maître Senyk. Or, ils ne savaient rien, ils ne disposaient d'aucune information sérieuse leur autorisant une telle affirmation !

Le docteur Campana souligne qu'il ne pouvait lier la mort de Lubin à sa fracture, puisque le décès était dû à un traumatisme cranioencéphalique par contusion. Puis il reste silencieux. On le laisse partir, il va s'installer à côté du professeur Huault. Quant au président, il a l'air embarrassé...

Les derniers experts, auteurs de l'expertise anatomopathologique, viennent dire que la fracture du crâne en début de consolidation remonte à moins de quinze jours avant le décès, la fracture du radius à trois semaines et celle de la clavicule comme celle du tibia gauche, à quinze jours environ. Les lésions neurologiques et une hémorragie sous-durale datent de quelques jours avant la mort.

Ils assurent qu'aucun choc ou geste maladroit tels qu'ils ont été décrits ne peuvent être à l'origine des blessures. Mon enfant est mort sans qu'il ait porté la moindre trace extérieure, sinon un bleu à la tempe. Et les médecins disent qu'ils n'ont vu aucune ecchymose, aucune trace cutanée. Aujourd'hui les choses s'expliquent mieux. Un des médecins le précise :

— La cause de la mort est un œdème dû à des secousses ou un choc. Il provoque un gonflement du cerveau qui se trouve alors comprimé contre la boîte crânienne et cette compression entraîne le coma puis la mort.

Cela reste encore mystérieux : si Lubin a eu une fracture du crâne et qu'il a heurté quelque chose, il aurait dû avoir d'énormes bleus persistants. Un des médecins, le docteur Lecomte, souligne que l'absence de traces est fondamentale. En effet, cela démontre que la fracture du crâne a eu lieu contre un plan résistant mais mou.

Le président pose la première question :

— Pouvez-vous donner un exemple de plan répondant à cette description ?

— Un matelas, un divan.

L'avocat général est incrédule :

— Vous pensez qu'un matelas peut provoquer ceci ?

— Je parle avec mon expérience de médecin légiste, et je dis oui.

Maître Senyk est encore préoccupée par la fracture du crâne que l'on m'a attribuée en la datant de manière inexacte pendant la garde à vue :

— De votre rapport, doit-on retenir une fracture d'environ quinze jours ou de moins de quinze jours ?

— On ne peut pas dire exactement. Ce que j'ai observé correspond à moins de quinze jours.

— Dix à quinze jours vous paraîtrait raisonnable ? suggère le président.

— Tout à fait.

— Vingt-quatre ou quarante-huit heures, c'est pensable ? Insiste maître Senyk.

— Non.

Reste à expliquer les autres fractures : le docteur Lecomte pense qu'elles ont été causées par pression, une pression brutale et non par torsion.

L'avocat général évoque la manière d'administrer du collyre à Lubin par Jérôme telle qu'il l'a décrite au juge d'instruction :

« C'était après le 12 novembre, le traitement n'a duré qu'une semaine. C'est le médecin d'en face qui l'a prescrit. Comme Lubin se débattait beaucoup quand je lui mettais du collyre, je lui plaquais ma main droite sur les deux genoux pour maintenir les jambes bien à plat. Avec ma main gauche, je lui mettais la goutte dans l'œil. Je coinçais son bras droit entre mon buste et la planche à langer. Comme je n'arrivais pas à maîtriser son bras gauche, il se mettait les doigts dans l'œil ou dans la figure. Bref il gênait l'opération. Alors à plusieurs reprises, j'ai coincé son bras gauche entre son dos et la planche à langer en le mettant derrière son dos. Son seul poids suffisait à le bloquer... »

Philippe Bilger demande si un tel traitement peut expliquer des fractures, le docteur répond affirmativement pour le radius seulement. Il veut savoir si le bébé pleure dans ces circonstances.

— Oui, sûrement, répond le médecin.

Alors le président conclut :

— Le cas de Lubin, selon vous, relève-t-il de Silverman ?

— Oui.

— La fracture du genou, demande maître Senyk est-elle compatible avec du SBS ?

— Oui.

Le calvaire de Lubin ! Des manipulations brutales, des torsions, des pressions trop fortes pour un bébé aussi petit, des gestes nerveux et peut-être même, un jour, des secousses pour finir par le laisser retomber brutalement sur la table à langer ou le canapé. Tous ces gestes figurent au dossier, ils ont été décrits à plusieurs reprises. On dit que cette description ne peut tout justifier. Mais imaginons que cette version ait été édulcorée...

Ma mère vient à la barre. C'est une femme droite. Elle n'est pas très grande mais elle dégage une impression de force. Elle n'a pas de coquetterie, elle n'en a jamais eu : elle s'habille simplement, souvent en pantalon, avec des cheveux frisés qu'elle teint. Elle a un petit nez, des yeux rapprochés. Ma mère est très intelligente, très entêtée. Elle dit la même chose de moi. Nous nous affrontons souvent. Parfois je la déteste, parfois je l'admire, parfois j'ai l'impression qu'elle ne m'a jamais aimée. Mais je sais une chose : ma mère est mon rempart, un rempart entre le monde et moi. Une protection et un obstacle. Elle m'a toujours poussée à réussir mes études pour avoir un métier, être indépendante, maîtriser ma vie. Elle est si forte, infiniment plus que moi.

Elle a commencé à parler sans attendre une question. Elle dit que j'étais « une enfant sans problèmes, qui a toujours donné toute satisfaction. Vu ses résultats prometteurs, nous avons tout fait pour l'encourager. » Ma mère évoque mon enfance choyée. Je pense à la sienne, solitaire et secrète. Il faut dire un peu de sa vie parce qu'elle explique son caractère, le mien aussi, et nos liens étroits, notre mode si particulier de communication fait d'accrochages verbaux, d'échanges intellectuels et de silence sur tout ce qui approche les sentiments... ou presque.

Elle est née à Rognes, un gros bourg entre Aix-en-Provence et Lourmarin, fille unique, élevée dans la joie et la douceur... jusqu'à la guerre de 1940. Tandis que les Allemands envahissent la France, sa mère agonise d'un cancer. Elle se retrouve seule : sa mère disparue, son père dénoncé comme communiste prend le maquis. Sa fille ne le verra plus que fugitivement, la nuit, toujours pressé, venant lorsqu'on ne l'attend pas, ne sachant jamais le jour d'un possible retour. De lui, elle tient le respect du secret, le non-dit, le courage, la volonté de s'en sortir, de résister envers et contre tout. Son père est un héros pour cette petite fille entourée d'affection et pourtant solitaire. Elle l'admire mais se sent orpheline.

Deux ans plus tard, en juin, elle l'est vraiment. La retraite des Allemands dans la région de Digne se heurte à une poche de résistants. Dans une brève fusillade, deux hommes sont tués, dont son père.

Elle est recueillie et élevée dans sa famille paternelle. Une figure la domine : sa grand-mère, une femme rigoureuse, et peu effusive. Elle s'occupe bien de l'enfant mais sans tendresse. Autour d'elle, des femmes – les sœurs de son père – et peu d'hommes.

A la fin de la guerre, ma mère a 14 ans, un niveau scolaire au-dessus de la moyenne ; elle entre, boursière et pensionnaire, au lycée d'Aix-en-Provence. Elle dit qu'elle s'y sentait plus libre que dans sa famille. Comme moi à Ginette ! Elle étudie le grec et le latin, passe son bac philo-lettres avec mention. Ses professeurs suggèrent qu'elle prépare Normale Sup. Mais, elle veut gagner sa vie très vite, être indépendante. Réflexion faite, elle opte pour le droit administratif puis l'Ecole des impôts. Elle sera fonctionnaire. En somme elle a trouvé un métier sûr. Son premier poste est à Alger en 1962. Elle y a rencontré mon père, fonctionnaire comme elle. Elle l'a épousé là-bas.

Ma mère ! Clélia et moi, nous la surnommons *la Mater* quand son autorité nous pèse trop. Elle n'a jamais eu une haute idée des hommes, ceux de la famille comme les autres, et ferait plus confiance aux femmes. A sa manière discrète, c'est une féministe convaincue. Pour elle, la famille, c'est le matriarcat. Elle assume tout. Dès l'enfance, elle a dû se forger un caractère dur et indépendant. Elément solide de la famille, l'angoisse la fragilise parfois, elle voit tout en noir. Alors, mon père calme le jeu, il remet les choses à leur place. Il n'a pas l'autorité, seulement un pouvoir consultatif. Pour se faire entendre, il crie ! Mais c'est elle qui mène tout.

Ma mère décrit à la cour sa rencontre avec Jérôme. Le 26 septembre 1993, nous nous sommes retrouvés tous les quatre dans un restaurant à Paris du côté de la gare de Lyon. Le déjeuner servait, comme toujours dans ces cas-là, à faire connaissance, donner son pedigree et raconter la belle histoire du coup de foudre entre la scientifique et le musicien.

Autant les Duchemin ont été satisfaits du numéro tiré par leur fils à la loterie de l'amour – même s'ils me trouvaient peut-être « un peu distante et même snob » –, autant mes parents ont été sceptiques. Mon père a toujours aimé la musique, c'est un connaisseur. En parlant avec Jérôme, il s'est vite convaincu que ce professeur de musique était un musicien passionné, un bon point pour celui-ci. Mais, en déjeunant, il se demandait : « Que diable va chercher Magali avec ce garçon, elle qui n'écoute pas le moindre CD classique, elle qui n'a jamais été mélomane ? » Maman, elle, était plus réticente. Elle a eu cette expression « trop beau pour être honnête », impuissante à traduire autrement l'intuition qui la tenait. Ce jeune homme n'était pas ce qu'il semblait être. A ses yeux, il était double. Mais comment justifier ce sentiment ? Papa voulait rassurer sa femme mais au fond de lui-même, il aurait préféré voir sa fille avec un gentil ingénieur de Centrale ou de l'X plutôt qu'avec un violoneux !

Le président veut savoir quelle a été sa première impression de Jérôme :

— Duchemin avait de l'aisance, du charme, présentant bien, dit-elle. Je n'ai jamais eu de certitudes dans cette malheureuse histoire. J'ai accueilli Jérôme Duchemin comme un nouveau fils, il faisait partie de la famille.

L'avocat général lui fait part de son sentiment :

— J'ai l'impression, madame, que vous n'avez pas été contente de cette envie d'enfant chez Magali et Jérôme.

Ma mère choisit une réponse mesurée :

— Il faut replacer les choses dans leur contexte : si tout s'était bien passé, nous en serions très heureux aujourd'hui.

A la demande du président, ma mère explique qu'elle a appris mon recours à l'agence matrimoniale par mon premier avocat.

Papa et maman ne réussirent pas à savoir ce qui les peinait le plus à ce moment-là : mes mensonges, ou le poids de ma solitude qu'ils n'avaient jamais soupçonnée, insurmontable au point d'un recours à une agence matrimoniale. Ils tiennent en peu d'estime ce genre d'officines ! J'ai eu tout le temps en prison d'imaginer les conversations qu'ils avaient tous deux, ressassant mes choix et leurs conséquences dramatiques.

« Jamais, disait alors ma mère, nous n'aurions pensé, avec ses atouts, le milieu qu'elle fréquentait, son intelligence, qu'elle en arriverait là. Avoir inventé un coup de foudre sur fond musical ! Quelle dérision !

— Souviens-toi, avait observé papa, lorsque Cécile est née, Magali nous a dit qu'elle voulait se marier, avoir un enfant, elle aussi. Moi, j'explique sa démarche par sa volonté à toujours réaliser dans l'instant ce qu'elle décide. A posteriori, je me demande s'il n'y avait pas chez Magali, un complexe vis-à-vis de sa sœur. Elle s'est toujours considérée moins jolie que Clélia. Cela filtrait de temps à autre de ses propos...

— Bon, mais pourquoi ce mensonge ?

— Elle est très pudique. Elle était gênée d'aborder cette question avec nous. Et puis il y a son orgueil, sa fierté naturelle : malgré tout, l'agence matrimoniale n'était qu'un pis-aller.

— Ah ça ! Si elle n'avait fait ne serait-ce qu'une allusion, nous aurions tout tenté pour la décourager.

« D'un autre côté, n'a-t-elle pas fait preuve d'une grande force de caractère ? », se demandait papa, épaté que je me sois lancée dans cette aventure sans consulter personne. Il n'a jamais compris comment j'étais tombée amoureuse, mais m'a crue sincère.

— En fait, méditait ma mère, nous aurions dû nous douter qu'ayant décidé de se marier, elle y arriverait aussi rapidement que possible. Elle a un esprit très compartimenté : après les études et le métier, elle est passée à la phase mariage. Alors, elle a agi comme elle a souvent eu l'occasion de le faire, en mathématicienne pour qui tout est objectif.

Maman, elle, demeurait sceptique sur mes sentiments réels :

— Il était nécessaire qu'elle aime Jérôme pour réussir le but qu'elle s'était fixé. Comme si on pouvait aimer sur commande !

— Pourtant, s'étonnaient-ils tous deux, elle avait des amis, certains étaient amoureux d'elle...

— Mais, même si elle plaisait, elle avait une réaction surprenante. Souviens-toi, elle nous l'a dit, elle annonçait aux hommes qui lui faisaient la cour qu'elle n'était pas candidate à l'aventure mais seulement au mariage ! Ce n'est plus ainsi que l'on fonctionne aujourd'hui. Elle avait décidé que ce serait comme ça pour elle !

— Il n'empêche, répétait papa. Rien ne l'obligeait à passer par une agence ! »

Quand Clélia a appris la vérité, elle a été bouleversée. Comme Sophie B. qui a fondu en larmes se sentant brutalement « coupable ! Coupable de ne pas avoir fait signe, de ne pas avoir senti sa solitude » a-t-elle avoué à une amie... « Mais nous étions sur deux voies si différentes : moi j'étais encore étudiante, elle déjà dans la vie professionnelle. Quand nous nous retrouvions, nous discutions superficiellement de la vie quotidienne ou des amis de Centrale... Enfin de tout, sauf de notre vie sentimentale. Magali a toujours été si secrète sous ses dehors chaleureux et ouverts ! »

Bizarrement, je crois que lorsque les miens ont su que la rencontre avec Jérôme s'était faite de manière aussi artificielle, chacun a éprouvé comme un soulagement : ils ressentaient à son égard des réticences qu'ils ne s'expliquaient pas. Maintenant, ils comprenaient. Il n'appartenait pas au même univers, il en était loin et il n'avait pas voulu ou pu s'intégrer. Trop différent !...

A la barre, ma mère conclut mon histoire :

— Je veux ajouter quelque chose : quand Magali fait une erreur, elle peut s'entêter par orgueil. Mais elle a choisi Jérôme parce qu'elle était amoureuse de lui.

L'avocat général n'a pas peur de la blesser :

— N'avez-vous pas vécu comme un échec de votre éducation le fait que votre fille ait recours à une agence matrimoniale ?

Elle ne se laisse pas démonter :

— Non ! Je ne pense pas que ce soit ma faute.

Non, ce n'est pas sa faute. Ce n'est la faute de personne sinon la mienne. J'ai pris ma décision toute seule. Ensuite, il m'est arrivé de me demander si je ne devrais pas en parler avec ma famille. Le jour de mon anniversaire, le 7 août 93, j'avais même testé Clélia, l'air de rien :

« Je crois que je vais m'inscrire à une agence matrimoniale !

Elle m'avait regardée, sidérée, puis elle avait éclaté de rire :

— Tu es folle ! »

J'étais déjà inscrite. J'ai définitivement gardé le silence.

Je reviens à l'audience et à ce sentiment d'irréalité qui me devient familier depuis le début de ce procès. Assise sur ma chaise, mes avocats à ma droite, un peu plus loin à gauche l'avocat général dans sa robe rouge, en face de moi le président flanqué des quinze jurés, et ma mère à la barre racontant mon mariage, mon caractère. Je l'écoute :

— Magali ne s'insurge pas, elle est docile apparemment, mais elle est têtue avec des idées très arrêtées. Elevée dans la droiture, elle est capable de prendre beaucoup sur elle. A propos de son mariage, elle a dû se dire : « Il faut que ça marche, il faut que Lubin ait un papa. »

Je me souviens de deux conversations avec maman. La première a eu lieu peu de temps après la première rencontre avec Jérôme. Nous buvions un café toutes les deux à Melun, papa était sorti. Maman exprimait des réserves à l'égard de Jérôme :

« Mais de quoi vit-il ? a-t-elle demandé.

— Il est professeur dans plusieurs écoles.

— Privées ou publiques ?

— Les deux. Il est maître-auxiliaire...

— Il est professeur de musique, il n'est pas concertiste !

— Maman, ce n'est pas parce qu'il ne te plaît pas qu'il faut tout dénigrer ! Tous les concertistes donnent aussi des cours !... Décidément, tes gendres ne te plaisent pas !

J'avais défendu Stéphane, j'espérais que Clélia en ferait autant pour Jérôme. Maman avait paru désemparée. Dans son for intérieur, elle me jugeait trop jeune, pas assez mûre pour ce mariage. Elle s'était mariée à 31 ans. Mais elle n'avait plus osé une seule remarque, sinon :

— Tu sais, tu n'es pas obligée de te marier. Tu peux prendre ton temps, vis un peu avec lui pour voir...

J'avais éclaté de rire, ma mère si conservatrice, si bourgeoise qui préférait me voir vivre avec un homme sans être mariée !

— Justement, j'ai lancé, on a trouvé un petit deux-pièces à Chaville et on va s'installer... Tiens au fait, il viendra passer Noël avec nous ! »

Plus tard, c'est moi qui ai été saisie par le doute. J'étais déjà enceinte mais maman ne le savait pas. Nous préparions le mariage.

En avril, j'étais venue discuter avec elle des préparatifs, et tout à trac, j'ai lâché :

« Je me demande si je ne fais pas une bêtise !

— Comment ça ? a demandé ma mère qui avait très bien compris.

— Je ne sais pas si je dois me marier... »

Ma phrase a tout laissé en suspens. Ma mère est restée silencieuse un moment qui m'a paru très long. J'étais si fragile à cet instant que maman, Clélia, ou n'importe qui de la famille m'aurait dit : « Ne t'inquiète pas, Magali. Garde le bébé, on s'en occupera, et si tu as le sentiment de t'être trompée, on annule tout. Nous t'aiderons ! », j'aurais déclaré forfait tout de suite !

Ce jour-là, ma mère n'a pas compris le message, ou ne voulait-elle pas le comprendre. Et puis elle ignorait tout : les circonstances de notre rencontre, ma grossesse, mes relations difficiles avec Jérôme. Elle a voulu me réconforter :

« C'est normal, cette inquiétude. Toutes les jeunes filles qui se marient traversent un moment comme ça. Moi-même quand j'ai épousé ton père... Et en plus, j'étais toute seule, loin de chez moi !

— Ah oui, tu crois, c'est normal ?

— Mais oui ! Bien entendu. Tout est lancé, les faire-part, les invitations... C'est toujours à ce moment-là qu'on se sent un peu piégé ! Mais tu ne veux quand même pas tout annuler ? Tu n'es pas amoureuse de lui ?

— Si ! »

Maman revient sur les visites à Montrouge après la naissance de Lubin et nos déjeuners à Melun. Mes parents sont venus le 1er novembre pour déjeuner. Jérôme a fait la cuisine, mis la table, moi, considérée par tout le monde comme nulle en cuisine, je desservais. Ma mère, je le voyais à son regard, s'est dit qu'elle avait mal jugé son gendre. Il ne rechignait pas au partage des tâches domestiques.

Il faisait un temps magnifique : du balcon, on apercevait les feuilles dorées des platanes de la rue et le soleil était chaud.

« Si nous sortions Lubin ? ont suggéré mes parents.

Tout le monde est tombé d'accord. Ce serait sa première sortie. Jérôme a préparé son caméscope pour filmer l'événement. J'ai déballé le vêtement que ma mère m'avait apporté pour notre fils.

— Pas ça, a décrété Jérôme, sa petite combinaison bleue, celle que Bénédicte lui a offerte.

— Non, il aura froid. Et puis cet ensemble est plus joli, si tu dois le filmer.

— Justement, elle est bleue, ça passera mieux.

Je m'entêtai, lui aussi. Mes parents consternés regardaient leur fille et leur gendre se disputer pour une vétille. Maman a tenté de dire que ça n'avait pas d'importance. Lubin serait aussi bien dans sa combinaison. Finalement, Jérôme a tranché :

— Très bien, allez-y sans moi.

Et il s'est enfermé dans la chambre. Inutile de se mettre martel en tête pour un accès de mauvaise humeur aussi infantile.

— Laissons-le bouder ! », ai-je décidé.

J'ai entraîné mes parents au square sans plus de commentaire. Après une demi-heure, cela suffisait pour cette première sortie, la famille est rentrée. Les parents ne se sont pas attardés. Jérôme demeurait invisible.

Plus tard, nous nous sommes retrouvés seuls, aucune allusion à la scène de l'après-midi n'a été faite. Je donnais le biberon, il regardait la télévision.

Lubin endormi, j'ai parlé des faire-part de naissance. J'en avais très envie :

« Qu'est-ce que tu aimerais comme format ? ai-je demandé à Jérôme.

— Aucun. Inutile d'envoyer des faire-part, c'est une dépense complètement superflue.

— Je les paierai.

— Non. C'est inutile, c'est tout.

— Mais ça ne te fait pas plaisir la naissance de Lubin ? Moi je suis tellement contente que j'ai vraiment envie de le faire savoir !

— Moi aussi, je suis content mais je n'ai pas besoin de le crier sur les toits. »

De fait, il ne l'avait annoncé à aucun de ses collègues de travail sauf pour demander une journée de congé.

Déconcertée, je me suis demandé si finalement Jérôme était vraiment heureux. Ne voulait-il pas un fils ? N'en était-il pas très fier ? Il disait à tous qu'il l'avait conçu le 14 février, le jour des amoureux, pour que cet enfant soit le fruit de l'amour. Cela en devenait même embarrassant pour moi. J'ai quand même commandé les faire-part un peu plus tard et les ai envoyés à mes amis comme à ceux de Jérôme.

Dans ma famille, on fête l'anniversaire de Clélia en même temps que celui de notre mère, le 13 novembre. Toute la famille s'est retrouvée un dimanche à Melun dans l'appartement de mes parents pour le déjeuner.

Le matin, en déshabillant Lubin pour son bain, j'avais constaté sur l'extérieur du bras gauche, au-dessus du coude, des traces rouges, ovales, comme une pression des doigts. Et au-dessus, derrière l'épaule gauche, sur le haut de l'omoplate, une marque rouge nettement visible de plusieurs centimètres de long m'intriguait. D'autant plus que Lubin, si gentil d'habitude, pleurnichait lorsque je le soulevais sous les bras pour le mettre dans son bain.

« Jérôme, viens voir, il a des marques. Que s'est-il passé ?

— Ah ? Ah oui. Et alors ? Quand je le change, tu sais très bien que je ne mesure pas ma force. Je lui ai déjà fait des bleus sur les chevilles. Il marque, c'est tout. On marque dans la famille.

— Fais attention quand même. »

Jérôme ne m'écoutait plus, il avait quitté la salle de bains. Lubin pleurait à nouveau en sortant du bain. Il était constipé et j'ai pensé qu'il avait mal au ventre. Je l'ai habillé d'un joli ensemble et nous avons pris la route pour Melun. J'avais hâte de parler de ces bleus avec ma mère, je voulais savoir si dans la famille, on a la peau fragile, si on « marque » aussi. Or ce jour-là, je me suis rendu compte que ma mère avait une impression tellement négative de mon mari que j'ai préféré y renoncer.

Nous avons pris l'apéritif, offert des cadeaux. Maman était très heureuse de voir son premier petit-fils chez elle. Elle m'a proposé de le prendre de temps en temps à Melun maintenant qu'il commençait à bien pousser, pour que nous puissions nous reposer. J'ai décliné l'offre. Je ne voulais pas me séparer de mon bébé.

A table, papa a demandé à Jérôme s'il envisageait un jour d'entrer dans un orchestre national en abandonnant son poste de maître-auxiliaire. Celui-ci a répondu vertement qu'il ne se voyait pas fonctionnaire, ce qui a vexé son beau-père, qui n'a jamais quitté la fonction publique. Clélia observait Jérôme, le trouvait nerveux et se demandait pourquoi.

« Lubin réclame encore des biberons la nuit, il est impossible ! a-t-il dit.

— Mais, a répliqué Clélia en souriant, il n'a qu'un mois. Il peut encore boire la nuit pendant un ou deux mois ! Cécile a bu la nuit jusqu'à deux mois... Pas toutes les nuits, mais de temps en temps.

— Evidemment, si tu lui laisses faire ce qu'elle veut. Moi, je vais dresser Lubin.

— Tu ne peux pas dresser un bébé d'un mois !

— On ne peut pas laisser les enfants faire n'importe quoi. Ma sœur et moi, nous avons été élevés rigoureusement et je m'en trouve très bien. »

Clélia n'a pas poursuivi la discussion. Elle m'a jeté un coup d'œil. J'ai haussé les épaules, signe qu'il n'y avait qu'à le laisser dire. Je dois avouer que souvent, Jérôme apparaissait si buté, campant sur son point de vue, refusant d'entendre la moindre réplique, que je ne discutais pas.

Après le déjeuner, l'heure de changer Lubin nous a regroupées toutes les trois autour de Jérôme qui ne cachait pas son énervement de se voir ainsi surveillé, d'entendre nos commentaires et nos attendrissements. D'autant plus que Clélia, croyant qu'il n'allait pas retirer la couche, la trouvant propre, s'est étonnée :

« Tu ne changes pas la couche ?

Il ne lui a pas répondu, et d'un geste il nous a mises dehors :

— Je m'en occupe seul, je n'ai pas besoin de vous.

Le ton ne supportait pas de contradiction. Nous sommes revenues dans le salon vexées et agacées.

— Franchement, il n'est pas commode, ton mari, a observé ma mère. Il me prive de mon petit-fils. »

L'avocat général réagit :

— Vous n'avez jamais vu votre gendre s'occuper de Lubin ?

— Si, j'ai vu Jérôme langer Lubin à la clinique, il empoignait les deux pieds en l'air comme on tient un lapin, mais contrairement à mon mari, cela ne me choquait pas. Avec son côté fonceur, brusque, il décidait de tout. Il avait des notions d'éducation pour Lubin. Comme c'était un garçon, il considérait qu'il fallait lui inculquer des principes. Nous n'avons rien dit. Nous sommes très pudiques, c'est notre défaut dans la famille.

Finalement, le président résume en une question ce que tout le monde veut savoir :

— Quelle était votre opinion sur Jérôme Duchemin ?

— Pour être honnête, pas très bonne ! Ses accès d'humeur n'excluaient personne. Jérôme a une personnalité très ambiguë. Par exemple, le 13 novembre, Magali a préparé le biberon et a commencé à le donner au bébé. Tout d'un coup, il a trouvé qu'elle s'y prenait mal :

« Attention, tu le tiens mal... Regarde, il boit trop lentement ! Décidément, tu es maladroite. Tu ne sais pas t'y prendre. »

Il lui a arraché le biberon et le bébé, et s'est installé pour lui donner sans un mot. Sa brusquerie nous a tous choqués. Magali est restée silencieuse, au bord des larmes.

En entendant ma mère, Jérôme qui jusque-là était resté tête baissée, absent, se lève comme un ressort et lance :

— Je proteste !

Le président lui donne la parole, et il s'approche de ma mère.

— La relation de cette scène est complètement démesurée. Lubin prenait mal son biberon, je ne lui ai pas arraché. Quand je le changeais, je ne les ai pas renvoyées, j'ai simplement dit que je voulais que ça se passe dans l'intimité, pour l'intimité de Lubin. Lubin avait besoin d'être tranquille quand on le déshabillait.

Et là, Jérôme commence une explication confuse dans sa chronologie : le jour où nous avons constaté que Lubin souffrait quand on le prenait sous le bras, il m'a entendue lui annoncer que j'irais à Marcoule en ajoutant : « Si tu continues, ça ne va pas durer. » Marcoule, près de Valence, c'est là que mon service au CEA devait être délocalisé. Je ne crois pas en avoir parlé ce jour-là mais peu importe, j'ai, en termes vagues, évoqué la fin de notre couple. En mettant bout à bout ces deux éléments, Jérôme m'éclaire brutalement.

Tout est resté inconscient en moi et probablement chez lui aussi. Mais ce jour-là, nous avons tous deux été mis en face de l'impossibilité de poursuivre cette vie de couple : la brutalité rôdait, semait des traces à peine perceptibles, une sortie de secours s'offrait à moi. Mais je n'ai rien voulu voir. Lui, en revanche, a peut-être flairé le danger, la menace... Je sais aujourd'hui ce qui se passe lorsque Jérôme, confronté à la réalité et ne trouvant aucun refuge dans la musique, se sent acculé et réagit.

Le président veut savoir alors dans quelles circonstances il s'est inscrit au concours de Grenoble.

— Je recherchais ce type d'annonce pour aller vers Marcoule. Je suis tombé dessus par chance.

On imagine difficilement aujourd'hui à quel point l'avenir de notre couple vu par Jérôme baignait dans l'irréel. Il préparait un concours de très haut niveau alors qu'il venait d'être éliminé d'un orchestre de moindre importance que celui de Grenoble. Il refusait toute idée de séparation mais organisait sa vie pour éviter tout contact avec moi : il se préparait à aller vivre à Grenoble alors que moi je m'installerais à Marcoule !

Le président insiste :

— Le concours était prévu le 5 décembre, vous avez eu connaissance de ce concours le 5 octobre. A partir de quand s'est profilée la possibilité pour Magali de partir à Marcoule ? Avez-vous parlé de déménagement ?

Jérôme semble ne plus se souvenir : il ne sait plus si j'avais déjà parlé de Marcoule, donné une date de départ ni parlé de déménagement. Il dit :

— On n'en a jamais parlé.

Moi aussi je veux donner ma version. Chacun encadrant ma mère, nous nous affrontons de part et d'autre.

— Le 13 au matin j'ai vu les marques rouges sur les bras de Lubin. Selon lui ce n'était rien. Chez mes parents, au moment de déshabiller Lubin, il nous a mises à la porte de la chambre. Est-ce qu'il ne voulait pas dissimuler ces marques ? Ensuite, il m'a violemment déclaré que je ne savais pas donner le biberon. D'ailleurs, il critiquait fréquemment les soins que je donnais à Lubin. En revenant à la maison, le soir, je lui ai dit que tout ça ne pouvait plus durer. J'avais l'intention de me séparer de lui.

— Je n'ai pas pris ça comme une menace, rétorque Jérôme. Je n'ai pas un sale caractère mais un verbe un peu tenace. Magali me reprochait mon autoritarisme. Je dis les choses, on les prend mal, c'est comme ça. La séparation était pour moi inconcevable. Jamais je ne l'aurais acceptée. C'est dans le dossier que j'ai appris qu'elle voulait divorcer. Le mot divorce n'a jamais été prononcé devant moi.

J'hésite. Vais-je rappeler que dans ses déclarations à l'instruction, il se plaignait que je pratiquais « le chantage au divorce » ? Non. Inutile. Notre mésentente est flagrante. Il savait parfaitement de quoi il s'agissait.

Un instant de silence passe. Je vais me rasseoir. Jérôme hésite. Maître Senyk en profite pour demander la parole :

— Pourquoi avez-vous dit que Lubin était pleurnichard ?

— L'enfant était à mon goût, très pleurnichard. Je pense que c'est parce qu'il souffrait.

— Vous aviez des difficultés à lui donner le biberon ?

— Non, enfin si.

— Vous avez dit : « La dernière semaine, Lubin refusait de prendre son biberon la nuit. Je le secouais, il n'y a pas de mal à ça, je lui tapais sur les fesses, je ne vois pas le mal. »

— « Secouer »... ce terme aujourd'hui m'indispose, dit Jérôme.

— Pourquoi ? demande Paul Lombard.

— Votre question est déplacée, dit Jérôme offusqué.

Cet échange donne une idée à l'avocat général :

— Dites-nous comment vous faisiez l'avion ?

Jérôme décrit ce qu'il faisait en gestes mesurés.

— Les pieds de l'enfant que vous preniez comme un lapin, interroge l'avocat général, je suppose que c'est la façon dont procèdent tous les pères modernes ?

Ma mère s'interpose :

— Il lui empoignait les chevilles sans intercaler un doigt entre les deux pour éviter de les serrer trop fort, exactement comme on saisit un lapin !

L'avocat général poursuit :

— Et quand vous lui mettiez du collyre en lui tordant le bras dans le dos, vous n'aviez pas le sentiment de lui faire du mal ?

— Non. A aucun moment.

Là encore, il faudrait réveiller la mémoire de Jérôme : dans ses aveux en janvier 1995 puis encore en juin, il exprimait ses regrets d'avoir été aussi brutal, et sa peur de lui avoir fait mal...

— Vous avez une personnalité romanesque avec les jeunes filles, vous avez un sale caractère devant les autres, qu'est-ce qui vous inspirait ? coupe l'avocat général.

Jérôme ne veut pas répondre. Il poursuit une autre idée :

— C'était mon privilège d'avoir Lubin le weekend, elle l'avait tous les jours et je suis le père !

Il garde la parole pour commencer une longue description, voix basse, presque ronronnante, sur ses relations et le temps passé le soir avec Lubin. Comme hier, et de la même manière, avec des mots presque identiques, il crée une émotion, puis ses larmes coulent et il dit : « Ce moment était privilégié pour moi. »

L'avocat général questionne encore :

— Malgré le risque que Magali descende à Marcoule, ses manifestations pour vous alerter, je n'ai pas l'impression que vous ayez fait grand-chose pour améliorer le quotidien de cette jeune maman ! Etiez-vous obligé d'avoir ces horaires ?

— Je voulais avoir un revenu comme Magali.

Paul Lombard demande la parole :

— Vous avez déclaré à propos de Lubin : « Ce qui m'agaçait, c'est qu'il était caractériel, il faisait beaucoup de comédie. » Confirmez-vous ces propos ?

— Les termes sont durs, répond Jérôme. Lubin présentait sa personnalité, son petit caractère.

Le président s'adresse à ma mère, toujours à la barre :

— Lorsque votre fille est placée en garde à vue le 8 décembre 1994, elle indique qu'elle souhaite prévenir sa belle-mère comme personne la plus proche. Ça ne vous étonne pas ?

— Non.

Ma mère ne veut pas rentrer dans une discussion sur mon comportement et je refuse que l'on puisse croire qu'il y avait de mauvaises relations entre elle et moi :

— Je n'ai absolument pas compris ce qui se passait, dis-je, j'étais perdue. Je n'ai pas compris que c'était une garde à vue, je pensais sortir rapidement.

L'avocat général commente :

— Il n'était quand même pas difficile de cocher une croix et de demander à ce que l'on contacte votre mère.

Alors ma mère comprend :

— Je n'ai pas interprété non plus comme un refus de contact le fait que Magali reste auprès de sa belle-famille pendant l'hospitalisation de Lubin. Je me l'explique par le fait qu'elle était vidée, sans réaction, comme écrasée. A ce moment-là elle se raccrochait à son mari. Elle s'est retrouvée alors dans un milieu qui l'a littéralement conditionnée.

Plus personne ne veut poser de questions, ma mère n'a plus rien à dire. Elle regagne les bancs dans la salle et mon père lui succède. Il a du mal à maîtriser son émotion. Il parle longuement : mon enfance, mon adolescence, mes études puis mon mariage et ma maternité. Je m'étais « très bien adaptée à la maternité », ce qui l'a presque surpris. J'étais très « maternante », cela agaçait un peu mon mari. Il rappelle les visites à Lubin. Le 24 novembre il est venu avec ma mère à Montrouge et :

— Lubin était magnifique et puis soudain la catastrophe ! Nous nous sommes portés partie civile au procès de Nanterre pour savoir, et après ce procès, nous ne savons toujours pas !

Mon père et ma mère sont les fonctionnaires types, serviteurs de l'Etat, maladivement honnêtes et rigoureux. Ils ont le culte de l'excellence. Mon père est horrifié par ce qui arrive. Toute sa vie a été dirigée par la morale. Orphelin de père à 18 ans, il en a souffert mais il avait depuis longtemps rejeté l'autorité paternelle. Seule sa mère comptait. Papa a été élevé surtout par elle et son grand-père paternel dans le logement au-dessus de la boutique d'électricité que tenait ce dernier à Melun. Après la naissance de son frère, sa mère s'était chargée complètement de la boutique et les faisait vivre. Mon grand-père, artisan électricien, se déplaçait sans cesse pour aller chez des clients mais sa journée achevée, il ne rentrait pas pour autant. L'enfance de mon père fut peuplée de scènes et de conflits conjugaux : son père était charmant et léger, sa mère avait du caractère, c'est-à-dire qu'elle n'admettait pas la contradiction et ne supportait pas la désinvolture de son mari. Mon père voulait devenir ingénieur. La disparition paternelle l'ayant laissé sans le sou, pas question pour le jeune homme de poursuivre ses études : il devait gagner sa vie, aider sa mère et son jeune frère. Entré au centre des impôts de Melun, il avait préparé le concours des inspecteurs du Trésor tout en travaillant. Une vie austère ! Mais il n'était pas que cela. Une photo de lui avec des amis, rieur, enjoué, évoque un boute-en-train qui aimerait faire la fête, danser. Il n'en avait pas le temps. Il a réussi sa licence en droit à Paris en même temps que le concours des inspecteurs des impôts. Après un premier poste à Nevers, il est arrivé à Alger en 1960. Il y a rencontré ma mère.

Le président est agacé. Dans son émotion, mon père a parlé trop longtemps et il n'a pas voulu ou pu l'interrompre. Il lui reproche de ne pas faire le rapport de ce qu'il a vécu, de ce dont il a été témoin, mais plutôt une analyse sur la base du dossier qu'il a pu consulter en qualité de partie civile en 2000.

Alors mon père parle de Jérôme et des griefs qu'il a vis-à-vis de lui. Il répète ce qui s'est passé lors du déjeuner du 13 novembre, la manière arrogante de Jérôme pour dire qu'il n'avait pas envie d'être un fonctionnaire, sa servilité devant Bernard Calmel, son refus que Cécile, sa petite-fille de 18 mois, assiste à notre messe de mariage. Mon père adore Cécile. Il avait déclaré que sans Cécile, il n'irait pas non plus. Jérôme avait cédé. Et puis cette bizarrerie : en septembre 1994, à la fin de ma grossesse, nous avons passé quelques jours dans un appartement à Dinard avec mes parents. Nous avions un lit double, eux deux lits jumeaux. Chaque matin, Jérôme allait faire le lit de son beau-père. Pas le nôtre, pas celui de sa belle-mère, cette petite habitude nous faisait rire. Et encore : la nuit où Lubin allait si mal, comment Jérôme a-t-il pu aller se coucher tranquillement sans attendre le médecin, sans être curieux de ce qu'il dirait? « Moi, dit mon père, je n'aurais pas pu! » Comme sa rancœur monte, il poursuit :

— Enfin, le jour de l'hospitalisation, au lieu d'appeler pour prendre des nouvelles, il a déjeuné avec Adeline L. et lui a offert un bijou. A aucun moment de la journée, il n'a cherché à joindre sa femme pour savoir comment allait Lubin. On a reproché à Magali de ne pas être restée à l'hôpital, bien qu'on lui ait dit qu'elle ne pouvait voir Lubin, celui-ci étant en réanimation. Jérôme n'y est pas allé non plus! Mais on ne le lui reproche pas! Père et mère sont dans la même situation mais jamais traités de manière identique.

L'avocat général proteste. Le président dit qu'il n'a pas le droit d'accuser Jérôme.

— Je n'accuse pas, dit mon père. Je suis ici pour témoigner des faits. Rien d'autre.

Et il revient sur l'achat de l'Opel Corsa en version haut de gamme, 90 000 F (13 720 €), sur les incidents avec la petite chatte que Jérôme voulait dresser.

Quand enfin il se tait, le président passe à un autre sujet :

— Avez-vous été choqué par le recours de votre fille à une agence matrimoniale ?

— Oui, admet-il. C'est un choix que je respecte. Ça m'a tout de même un peu contrarié. Je pense que si elle m'en avait parlé, j'aurais tout fait pour la décourager.

— Pensez-vous que Magali a souffert de la comparaison avec sa sœur ?

— Non. Il n'y avait là rien de traumatisant.

L'avocat général prend la parole pour passer à un autre chapitre :

— Est-il exact que l'on vous a refusé de témoigner pendant la garde à vue ?

— Tout a fait exact. J'ai appelé l'officier responsable pour lui demander pourquoi la famille Duchemin – père, mère, sœur – était convoquée et pas moi, ni mon épouse. On m'a répondu : « On va voir, on vous appelle demain. » Comme je n'avais aucune nouvelle le lendemain, j'ai rappelé. Son adjoint m'a dit que c'était trop tard, que la garde à vue allait s'achever et que je serais entendu lors de l'instruction.

L'avocat général a une idée en tête :

— Comment expliquez-vous l'attitude de Magali restant dans sa belle-famille et ne vous prévenant pas de la garde à vue ?

— Je suis convaincu que Magali était sous l'emprise de sa belle-famille qui craignait pour Jérôme.

— Et si cette volonté de ne pas vouloir se retrouver devant ses parents était dictée par un sentiment de culpabilité ?

— Je suis convaincu qu'elle est innocente et je peux le prouver !

Le président est à la fois surpris et incrédule :

— Eh bien allez-y, nous n'attendons que ça !

— Tout s'est déroulé dans la nuit du 17 au 18 novembre. Jérôme se déplaçait dans l'appartement avec seulement le rai de lumière d'une lampe basse. De son propre aveu, il a heurté l'enfant contre la porte du four ou un biberon en verre dans la cuisine. Le choc est suffisamment violent pour que l'enfant s'évanouisse. Jérôme lui met des glaçons sur la partie du crâne atteinte. Il ne prévient pas sa femme. C'était un accident. Ce choc donne une fracture du crâne et entraîne des lésions au cerveau et une hémorragie mais, d'après les médecins, celle-ci peut apparaître après coup c'est-à-dire vers le 2 décembre. J'ajoute que Jérôme avait l'habitude, pour donner le biberon à son fils, de lui maintenir la tête fermement de la main gauche.

Cette fois l'avocat général proteste :

— C'est de la diffamation !

Je secoue la tête négativement mais n'ose pas intervenir : Jérôme a décrit lui-même cette habitude !

Le président relaie l'avocat général :

— Vous n'avez pas le droit de proférer de telles accusations, monsieur Guillemot ! Du reste, vous faites erreur. Par exemple, Magali de son côté n'a pas cherché à joindre Jérôme le 1er décembre !

Je ne vais pas protester : le concierge du collège d'Ecquevilly pourrait témoigner de mon appel !

L'avocat général fait front avec le président :

— Maladresse contre maladresse, ça pourrait aussi bien être votre fille.

Paul Lombard se lève, proteste. Il rappelle le droit à la présomption d'innocence de l'accusée.

17 h 30. Suspension de séance.

Mardi 13 novembre 2001
17 h 50

Septième audience

Ma sœur, Clélia A., s'installe à la barre. Elle me sourit au passage. Clélia, très réservée, a du mal à s'exprimer en public. Elle fait un énorme effort pour moi et cela se sent. Il y a des silences. Elle, si cultivée, cherche ses mots. En préambule, elle déclare :

— Je viens témoigner parce que je crois ma sœur innocente.

Elle évoque une enfance affectueuse, pleine d'harmonie. Le président veut savoir s'il y avait de la compétition entre elle et moi.

— Non, répond Clélia. Elle était meilleure que moi en sport et surtout en maths et en sciences.

— Quelle vision avez-vous de ce couple ? demande-t-il ensuite.

— Ils avaient peu de points en commun. Jérôme paraissait nerveux, il y avait chez lui une volonté de tout maîtriser dans sa vie. Magali aussi mais d'une manière toute différente. Je me suis demandé à partir de 1994 si Jérôme tenait à Magali.

Je sais à quoi pense Clélia. Un week-end avant le mariage, elle avait fait un saut à Montrouge pour déjeuner avec Jérôme et moi. Quand elle est arrivée, j'étais seule et je l'avoue assez énervée. Nous nous sommes installées toutes les deux, attendant le retour de Jérôme pour se mettre à table.

Je sais maintenant que Clélia voyait, à l'époque, ma grossesse avec une appréhension qu'elle ne parvenait pas à surmonter.

« Pourquoi ma grossesse la mettait-elle mal à l'aise ? » La question la minait. Il lui semblait, chaque fois qu'elle se retrouvait avec Jérôme et moi, avoir affaire à deux mauvais comédiens s'efforçant de jouer un rôle sans y parvenir. Elle finissait par se dire qu'elle ne tournait pas rond. Si quelque chose n'allait pas, c'était dans sa tête ! Pourquoi diable y aurait-il eu un problème ? Ignorant tout de mon passage par une agence matrimoniale, de mes difficultés avec Jérôme, son intuition sonnait l'alarme sans qu'elle puisse rien faire.

« Je ne vous dérange pas, tu es sûre ? me demandait-elle.

— Mais non, d'ailleurs Jérôme a dû oublier que tu venais... »

A deux heures, nous nous sommes mises à table. Je n'avais pas faim et je ne cherchais pas à faire semblant. Clélia essayait de comprendre ce qui se passait, me posait des questions hésitantes. Mais nous avions perdu l'habitude de ces conversations entre sœurs où l'une devinant l'autre, tout peut se dire même à demimot. Notre complicité enfantine s'était évanouie, nous étions deux adultes essayant de se comprendre tendrement et n'y parvenant pas. Clélia n'avait qu'une question en tête sans pouvoir la dire : « Pourquoi prétends-tu que tout va bien alors que tout prouve le contraire ? »

Jérôme est rentré vers quatre heures, voyant Clélia, l'a à peine saluée, a filé, l'air renfrogné, dans la chambre. Pour Clélia, tout était incompréhensible. Plus tard, se remémorant la scène, elle a dit :

« Je ne pouvais croire qu'ils allaient se marier prochainement... L'ambiance était si lourde, si tendue... »

Au président elle dit seulement :

— Quand je les ai rencontrés les dernières fois, j'avais le sentiment que le couple se défaisait. Jérôme était hors de la réalité de leur couple et il ne pouvait se figurer que Magali puisse vouloir le quitter.

— Que s'est-il passé le 13 novembre ? demande le président.

Clélia hésite puis elle reprend l'anecdote déjà racontée par ma mère avec ce commentaire :

— Je crois qu'une simple réflexion de ma part sur le fait de changer une couche a déclenché un séisme chez Jérôme. Il avait l'air furieux. Ensuite, au moment du départ, il s'est excusé en disant que les pleurs du bébé le rendaient nerveux mais ses excuses étaient aussi disproportionnées que ses gestes.

— Votre père, dit le président, le nez dans le dossier, a dit qu'il avait eu l'impression que Jérôme avait épousé un ventre, qu'en pensez-vous ?

— Je pense la même chose, répond ma sœur.

— Quelle est votre opinion de Jérôme ?

— Il a un caractère instable, violent, impulsif, autoritaire et directif. Il a avec sa mère une relation très ambivalente de haine et d'amour. Lors des vacances, j'avais senti que Jérôme avait du mal à supporter ma fille, il trouvait nécessaire de la « dresser ». En même temps, il avait quelques notions de puériculture, en matière de soins médicaux, pas d'éducation. Il avait une vision immature de ce qu'est un bébé : il voulait acheter des livres pour Lubin à la naissance. Je pense qu'il n'avait aucune conscience de l'âge de Lubin. Avec ma fille de 18 mois, il jouait aux monstres et elle en avait très peur, il ne se rendait pas compte de cela.

Début juillet 1994, à l'occasion d'une campagne de promotion immobilière, on m'a offert un séjour d'une semaine dans un appartement à Marbella en Espagne. On me promettait un beau quatre-pièces avec terrasse et climatisation. Nous sommes partis, Jérôme et moi, accompagnés de Clélia, Stéphane et leur fille.

Bien entendu, l'appartement promis s'est révélé plus petit et sans climatisation. Jérôme est entré dans une colère folle. Allant et venant dans la salle de séjour, il voulait rentrer à Paris.

« Magali, tu n'as rien compris ! Il faut toujours vérifier dans ces cas-là ! Il faut se plaindre, refuser l'appartement...

Il s'énervait de plus en plus. Clélia a élevé la voix à sa manière sereine et douce :

— Après tout, ce séjour est offert, cet appartement n'est pas si mal et de plus il n'y a rien d'autre. Je reste avec Stéphane et Cécile. Magali, tu es trop fatiguée pour repartir. Jérôme, si tu veux... »

Il s'est calmé. Nous sommes tous allés boire un verre.

Pendant tout le séjour, Jérôme a eu des sautes d'humeur. Il se montrait désagréable avec Clélia et moi, se plaignait de maux de ventre, d'insomnies, prenant des cachets effervescents qui devaient le soulager. En fait, et Stéphane l'a fait remarquer à Clélia, il s'est détendu un seul jour, lorsque Stéphane et lui sont partis entre hommes à Grenade !

En revanche, il jugeait Cécile mignonne et drôle et jouait parfois avec elle. Un matin, la petite s'est réveillée avec une gastro-entérite et Jérôme a su ce qu'il fallait faire, quel médicament lui donner. L'enfant s'est rétablie très vite et j'ai fait observer à Clelia que Jérôme serait sans doute un bon père ! « A défaut d'être un bon mari », a pensé Clélia.

Moi, je persistais à croire que vivre avec un artiste hypersensible exigeait de la patience et de la tolérance. J'ignorais les mouvements d'humeur de Jérôme et me comportais avec naturel. Pour nos compagnons, nos deux attitudes étaient assez mystérieuses. J'ai réalisé beaucoup plus tard que juillet est la période de l'anniversaire de sa rupture avec Florence. Seul sur la plage, faisant des bilans, il constatait qu'il n'était pas guéri de sa passion, malgré tous ses efforts. Il en était affreusement malheureux, et éprouvait un vrai malaise vis-à-vis de moi. Nous étions jeunes mariés. J'avais des gestes de tendresse pour mon mari, de petites attentions auxquelles il ne répondait pas. Parfois, je me décourageais et renonçais. Nos relations étaient maladroites, rugueuses, dépourvues de grâce.

Clélia, émue, a beaucoup de mal à s'exprimer, au point que l'avocat général s'interroge :

— Madame A., vous avez dit que vous veniez témoigner parce que votre sœur est innocente, avez-vous été contrainte de venir témoigner ?

— Je suis venue témoigner sans aucune réserve. Je ne suis pas spécialement en condition pour être expansive.

Alors l'avocat général explose. Avec une violence calculée, il jette :

— Vous êtes tous comme ça dans la famille, froids, économes de discours ? Il faut vous arracher les mots ! Avez-vous conscience qu'il s'agit de l'avenir de votre sœur ?

Déstabilisée par cet éclat, Clélia fond en larmes discrètes, elle n'a plus grand-chose à dire et se retire, écœurée.

Ma belle-mère, Jackie Duchemin, vient à la barre. Dans mon histoire, dans celle de Jérôme, Jackie Duchemin a joué un rôle essentiel. Cette femme nerveuse et fragile apparemment est une « dure », intelligente et intuitive. En me remémorant les événements, j'ai acquis la conviction que, dès le 19 novembre, lorsque nous sommes venus dîner chez elle, elle a eu des doutes sur le comportement de son fils mais elle n'en a rien dit. La veille, Jérôme était venu la voir et lui avait confié que nous avions eu une dispute. Il s'agit de l'accrochage du 13 novembre que nous ne parvenions pas à surmonter. De plus, Jérôme qui date le choc à la tête de Lubin dans la nuit du 17 au 18, en a parlé aussi à sa mère. D'où ce dîner dont le prétexte était un concert de Jérôme à Fourqueux. Il lui permettait de se rassurer elle-même et moi en conséquence, en examinant Lubin, en lui faisant faire le test du « grasping ». Elle n'a rien décelé d'anormal et s'en est trouvée tranquillisée.

Cependant, à l'hôpital, elle s'est inquiétée à nouveau. J'ai déjà raconté comment elle me demandait de ne pas parler de coups, et cette phrase qui prend tout son poids aujourd'hui : « Jérôme n'a rien fait, il s'accuse à tort, tu peux en témoigner ! » Et puis lorsqu'on nous annonce la mort de Lubin : « La dépression nerveuse, la gifle et ça ! » Elle semblait énumérer des faits apparemment sans rapport, dans une phrase qui, à l'époque me semblait incohérente mais qui aujourd'hui a pris tout son sens : Jérôme avait fait une dépression nerveuse apparemment achevée un an auparavant, il avait giflé un de ses élèves et maintenant... ?

En la voyant s'installer à la barre avec l'assurance d'une femme d'affaires venant discuter un différend qu'elle a déjà gagné, je me dis que sans elle, notre destin eût été différent.

Physiquement, elle me rappelle Tsilla Cheldon dans un film d'Etienne Chatilliez. Elle parle à toute vitesse, comme une bavarde professionnelle. Elle commence par dire à quel point Jérôme est quelqu'un d'affectueux et tendre, et cite complaisamment ses petites amies avec comme du regret dans la voix.

Le président la replace dans le chemin le plus direct :

— Parlez-nous de Jérôme et de Magali.

— Jérôme est très sensible et profond, c'est ce qu'il exprime dans sa musique. Magali est une personne froide, elle réfléchit toujours avant d'agir. Elle n'a pas d'attitude chaleureuse et spontanée. Elle n'embrasse personne. Je ne l'ai jamais vue embrasser Lubin.

Dans la salle, j'entends protester mon père tandis que moi-même, je me lève furieuse de cette accusation gratuite. Mais le président me fait un signe et je dois me calmer.

— Au début, j'attribuais cette froideur à son côté intellectuel, mais elle était en fait vraiment froide, J'ai insisté pour l'avoir chez moi, le 19, le jour où Jérôme donnait un concert à Fourqueux. Elle ne voulait pas, finalement elle est venue. J'ai pris enfin mon petit-fils dans mes bras : normal, chez moi je fais ce que je veux ! Je me suis alors aperçue qu'il avait l'œil rouge. Magali m'a dit que c'était une conjonctivite. Je l'ai crue, je me suis laissé avoir.

Le président corrige :

— Magali vous a bien montré les bleus sur Lubin ?

— Oui. Je l'ai rassurée en lui disant que c'était normal de « marquer » dans notre famille et j'ai même fait le test du « grasping » pour lui montrer que Lubin était parfaitement en forme. Mais Magali n'était absolument pas maternelle : pour changer Lubin, elle ne se mettait jamais face à lui mais sur le côté ! Elle le couchait le long de la table et elle sur le côté. (Elle explique avec des gestes.) Je ne comprends pas ça !

Elle ne sait pas que Jérôme a dit dans une déposition devant le juge Moec qu'il avait mal monté la table à langer et qu'on ne pouvait l'utiliser que de cette façon. Mais après tout, doit-on relever tous les détails grâce auxquels on veut m'accabler ?

– J'ai même entendu Magali dire cette phrase : « Oh mon petit taré ! », poursuit ma belle-mère.

Cette fois je bondis. Je viens à la barre et tant pis pour qui m'en empêchera :

— Vous êtes monstrueuse, c'est une calomnie, je ne peux pas laisser passer cela.

Elle a un air bonne femme pour dire « Si, si ! Je t'ai entendue ! » La passe d'arme interrompue par le président, je reste debout auprès d'elle, décidée à ne plus rien laisser passer. Elle parle d'un coup de téléphone donné à mon gynécologue, le docteur Ouzilou.

— A la suite de ce coup de fil, c'est une des rares fois où je l'ai vue pleurer parce qu'elle pensait qu'elle ne pourrait plus jamais avoir d'enfant, que la DDASS les lui prendrait.

Là encore, je m'insurge. Je n'ai aucun souvenir d'avoir pleuré ou craint que la DDASS ne me prenne mes enfants. J'ai pleuré parce que Lubin était en train de mourir, on m'arrachait une partie de moi-même. Je me sentais amputée, vidée, et comme lui, m'enfonçant dans le noir.

Mais le président corrige à nouveau ma belle-mère :

— Ce n'est pas ainsi que vous avez rapporté l'incident dans vos déclarations. En fait vous synthétisez ce qui a été fait en deux temps, en réalité. Il y a d'abord un appel téléphonique au docteur Ouzilou le lundi parce que Magali avait l'impression que Lubin cognait sa tête contre elle de manière bizarre, et qu'elle se disait que là était peut-être l'explication de son drame. Il aurait répondu que le bébé souffrait d'une dégénérescence génétique et Magali a pleuré. Puis le lendemain vous l'avez trouvée pleurant sur le canapé et disant que si elle avait d'autres enfants, la DDASS les lui prendrait.

— Oui, admet ma belle-mère, en effet ça a dû se passer comme ça.

Les larmes me montent aux yeux, parce que oui, justement, je n'ai pas eu d'autre enfant, et maintenant il est tard, j'ai 34 ans, et même si l'homme que j'aime le veut bien, je suis encore hantée par la perte de mon petit bébé. Je ne veux qu'un enfant, et c'est Lubin.

Ma belle-mère dit ensuite :

— J'ai du ressentiment à l'égard des parents de Magali !

Et on aborde le sujet de l'enterrement de Lubin.

Les Duchemin reprochent à mes parents de ne pas les avoir prévenus de la date de la cérémonie. En fait, les avocats de l'époque n'ont pas fait leur travail. Et les deux familles conservent un contentieux. Jérôme a rejoint sa mère à la barre et ils parlent tous les deux en même temps, plus personne ne comprend quoi que ce soit. Moi-même, au courant de tout, ne saisis plus clairement ce qui se dit ! Quelle conclusion pourront donc en tirer les jurés ?

Le juge d'instruction avait donné le permis d'inhumer le 16 février 1995. Encore fallait-il aller chercher le corps à l'institut médico-légal et lui trouver une sépulture. Les deux familles engagent une bataille sur le sujet, qui va se prolonger trois mois : Jérôme et sa famille veulent que Lubin repose dans un caveau à Fourqueux, mes parents et moi le souhaitons proche des nôtres à Vaulx-le-Pénil. Référé, jugement, discussions, les avocats interviennent et un moyen terme est accepté : Lubin sera enterré à Montrouge. Mes parents s'occupent de tout sauf de prévenir les Duchemin, tâche qu'ils laissent aux avocats. Les Duchemin, avertis trop tard, n'assisteront pas à la cérémonie. Le père R., un jésuite, curé de Notre-Dame à Melun, qui nous a mariés et soutient beaucoup ma famille, accepte de venir donner une bénédiction. Lubin n'étant pas baptisé, il n'est pas question de funérailles.

Le cimetière de Montrouge est adossé au périphérique dont le grondement sourd forme comme un halo sonore au-dessus des allées. Beaucoup de visiteurs passent, il y a toujours du monde pour aller voir la tombe de Coluche.

Dans la 23e section, la première ligne est celle des bébés. On a groupé en une funèbre nursery tous ces enfants morts avant un an, parfois d'un jour, parfois d'un mois. Certaines tombes n'ont qu'une plaque sibylline, d'autres sont surchargées de bouquets, de jouets, de témoignages de tendresse. Lubin est parmi eux, sous une simple plaque de bois sur laquelle on lit en caractères bleus : « Lubin Duchemin déc. 1994 ». Mais il y a aussi des fleurs, une petite plaque bleue portant en écriture cursive : « Adieu, mon petit Lubin, Maman », avec un ourson stylisé comme un dessin pour une chambre d'enfant. Lubin a été enterré le 19 mai.

Papa est venu sans maman, malade et trop épuisée, mais avec Clélia, son mari, et quelques-unes de mes amies. Après un court moment de recueillement, le père R. a béni le corps. Ensuite, tout le monde s'est éloigné vers l'entrée du cimetière qui surmonte l'allée des bébés.

J'arrive pour la cérémonie, menottée et encadrée de gendarmes. Le cimetière est fermé au public, cerné de policiers. Je ne vois rien de tout cela, sauf cet alignement de petites tombes, cette réunion d'enfants morts, ces petits, si vite partis. Pourquoi ai-je le sentiment qu'ils sont abandonnés ? Leur solitude funèbre me bouleverse. Peut-être parce qu'on ne saurait s'en souvenir autrement que par une vague idée, un prénom, quelques photos. A-t-on existé et pour qui, lorsqu'on vit deux mois ? Pour moi, oui, Lubin est présent. Combien d'années faudra-t-il pour effacer le drame de cette enfance inachevée ? Pour qu'à cette minuscule existence fracassée, on rende sa dignité ? A mon chagrin se mêle la gratitude pour l'éblouissant bonheur que m'avait offert mon enfant, la rage impuissante de m'en voir privée, et la culpabilité de n'avoir pas su ou pu le protéger. Devant sa tombe, je demande pardon à Lubin et me sens aussi désarmée et perdue que lui. A la demande du père R., on me retire les menottes. Je reste là quelques minutes, en larmes. De loin, j'aperçois mon père et mes amies, je ne me souviens pas si j'ai eu la force de leur sourire. Trop vite, on m'éloigne.

Puis, c'est au tour de Jérôme. Le cercueil est glissé dans la tombe. On quitte le cimetière. Lubin est enterré.

La famille Duchemin ne nous en veut pas seulement parce qu'ils n'ont pas été prévenus de l'enterrement. Les parents très religieux reprochent également l'absence de croix sur la tombe. A l'appui de leur dire, ils sortent une photo. Mais celle-ci a été prise avant que l'on en mette une. Il semble en effet que depuis que Jérôme est sorti de prison, personne de la famille Duchemin ne soit allé sur la tombe de Lubin.

Et ma belle-mère répète :

— J'ai du ressentiment à l'égard des parents de Magali.

Ensuite elle enchaîne sur ses griefs à mon égard :

— Magali traitait son enfant comme une femme et non comme une mère. Moi qui suis une professionnelle, je peux dire qu'elle n'était pas maternelle. Elle me téléphonait, ça me prenait du temps. J'avais l'impression qu'elle ne suivait pas mes conseils, elle ne me rappelait jamais après, comme je le lui demandais. Quand on demande un conseil, on rend compte ou c'est pas la peine !

Elle insiste beaucoup sur le fait qu'elle est « une professionnelle » mais ne dit pas de quoi. De la maternité ? Des nouveau-nés ? Elle a été infirmière puéricultrice voici plus de dix ans. Un jour elle m'a dit : « Les enfants sont trop mal élevés de nos jours. Ils sont insupportables. »

Elle dit aussi : « Laurence Pernoud n'est plus de notre époque... si on la suit à la lettre, c'est obsolète. » Elle ignore visiblement que cet ouvrage est remis à jour chaque année !

L'avocat général s'agace :

— Madame Duchemin, j'ai critiqué monsieur Guillemot qui se faisait accusateur mais vous faites comme lui. Il faut faire le tri entre la réalité et la fiction. Alors « petit taré », est-ce la réalité ?

— Oui !

— Et le chat qui, selon votre déclaration du 30 juin 1995, compte plus pour Magali que son bébé, c'est vrai ou c'est faux ?

Ma belle-mère revient à la réalité :

— Non là sérieusement, je ne peux pas dire ça.

— Vous n'avez pas eu le sentiment que les coups de fil de Magali pouvaient être de véritables SOS qu'elle vous lançait ?

— Ils étaient uniquement limités à des problèmes médicaux ou d'hygiène. Ça me faisait plaisir mais elle ne me rappelait jamais pour dire ce qu'elle avait obtenu en suivant mes conseils. On rend compte quand on a demandé une aide ! répète-t-elle.

L'avocat général veut savoir autre chose :

— Aviez-vous le sentiment que Magali était obsédée par la comparaison entre Lubin et la petite fille de madame C. ?

— Elle en parlait souvent et je la rassurais.

— Madame Duchemin, vous avez dit lors de votre première déclaration : « Les enfants rayonnaient de plaisir avec le bébé. » Pourquoi avez-vous changé d'avis ?

Ma belle-mère répond de manière paradoxale :

— Mes sentiments étaient dictés par ma fibre de grand-mère et ma compétence professionnelle.

Je ne sais pas ce qu'elle veut dire. Ma belle-mère ne m'a jamais appréciée. Peut-être parce qu'elle n'a jamais aimé les femmes de son fils. Mais peu de temps après notre rencontre, elle m'avait jugée de manière assez pragmatique : « Au fond, tu es centralienne, bien élevée, pas moche, tu es un beau parti pour Jérôme. » Elle essayait d'être objective et donc de m'accepter dans sa famille, moi qui croyais à de l'affection...

Puis pendant la garde à vue, elle avait déclaré :

« Je reconnais qu'avec mon époux nous ne sommes allés qu'une seule fois rendre visite au bébé et ses parents à Montrouge, c'était le 30 octobre... Nous y étions arrivés vers 12 heures et nous sommes restés jusque vers 18 ou 19 heures. Ainsi ce jour-là j'ai pu constater que nos enfants semblaient très à l'aise dans le rôle de parents, aussi bien mon fils Jérôme que son épouse. Je n'ai remarqué aucune anomalie dans leur comportement ou l'aptitude aux soins qu'ils donnaient à leur enfant. Nos enfants rayonnaient de plaisir devant leur enfant. La distance géographique étant importante, nous ne nous sommes pas revus. Mais nous avions des contacts téléphoniques réguliers. Nous savions les difficultés rencontrées à cause de la santé délicate de Lubin. Ma belle-fille me tenait souvent au courant de ses inquiétudes... »

Et lorsqu'on lui fait observer que, finalement, elle ne nous a vus, Jérôme et moi avec Lubin que deux fois, en conséquence de quoi elle ne peut apporter de certitude sur la manière dont nous nous occupions de lui, elle répond :

« Il est naturel que vous déduisiez cela mais connaissant bien mon fils, s'il y avait eu quelque chose d'anormal dans les soins qu'il donnait à son fils ou encore dans la façon dont sa femme s'en occupait, je l'aurais détecté dans son discours. »

Une semaine plus tard, son opinion à mon égard a changé. Le 14 décembre, devant le juge d'instruction, elle donne une nouvelle version de cette visite :

« Ils nous ont invités à manger chez eux le dernier dimanche d'octobre. Une chose m'a choquée. C'est que Jérôme faisait tout : les courses, la cuisine, l'aspirateur, le biberon, le service, tandis que Magali discutait avec mon mari... Le bébé dormait, nous l'avons un peu réveillé, il a pris son biberon, je lui ai même donné... » Et puis elle évoque notre visite chez elle à Fourqueux :

« J'ai appelé Magali qui m'a dit sans enthousiasme qu'elle viendrait dîner. Et là vraiment j'ai profité de Lubin. J'ai juste noté un détail : Magali m'a dit qu'il avait un bleu... Je me rappelle qu'il a fallu qu'elle mette le doigt sur la petite ecchymose pour que je la voie. C'était une ecchymose violacée grande comme la surface d'un doigt à peine, en arrière de l'omoplate, je ne sais plus de quel côté. Je ne me suis absolument pas inquiétée. Je ne pouvais pas imaginer qu'il allait mourir si vite après... »

Et elle ajoute :

« Je ne comprends pas ce qui a pu se passer. Je ne vois ni mon fils ni Magali capables de commettre des violences sur leur enfant. »

Et enfin en avril, son opinion est faite :

A la question : « Comment Magali se comportait-elle avec l'enfant ? », elle répond : « Elle ne le prenait jamais dans les bras. Elle lui caressait la tête comme un chat. »

Mes avocats demandent la parole. Maître Senyk commence :

— Lorsque vous avez été interrogée la première fois, en garde à vue, vous avez dit que vos enfants, Magali comme Jérôme, s'occupaient bien de leur enfant. Magali, vous n'aviez rien à lui reprocher. Puis lors de votre audition par le juge d'instruction en avril 1995, vous faites allusion à un appel téléphonique. De la part de qui cet appel ? C'était l'inspecteur Martinez qui vous adressait un message de soutien : il avait vu Magali froide et votre fils effondré.

Et maître Senyk lit une partie de la déposition de ma belle-mère dans le cadre de la commission rogatoire le 30 juin 1995 :

« L'inspecteur Martinez m'a téléphoné le 10 décembre 1994 à mon domicile à la suite de mon interrogatoire du vendredi 9 décembre 1994 et m'a dit : " Réveillez votre fils. Voilà ce qui s'est passé le 30 novembre. Il y a eu quelque chose de grave entre 13 heures et 14 h 30... Magali rejette Lubin parce qu'il n'est pas aussi éveillé que la fille de sa voisine, que sa nièce. Elle refuse toute culpabilité et enfonce Jérôme. Lors de son audition, elle était froide, sans pleurs et stoïque. Ses réponses étaient incohérentes. Elle dit avoir téléphoné à des médecins et s'être occupée du bébé. Elle ne mentionne aucun coup sur l'enfant. En dehors de la question des bleus, elle répond qu'elle l'a cogné près de la porte. Elle dit que Jérôme n'a peut-être pas vu les bleus avant 13 heures. Elle refuse toute notion de culpabilité et d'échec. Fait négatif, madame Guillemot mère a téléphoné pour le chat et non pour l'état de santé de sa fille "... »

Maître Senyk ajoute :

— Tout ce que vous a dit l'inspecteur Martinez, notamment sur la froideur de Magali, sera repris intégralement par vous, madame Duchemin, dans vos déclarations ultérieures !

Ma belle-mère n'est pas déconcertée. Elle dit :

— Ce coup de téléphone m'a réveillée. Je ne voulais pas enfoncer Magali, d'ailleurs, je ne l'ai jamais enfoncée.

Paul Lombard intervient :

— Vous dites que Magali n'était pas maternelle ?

— Oui, elle ne s'occupait pas de son enfant comme une mère doit le faire.

— Ne s'est-elle pas inquiétée auprès de vous de la santé de son fils ?

— Oui, oui elle me téléphonait.

Le président revient :

— Elle lisait beaucoup le livre de Laurence Pernoud, signe qu'elle se préoccupait de la meilleure façon de soigner son bébé.

L'avocat général aussi :

— Et d'ailleurs Jérôme lui reprochait de trop le lire.

— Le livre de Laurence Pernoud est complètement obsolète ! insiste ma belle-mère.

Paul Lombard conclut :

— Madame Duchemin est ici pour défendre son fils !

Madame Duchemin gagne la salle et le banc où elle retrouve ses amis. Elle ne regarde pas Jérôme. Son mari lui succède.

Il commence sa déposition laborieusement. Il parle mal, il hésite et bute sur les mots : « Je pense que... Je pense, heu, je ne pense pas... » et s'exprime par petites phrases hachées, sautant d'une idée à l'autre.

— Jérôme a eu une enfance normale, il était calme à l'école, pas bagarreur. Il a fait une école de musique et passé son bac. Il a vécu sa vie de jeune homme avant de connaître Magali : il a eu une aventure avec Cécile puis il a vécu avec Florence... Nous nous sommes vus deux fois avec les Guillemot. Quand Jérôme et Magali sont venus à la maison, Lubin était grognon et il avait quelque chose à l'œil. Nous l'avons bercé. J'ai vu Magali deux fois en cinquante-huit jours. »

Comme ma belle-mère, mon beau-père fait évoluer sa déposition au fur et à mesure du temps. Le 9 décembre 1994, en garde à vue, il parle de moi en disant :

« Magali n'a jamais montré de gestes de nervosité en s'occupant de l'enfant. Même quand nous sommes allés déjeuner à Montrouge chez eux, tout s'est bien déroulé. Magali est une personne que j'estime. Elle m'a paru tout à fait à l'aise avec son bébé, oui tout à fait. »

Puis le 23 janvier 1995 : « Après avoir réfléchi, et repassé dans ma mémoire divers petits incidents sans conséquences, j'en suis arrivé à l'idée que Magali mentait, qu'elle était en fait imbue de sa personne et que sa cordialité à notre égard était feinte. A aucun moment après la mort de Lubin, elle n'a extériorisé ses sentiments. D'une façon générale, mon sentiment et ma certitude sont que Magali était une femme négligente tant dans son ménage que dans son foyer. Elle ne faisait strictement rien à la maison. Il ne me semble pas que ma bru ait eu la fibre maternelle très développée. »

Devant le président et la cour, il dit :

— Ça m'a déçu de Magali qu'elle passe par une agence matrimoniale, en revanche pas de mon fils. Elle aurait pu chercher quelqu'un d'autre, un chef d'entreprise. Du reste c'était une agence de seconde zone. Une centralienne avec un musicien, ça ne m'a pas surpris. Dans mon entreprise, j'ai vu une femme ingénieur sortie d'une grande école épouser un fraiseur et ça marchait. Il me semblait que Magali avait toutes les qualités pour se marier...

Puis monsieur Duchemin se contredit. Mais ce n'est pas très important : il est dans ce drame un personnage secondaire, qui s'efface devant sa femme. Il essaye d'abord de se conformer à ce qu'elle attend de lui.

— Je l'admirais beaucoup, elle ne se mariait pas par ambition. Elle privilégiait sa vie privée. Magali reste un mystère pour moi.

— Pourquoi un mystère ? interrompt le président.

— Elle n'était pas très maternelle.

L'avocat général demande :

— Vous souvenez-vous si vous avez reçu un coup de téléphone de l'officier de police Martinez ?

— Oui, c'est ma femme qui a pris la communication.

— Que disait-il ?

— De ne pas s'inquiéter au sujet de Jérôme.

— Pour quoi ? Pour sa santé ? Pour son avenir judiciaire ?

— Il ne fallait pas s'inquiéter, lâche mon beau-père, parce qu'il était traumatisé.

Puis, Pierre Duchemin reprend sa déposition :

— J'ai été à l'hôpital avec Magali Guillemot voir Lubin qui était dans le coma. Nous étions chacun d'un côté du lit et Magali a remonté la couverture de Lubin. J'ai trouvé que ce n'était pas un geste maternel ! Le 30 octobre 1994, Magali m'a montré des photos où on voyait le chat et Lubin, et elle a dit : « Regardez comme il est beau ! » Elle parlait du chat.

Là, encore, je bondis. Je crie :

— C'est faux, c'est absurde !

Je suis tellement révoltée que j'oublie de dire la chose la plus simple du monde : ce chat est une femelle que je possède depuis plus d'un an. Parlant d'elle, j'aurais dit : « Regardez comme elle est belle » parce que je parle toujours d'elle au féminin ! Et mes études pourraient me créditer d'un minimum de connaissances grammaticales !

Cela n'arrête pas mon beau-père, décidé à pratiquer la dénonciation :

– Le 6 décembre, après le décès de Lubin, elle a montré des photos de Lubin que Jérôme n'avait pas encore vues. Elle a dit : « N'est-ce pas qu'il est beau, mon petit taré. »

Je suis encore debout et m'avance vers lui. Je crie :

— Non, je ne peux pas laisser passer ça ! C'est faux ! C'est de la calomnie !

Pire : il soutient que j'aurais dit ne pas vouloir garder un taré et il insiste :

— Elle a parlé de Lubin en disant : « Mon petit taré. »

Alors je crie encore :

— Non, je n'ai jamais dit ça, ce n'est pas mon vocabulaire !

Il se tourne vers moi, surpris par ma véhémence. Et je fais un pas vers lui. Je suis plus grande que lui, il sent ma colère et ma révolte. Il recule. Nous nous faisons face les yeux dans les yeux, interminablement. Et c'est lui qui baisse les yeux et s'écarte. Pendant ces quelques secondes, le silence s'est appesanti. L'avocat général reprend l'interrogatoire en cours pour s'adresser à moi :

— Comment monsieur et madame Duchemin pourraient-ils avoir inventé cette expression ?

— Ce vocabulaire est utilisé par ma belle-famille mais il ne fait pas partie de ma culture. Quand ma belle-mère a fait faire le test du « grasping » à Lubin, elle m'a dit : « Tu vois qu'il n'est pas taré. »

— Vous étiez inquiète, vous faisiez des comparaisons avec l'enfant de votre voisine.

— C'étaient des échanges entre nous, rien à voir avec des comparaisons ou une inquiétude de ma part.

— Je n'arrive pas à croire que la famille Duchemin ait inventé cette histoire, dit l'avocat général.

Je ne saisis pas pourquoi il préfère croire le couple Duchemin. Ils sont les seuls à me juger « pas maternelle ». Tous les témoins les contredisent. Même Jérôme a déclaré qu'il me trouvait « trop maternante » !

Jérôme se lève alors et intervient :

— Je vais te rappeler quand tu as dit ce mot de « taré ». Le dimanche soir, nous étions au lit, nous parlions de l'état de Lubin, de son cerveau atteint, nous étions très inquiets et tu as dit : « Tout plutôt qu'un taré. »

C'est plus simple comme ça. Pour les Duchemin, lorsque j'emploie des expressions qui me feraient mal juger, je ne les emploie que devant Jérôme ! Pas de preuve mais quand même les mots portent et me blessent au-delà du possible. Mon enfant mourant, comment aurais-je pu en parler comme d'un taré. Avec sa disparition, ma vie s'écroulait.

Je crie de douleur :

— C'est faux, totalement faux.

Encore une fois, je le dévisage et nous nous affrontons ; sa parole contre la mienne.

Le président intervient et demande à Jérôme s'il a parlé de cette conversation à ses parents. Sans lui laisser le temps de répondre je dis que tout est faux dans cette histoire, que les Duchemin ne cessent de mentir, que cela suffit..Mais il s'empourpre, se tourne vivement vers moi et m'interrompant, le doigt pointé vers moi sur un ton d'exaspération haineuse, dit sèchement :

— Trente secondes, je n'ai pas fini !

Mais c'est trop tard.

Je regagne ma place, perplexe. Pourquoi Jérôme n'a-t-il jamais rapporté cette conversation accablante pour moi à qui que ce soit : parents, policiers, magis trats ?

Le président, ignorant l'altercation, revient à mon beau-père qui est resté debout, à côté de son fils :

— Monsieur Duchemin, vous souvenez-vous que le jour où Lubin était à l'hôpital, Jérôme s'est accusé devant vous d'avoir heurté Lubin contre un meuble ?

— Non, je ne me souviens pas.

Là encore, mon beau-père a la mémoire qui flanche : le 6 mars 1995, il déclarait à l'inspecteur Mario Menara dans le cadre d'une commission rogatoire délivrée par le juge Pous :

« Il est possible également qu'à un moment, Jérôme m'ait emmené dans la cuisine où il m'a expliqué que, au moins un mois avant, il avait heurté légèrement la tête de Lubin contre le mur. La cuisine était plongée dans l'obscurité et il avait le bébé dans les bras... Il ne m'a plus jamais rien dit à ce sujet. »

Au soir du second jour de mon procès je commence à lâcher prise. Trop de haine, trop d'agressivité, trop de mensonges. Je n'ai pour me défendre que ma bonne foi et le souvenir de mon bébé, et cela ne suffit pas.

Reste ma belle-sœur, Bénédicte. Elle aussi, pendant la garde à vue le 8 décembre 1994, n'avait rien à dire de mal : nous étions Jérôme et moi « des parents tout à fait normaux. Et si j'avais constaté quoi que ce soit d'anormal j'en aurais aussitôt parlé à ma mère. » Elle ajoute : « J'ai dû aller cinq fois chez eux. Si l'enfant pleurait, sa mère arrivait à le calmer en le prenant dans ses bras. » Puis dans le cadre de la commission rogatoire, le 13 avril 1995, elle aussi change de ton : « Personnellement, je ne trouvais pas Magali très maternelle... Je ne l'ai jamais vue avec Lubin dans les bras, lui donnant des câlins. Je la trouvais très distante avec son enfant. » Et elle m'accable : d'après elle, je savais que j'allais être arrêtée, je ne voulais pas qu'on parle de mon départ à Marcoule, je traitais « Jérôme comme une bonniche », c'est lui qui s'occupait de la cuisine et du ménage. Et elle se souvient très clairement d'une phrase « qui revenait comme un leitmotiv dans ma bouche : Lubin est le plus beau bébé de la terre ce qui compense le fait qu'il soit taré ! »

Mais devant la cour elle change encore de version :

Ainsi, elle ne peut soutenir qu'elle m'a entendue employer l'expression « Ce petit taré ». C'est sa mère qui la lui a répétée mais elle ne se souvient pas quand.

Elle raconte l'épisode des photos où figuraient Lubin et la chatte. A son tour, elle assure que je me serais écriée : « Qu'il est beau ! » et que c'est du chat qu'il s'agissait.

J'ai déjà protesté, je ne recommence pas.

L'avocat général, Philippe Bilger, met les choses au point :

— Comme pour votre mère, je souhaiterais que vous fassiez la part entre la fiction et la réalité.

Alors Bénédicte dit que je mettais des boules Quies pour dormir. Je me sens obligée de préciser encore que dès la naissance de Lubin, j'y avais renoncé. Le président me donne raison :

— C'est un détail cette histoire de boules Quies et l'explication de Magali me va parfaitement.

Finalement, Bénédicte Duchemin s'excuserait presque :

— Il y a eu un vrai conditionnement. Car nous avons vécu tous ensemble ces événements. J'ai essayé de faire la part des choses entre ce que j'ai entendu et ce qui m'a été rapporté.

L'audience s'achève. Jacques G. me ramène à la maison. Dans la voiture, je reste muette. J'ai peur de ne pas avoir la force de discuter pied à pied comme aujourd'hui, peur d'être dévastée par les souvenirs, par cette obligation de revivre des moments insupportables. Je me couche sans dîner avec un somnifère et n'arrive pas à dormir. Vers 6 heures, je m'endors comme on plonge dans un trou noir. Pierre me réveille à 7 heures. J'ai l'impression d'avoir dormi cinq minutes.

Troisième partie

Mercredi 14 novembre 2001

Mercredi 14 novembre 2001
9 h 50

Septième audience

Ce matin, éreintée, usée, je cherche en moi un reste d'énergie. Peut-être en changeant de look, en optant pour un vêtement plus vif, en tout cas plus tonique que cette longue jupe foncée. Puis, je renonce : je conserverai jusqu'à la fin ma tenue de procès ! J'attends beaucoup de cette journée : une spécialiste belge du Syndrome du bébé secoué viendra expliquer en quoi Lubin portait tous les symptômes de cette maltraitance.

La journée débute avec une demande de l'avocat général, anodine en apparence : son expert psychiatre ne peut venir jeudi avec ceux qui, m'ayant vue, viendront déposer leurs conclusions. Disponible vendredi matin, il s'exprimera juste avant le réquisitoire. Nul ne fait réellement attention à cette requête, personne ne connaît ce médecin qui n'a rencontré ni Jérôme ni moi. Je comprendrai trop tard quel intérêt avait le parquet à faire venir son expert au dernier moment...

A la barre, j'énumère les dates et les visites de Lubin aux médecins : le 24 octobre 1994, Lubin a quinze jours, nous allons chez le docteur Breton mon pédiatre ; le 26 octobre et le 10 novembre chez un généraliste voisin, le docteur Savel, pour un problème de conjonctivite ; le 18 novembre, je l'emmène sans rendez-vous à la PMI. On le pèse, on l'examine : ce petit bébé était très beau et il grandissait bien : 53 cm, 3 kilos... Je ne peux pas m'empêcher de dire :

— J'aimais ce bébé, je l'aimais ! Je le soignais, je veillais sur lui. Comment peut-on imaginer que j'aie pu une seconde lui vouloir du mal ? J'aimais mon petit !

Mes larmes montent aux yeux, je les réprime et respire profondément... Cependant mon émotion, mon chagrin ont une autre cause : je me souviens bien de l'anxiété qui me tenait quotidiennement. Je ne savais pas pourquoi. Comme toutes les mères d'un premier enfant, j'avais peur de ne pas savoir m'y prendre. En même temps, l'amour de cet enfant, celui que j'éprouvais, celui que je sentais chez lui me rassurait. Alors pourquoi cette peur diffuse ? J'aurais dû écouter mon pressentiment. Mais comment ? Comment pouvais-je comprendre ? Comment admettre l'indicible ? J'étais si naïve, si crédule, si convaincue qu'un enfant désiré et aimé de ses parents est protégé de tout !...

Paul Lombard souligne la fréquence des visites médicales : « Pour une femme qui maltraite son enfant, Magali Guillemot était bien soucieuse de sa santé ! Et vous noterez qu'aucun des praticiens consultés n'a remarqué quoi que ce soit ! »

Sur un ordre du président, l'huissier va ouvrir les scellés contenant le carnet de santé de Lubin et le photocopier pour la défense et le parquet. Voilà une démarche oubliée durant mon premier procès. En attendant les documents, nous continuons la chronologie. Cette fois, ce sont les derniers jours de Lubin.

— Le 29 novembre 1994, me dit le président, au biberon de 4 ou 5 heures du matin, vous avez vu du sang sur le bavoir ?

— Effectivement, le bavoir était plein de sang.

— Dans l'une de vos déclarations, vous parliez de traces de sang et non pas de « plein » de sang.

— Je me souviens très bien de ce petit bavoir jaune. Jérôme l'avait laissé dans la cuisine. Ces traces de sang m'avaient choquée : sur le bavoir tout mouillé elles étaient rouge écarlate. Le matin, Lubin a pris son biberon normalement avec moi. J'ai appelé ma mère. Elle m'a proposé d'aller tout de suite à l'hôpital. Ma belle-mère, en revanche, m'a conseillé le pédiatre sans oublier le bavoir. Je me suis précipitée chez le docteur Breton. Son remplaçant, le docteur Nassif, n'avait jamais vu Lubin. Il l'a examiné, a diagnostiqué une œsophagite – cela arrive parfois aux prématurés qui ont été nourris par sonde – et a ordonné un gel gastrique. Je le lui ai administré dès le biberon suivant. Le soir, j'ai appelé ma sœur pour lui raconter. Jérôme est rentré vers 20 heures et a pris le relais, je me suis couchée vers 21 heures.

On apporte les photocopies et le carnet de santé. Les documents circulent, le président lit à haute voix que le 24 novembre était prescrit un BCG et un onguent, le 29, un gel, un autre médicament et une injection de BCG.

— Alors, dit-il ensuite, parlez-nous du 30 novembre.

— C'était un mercredi. Jérôme s'est levé tard, il a corrigé des copies puis a regardé la télévision. Pendant ce temps, de 10 heures à 11 heures, j'ai eu le long coup de fil d'Anne M., qu'elle a évoqué dans son témoignage. Je n'ai pas donné de bain à Lubin parce qu'il venait d'avoir le BCG. En le portant de la cuisine au salon, j'ai légèrement heurté la porte avec sa tête du côté droit. Il n'y a pas eu d'hématome, pas de pleurs, preuve d'un choc très léger. J'ai dit « Oh, petit Lubin tu ouvres les portes avec ta tête ! »

Jérôme regardait la télévision, il n'a rien entendu, il n'a pas levé les yeux.

Ensuite, j'ai téléphoné à ma sœur assez longuement pour avoir de ses nouvelles parce qu'elle avait été malade. Madame C., ma voisine, est venue me voir. Je lui ai parlé des régurgitations et de ce qu'avait prescrit le médecin. J'ai été chercher Lubin dans sa chambre – il avait les yeux ouverts – et je le lui ai montré. Ensuite, tout en discutant avec elle, j'ai préparé le biberon.

— Pourquoi avez-vous donné le dernier biberon du 30 novembre ? Lui aviez-vous déjà donné auparavant ?

— Oui, sûrement.

— A quelle occasion ? Pouvez-vous me donner une date ?

— Je ne m'en souviens pas.

Je ne m'en souviens pas pour une bonne raison : c'est la première fois que je lui donne ce biberon. Or les biberons du soir et de la nuit étaient depuis la naissance de Lubin une source de discussions entre ma mère et moi. Elle me reprochait de laisser mon mari se charger de cette tâche. « Ce n'est pas le travail des hommes », disait-elle. Elle m'énervait, je la laissais dire, certaine qu'elle me donnait ce conseil contre Jérôme plutôt que pour Lubin. Ce mercredi, cela m'est revenu à l'esprit : à trois kilos passés, Lubin commencerait peut-être à faire des petites nuits si on modifiait le rythme des biberons.

Pourquoi ai-je étourdiment répondu que ce n'était pas la première fois ? Quel mal y a-t-il à cela ? Je sais : on veut depuis la garde à vue invoquer le fait que j'ai donné le biberon ce soir-là pour dissimuler les bleus et une fracture du crâne infligés à mon fils, le jour même. L'analyse anatomopathologique a démontré que la fracture est antérieure à cette date ! J'ai également montré mon fils à ma voisine. Il n'empêche : l'avocat général m'a posé la question et moi, encore traumatisée, je me laisse piéger.

Mes explications vont-elles aider à éclaircir ce point ? Les magistrats ne s'attardent pas. Nous voilà au 1er décembre, le moment où Lubin est tombé dans le coma. J'ai déjà donné tous les détails, que veut-on de plus ? Ma gorge se dessèche. Des images m'obsèderont toute ma vie : Lubin dans son lit, la bouche ouverte, geignant; dans mes bras, inerte. Comment dire la frayeur horrifiée de trouver son enfant ainsi sans que rien ne le laisse présager ? Comment traduire la panique intense qui m'a saisie ? Et comment expliquer le calme absurde de son père qui, découvrant cette diarrhée, ce flot s'échappant de l'enfant, comme s'il se vidait, refuse d'appeler un médecin ! Et moi appelant quand même... un médecin qui ne voit rien et ne me rassure pas.

Qui n'a pas connu ça ne peut comprendre. Pour survivre, je n'avais pas de recette, pas de méthode. A Centrale, on vous apprend à résoudre des problèmes scientifiques mais pas à réagir devant l'agonie d'un enfant. Je me suis débrouillée avec ce que je savais : devant un problème insoluble, on laisse de côté tout l'affectif et on concentre toutes ses ressources intellectuelles. On fait marcher sa tête, pas son émotion. A l'instant où Lubin a commencé à mourir, pendant le temps interminable où j'ai cherché à comprendre pourquoi et comment c'était arrivé, jusqu'au moment où j'ai été injustement accablée, j'ai enfoui mon émotion, j'ai lutté contre elle, pied à pied, pour faire travailler mon esprit et ne pas sombrer.

L'avocat général saute à un autre sujet :

— Etes-vous sûre que le choc contre la porte dont vous avez parlé date bien du 30 novembre et non du 29 comme vous l'avez déclaré dans une autre déposition ?

— C'était le 30. Ce heurt était léger, Lubin n'a pas eu d'hématome. Jérôme était dans le canapé.

— Voila un couple bien maladroit ! note, narquois, le magistrat.

Ce qui donne une idée au président :

— Vous êtes gauchère, comment portez-vous votre enfant ?

— Sur le bras droit.

Encore un coq-à-l'âne de Philippe Bilger qui m'éloigne opportunément du récit de mon cauchemar :

— Comment se composaient vos journées ?

Comme s'il m'ouvrait une sortie de secours, je m'engouffre par cette issue et je me retrouve dans mon appartement, rue Maurice-Arnoux à Montrouge. Tout y est calme. Pendant l'essentiel de la journée, je m'y trouve seule avec Lubin. Il règne sans partage sur ce petit royaume.

Quand nous l'avons déniché, nous avons tout de suite aimé cet endroit : il y avait de la lumière, il donnait sur une rue peu passante avec des arbres, un square venait d'être installé à cent mètres. Il y avait une grande chambre pour nous, une autre pour Lubin, le living-room s'ouvrait sur un balcon. Le lieu idéal. Au milieu des caisses, nous avons eu un petit différend, Jérôme et moi. Il avait apporté ses meubles : chaises, fauteuils, commodes en pin, objets de famille sans grand caractère. Démarrant une vie nouvelle, j'avais envie de neuf, de moderne. J'apportais deux canapés, une table basse, un lampadaire. J'ai lancé sur le ton de la plaisanterie mais sérieuse au fond : « Tes meubles ou moi ! » Il a cédé. J'aimais notre intérieur. Sur un mur une reproduction de Friedrich pleine de mystère – et peinte par ma belle-mère, pas si mal ! – contrastait avec le noir et le verre des meubles et de la table basse. On m'objectera que mon intérieur pouvait ressembler à un catalogue de boutique de meubles contemporains, tant mieux. Il était confortable et simple. Tout ce que j'aime.

Comme Jérôme se levait très tôt, je ne traînais pas au lit. Mon premier plaisir : aller voir Lubin, le prendre dans mes bras, lui parler et lui donner son biberon. Puis, l'ayant changé, souvent je me recouchais et le calais sur mes genoux relevés bien en face de moi pour que nous puissions nous voir. Il me dévisageait, serein et bientôt souriant. Je lui chantais tout ce qui me passait par la tête, lui racontais des histoires.

Quand je sentais qu'il avait sommeil, je le recouchais. C'était un bébé calme, tranquille, qui ne pleurait pas. Je le mettais quelquefois dans un petit transat pour rester avec lui en prenant mon petit déjeuner et en m'habillant. Je faisais un peu de ménage, du rangement... Quoi de plus banal ? Vers 11 heures, la cérémonie du bain nous occupait longuement. J'avais acheté tout ce qu'il fallait : du savon parfumé pour bébé, du lait corporel, une éponge végétale très douce, une sortie de bain en éponge doublée de piqué de coton. Il aimait le bain et moi aussi. Après ça, il prenait son biberon goulûment, ensuite, il était toujours en forme, et je le prenais fréquemment en photo. Je prévoyais de faire un album des premiers mois pour illustrer tous ses progrès. J'adressais aussi des clichés de Lubin portant les vêtements qu'on lui avait offerts à tous ceux qui lui en avaient envoyé. L'après-midi, comme l'arrière-saison était splendide, nous sortions souvent, au square ou pour faire des courses. J'étais très fière de mon bébé, j'avais envie de le montrer. Il m'arrivait de croiser Isabelle C., ma voisine du dessous, qui avait un bébé du même âge. Parfois je lui rendais une petite visite. Puis je revenais à la maison. J'étais comme toutes les mères en congé de maternité avec un fil à la patte empêchant des sorties prolongées. Alors ma sœur, mes amies venaient me voir et je téléphonais souvent et beaucoup à tout le monde : ma famille, ma belle-mère, mes amies..

Il m'arrivait aussi de ruminer des pensées sombres sur la mauvaise tournure que prenait notre couple mais il me suffisait de quelques heures passées seule avec Lubin pour que mon horizon s'éclaircisse. Je devais ne me préoccuper que de lui et si son bonheur passait par une séparation ou au contraire, si, pour lui, il me fallait tenter l'impossible pour rester avec son père, je le ferais. Je me trouvais dans l'expectative à ce moment-là. Je savais que lorsque s'achèverait mon congé de maternité, il me faudrait prendre une décision.

Le soir, entre deux biberons, je préparais le dîner. Je le prenais souvent seule devant la télévision et mettais au chaud un plat pour Jérôme. Et je me couchais sans l'attendre. Il rentrait tard. Il lui arrivait souvent de grignoter du chocolat au lieu de manger un repas. Il disait que c'est excellent pour tout : l'énergie, le moral, l'intelligence. Il en absorbait environ trois plaquettes par jour.

Quand Jérôme passait la matinée à la maison, il dormait, corrigeait des copies, ou regardait la télévision. Il ne lisait ni livres, ni journaux, écoutait un peu de musique. Je n'ai aucun souvenir d'activités communes avec lui : pas de sorties, sauf familiales, car il ne voulait ni emmener le bébé dîner chez des amis, ni prendre une baby-sitter. Le week-end n'interrompait guère la routine. En fait, je ne crois pas que nous ayons passé un seul week-end ensemble : nous avons eu des visites, nous sommes allés chez mes parents ou les siens. Nous avons dû nous retrouver deux fois un samedi tous les deux à la maison. J'en profitais pour lui confier Lubin et aller chez le médecin ou le coiffeur, ou encore faire du shopping. Ma vie quotidienne était semblable à des milliers d'autres.

Le président a ouvert le carnet de santé. Il le feuillette et lit l'ordonnance pour le gel. Puis il demande à Jérôme de venir à la barre.

— Parlez-nous de ces régurgitations et des deux derniers jours.

Jérôme semble réticent, répond par petites phrases sèches :

— J'étais très pris par la préparation du concours de Grenoble. Je partais très tôt le matin pour aller répéter. Le lundi soir, Lubin a régurgité aussitôt après le biberon, j'ai mis le bavoir sur le radiateur. J'allumais le moins possible pour éviter de réveiller Lubin.

Le 29, à mon retour, Magali m'a signalé des filets de sang sur le bavoir. Je lui ai dit que je n'avais rien vu. Puis elle s'est couchée. J'ai attendu le réveil du bébé, lui ai donné le gel et le biberon.

Le 30 novembre, un mercredi, je me suis réveillé tard. J'ai corrigé des copies dans ma matinée. Je n'ai pas été témoin du choc contre la porte. Parti pour des répétitions et des cours, je suis revenu de Versailles vers minuit trente. Je n'ai pas vu le bébé avant de partir, je l'ai seulement embrassé car ce n'est pas l'avoir vu, que de l'avoir tenu dans ses bras.

Le soir, en rentrant, j'ai appris que Magali lui avait donné le biberon. Je suis allé dans sa chambre sans réveiller le bébé ; je ne l'ai pas vu cette nuit-là. Le jeudi matin, je suis parti très tôt et suis revenu le soir tard vers minuit. Lubin a refusé le biberon de la nuit. J'ai insisté mais comme il ne voulait pas, je l'ai recouché.

Jérôme s'interrompt et se met à pleurer. Il dit « Je le prenais dans mes bras je lui faisais des câlins, des petits baisers dans le cou... » Comme hier d'une voix chevrotante, il évoque ces instants privilégiés, la tendresse, l'amour et la relation fusionnelle avec son bébé.

Maître Senyk lui laisse un court moment pour se calmer puis :

— Vous lui donniez comment, le biberon ?

— Je le couchais dans son petit transat..

Et il reprend le cours de son récit :

— J'ai été réveillé par Magali, vers 3 heures, elle m'a dit que le bébé n'allait pas bien. Je l'ai mis sur la table à langer, ai demandé à Magali de lui enlever sa couche, lui ai tâté le ventre, l'ai écouté, je l'ai entendu geindre, mais je ne connaissais pas le terme à l'époque. J'ai été très effrayé par l'aspect liquide des selles, mais je n'ai pas cru nécessaire d'appeler SOS médecins. J'ai dit à Magali que ce n'était pas la peine. Magali y a tenu. Et j'ai été me coucher lorsque j'ai vu le gyrophare en bas de l'immeuble, en disant qu'il était inutile d'être deux.

Je me suis levé vers 6 h 30. Magali était assoupie dans le salon auprès du bébé. Elle m'a dit que par prudence, elle allait prendre rendez-vous en urgence chez le pédiatre. Je lui faisais confiance.

J'aimerais que l'on souligne la contradiction entre ces déclarations d'amour fusionnel et le fait de donner le biberon dans son transat, ce qui est totalement inconfortable pour un tout-petit. Le moment du biberon est justement un moment de relation sensuelle et tendre. On pourrait aussi s'étonner de l'attitude de Jérôme : devant l'importance de la diarrhée – qui m'amène à appeler SOS médecins – il refuse justement de faire cette démarche et puis s'éclipse sans attendre le médecin.

On passe à un autre sujet, plus futile celui-là :

— Qu'est-ce qui vous a amené à choisir ce prénom, dit le président, vous l'avez choisi ensemble ?

— Nous avons acheté un livre des prénoms, répond Jérôme, puis on a fait une liste et dans les prénoms communs, il y avait celui-ci. Nous voulions un prénom qui plaise à tous les deux.

Lubin, un prénom rare ! A peine deux cents personnes en France le portent. En consultant le dictionnaire des prénoms, nous avons appris que Saint-Lubin, un moine né à Poitiers au VIe siècle, fut abbé du monastère de Brou, la très belle abbaye de Bourgen-Bresse, puis évêque de Chartres. Rien n'est dit sur l'origine de son nom. Le mot « lubin » apparaît en français bien plus tard, vers 1555 et signifie « petit loup ». En roumain, *iubim* (*noi iubim*) signifie « nous aimons ». Cette proximité sémantique me plaisait. Ce petit loup serait l'objet d'un amour immense qui le protégerait contre tous les malheurs du monde, ce serait un amour instinctif et sans réserve. Ce serait l'Amour. Ainsi je rêvais. Ainsi rêvait peut-être Jérôme. Mais chacun de notre côté. Pas un seul instant, je n'ai pensé au côté sauvage du loup !

L'avocat général poursuit une autre idée :

— Pourquoi avoir attendu 9 h 20 pour appeler le cabinet du docteur Breton alors qu'il ouvre à 9 heures ?

— Je n'ai pas regardé ma montre : je me suis occupée de Lubin, me suis habillée, pour être prête à partir...

Le président revient sur le biberon du 30 novembre au soir et demande à Jérôme ce qui s'est passé à son retour.

— Je rentre, je vois le bébé dans les bras de sa mère. Je l'ai laissée le coucher. Plus tard, j'ai été l'embrasser.

Paul Lombard remarque que quelques instants plus tôt il a dit que, lorsqu'il était rentré à la maison, Lubin était couché et que je lui avais dit avoir donné le biberon.

Jérôme conteste avoir dit cela. Mais le président le reprend et lui fait remarquer qu'il l'a bien dit !

Ensuite, Paul Lombard demande à Jérôme s'il a vu des marques sur Lubin lorsqu'il l'a ausculté avant l'appel de SOS médecins.

— Rien, je n'ai rien vu que cette diarrhée.

— Le 30 novembre, demande Paul Lombard, vous étiez à la maison quand Magali a heurté la tête de Lubin ?

— Je n'ai rien vu.

L'avocat général, s'adressant à Jérôme, cite le témoignage d'une rencontre de Jérôme avec madame Lemoine – la directrice d'une des écoles où enseigne Jérôme.

— C'était le 1er décembre, vous lui avez expliqué que le bébé s'appelait Lubin. Elle dit en parlant de vous : « Il était rayonnant et il devait donner un concert. » Et l'avocat général conclut :

— N'aviez-vous pas l'impression de laisser votre épouse seule ? En état d'abandon et de détresse ?

— Détresse, je ne sais pas, mais seule, oui. D'ailleurs on n'avait pas de contact. On communiquait souvent par post-it.

Isabelle C., ma voisine à Montrouge, avait tout pour devenir une amie. Nous avions pratiquement le même âge, nous venions d'avoir notre premier enfant, nous étions toutes les deux en congé maternité... Les C. s'étaient installés dans l'appartement en dessous du nôtre vers la mi-septembre. La grossesse d'Isabelle se passait mal et elle avait dû être hospitalisée dès son arrivée. Finalement, nous ne nous sommes rencontrées que début novembre.

Dans notre salle de bains, une fuite d'eau a occasionné des dégâts dans leur appartement. Nous avons échangé les numéros de téléphone et les adresses des compagnies d'assurances, sympathisé autour des bébés. Leur fille était venue au monde quinze jours après Lubin et tous deux étaient prématurés. Nous partagions des informations, nous nous livrions au petit jeu des comparaisons comme toutes les mamans du monde : Où en est le vôtre ? Combien de biberons ? Est-ce qu'elle fait ses nuits ?, etc. Les hommes ne se sont pas revus, contrairement aux deux épouses. Je descendais souvent avec Lubin faire une petite visite, Isabelle montait parfois. Nous nous étions trouvé des atomes crochus et nous aimions discuter de tout et de rien. Et puis Isabelle se remettait mal d'une grosse déception : quelques mois avant l'été, ils étaient partis pour les Etats-Unis. Tout était réglé, Xavier était envoyé par Thomson. Isabelle ne voyait que des avantages à ce séjour à l'étranger. Tout avait été organisé, congé donné pour leur appartement, démission d'Isabelle... Et puis après environ trois mois, Thomson avait annulé le projet sur lequel travaillait Xavier. Ils se sont retrouvés à Paris, Isabelle enceinte et au chômage, Xavier, lui, retrouvant tout simplement le même poste. Elle l'a mal vécu. Je crois que cela lui faisait du bien d'en parler. Mais en même temps, elle était assez réservée. Je me suis peut-être illusionnée. Aurions-nous pu être vraiment amies ? Nous n'en avons pas eu le temps et ma voisine a gardé vis-à-vis de moi plus de distance que je ne l'aurais cru.

J'aimais bien aller chez les C. L'appartement était tout simple, plutôt dépouillé mais lumineux parce qu'elle n'avait pas eu encore le temps de l'aménager complètement. Le couple visiblement s'entendait bien : ils se téléphonaient chaque jour. Isabelle donnait à Xavier des nouvelles du bébé, racontait les minuscules événements de la journée, glissait des mots doux. Même bêtifiant, même gâtifiant, ce bonheur valait mieux que le silence armé dans lequel Jérôme et moi nous nous affrontions quotidiennement.

« Xavier se régale, disait-elle. Il adore donner le biberon.

— Jérôme est brutal. Il laisse des marques sur Lubin, il le serre trop fort lorsqu'il s'en occupe. »

Je crois que j'avais lâché cette phrase sans me rendre compte de l'effet produit. Si Isabelle avait été surprise, elle ne l'avait pas montré, et sans oser un commentaire, elle avait poursuivi :

« Xavier est convaincu que sa fille le reconnaît déjà ! »

Lubin reconnaissait-il son père ? Sûrement, car chaque fois que celui-ci le prenait, il hurlait ! J'en avais le cœur serré. Je m'en sentais coupable : je me persuadais qu'il devait apprendre à connaître, à se rapprocher de son père. En même temps, ne l'avais-je pas influencé ? Se pouvait-il que mes sentiments trouvent un écho chez ce tout-petit ? Finalement, je découvrais à travers le couple C. tout ce qui faisait défaut au mien : le dialogue, la confiance, l'harmonie. En un mot, l'amour...

L'absence de contact avec mon mari m'effrayait, mais aussi le couple que nous formions. Je le voyais de plus en plus disparate et se disloquant. Nos différences auraient dû nous compléter, nos deux univers auraient pu donner à chacun une ouverture à l'autre mais je m'étais trompée. Avec les C., je comparais moins nos deux enfants que nos deux couples, les attitudes de nos deux maris, et une anxiété montait en moi. Un sentiment confus, indéfinissable.

Je ne savais comment le traduire sinon par la méfiance. Oui, je commençais à me méfier de Jérôme.

Ce sentiment insidieux, informulé au début, s'est imposé lentement. Sa première manifestation remonte au 13 novembre, après la journée chez mes parents, puisque c'est à ce moment-là que j'ai compris que nous ne pouvions continuer ainsi et que je l'ai dit pour la première fois. Tous mes témoins ont assez répété que j'étais docile, gentille, passive même. Pour que se manifeste réellement ma méfiance, ma peur puis l'idée qu'il fallait me séparer de mon mari, et dans ce sens, ma rébellion à l'ordre établi, j'avais besoin de temps. Or c'est ce qui m'a manqué.

Après le 15 novembre, j'avais parfois des angoisses terribles. Que se passerait-il si je mourais ? Je ne voulais pas que Lubin soit élevé par son père. Je ruminais cette crainte chaque soir. J'ai prévu de rédiger une lettre pour mes parents, leur demandant de prendre leur petit-fils en charge en cas de malheur. Par qui devais-je faire légaliser ce document ? Par un juge ? Un notaire ? Je décidai de me renseigner. J'étais un peu soulagée.

Et puis Marcoule. Nous en avions peu parlé jusque-là. Le sujet était même brûlant. L'essentiel de mon service déménageant dans le Sud, je faisais partie des ingénieurs à qui on avait proposé le déplacement. L'idée me plaisait : aller élever mon petit au soleil et quitter Jérôme... Celui-ci, chaque fois que j'avais, même vaguement, évoqué le sujet, avait rechigné. Et quand j'avais suggéré qu'il pourrait rester à Paris, venant les week-ends, il avait bondi, furieux, en décrétant qu'il n'en était pas question... Une séparation ? Je crois qu'à partir de la seconde moitié du mois de novembre, la question me hantait. quotidiennement.

Mais était-ce aussi précis dans sa tête que dans la mienne ? Non, sûrement pas. Pour lui, après ce qu'il avait vécu avec Florence, ce serait un tel échec, une souffrance d'une telle violence, une humiliation si énorme, qu'il ne pouvait en être question. Face à ses parents, qui ignoraient tout de notre rencontre artificielle, de nos difficultés de couple, à qui il offrait l'image lisse de son foyer réussi, un nouveau ratage, surtout de cette ampleur, serait insupportable...

Pourtant, j'envisageais la question de plus en plus sérieusement. La nuit, j'agitais toutes ces idées : nos relations, les bleus sur Lubin, le caractère de Jérôme, notre vie de couple inexistante. Je pressentais comme une urgence. Partir ? Non, c'est idiot, on ne part pas comme ça avec un enfant sous le bras. Pour aller où ? Chez mes parents ? J'imaginais le tableau ! Ma mère répétant : « Je te l'avais bien dit ! » Non. Mieux vaudrait profiter de l'absence de Jérôme et tout simplement mettre ses affaires sur le palier et changer la serrure. Mais de quel droit allais-je priver ce petit bébé de son père ? Au nom de quoi ?

Je tournais et retournais ces problèmes. Un soir j'ai fait mes comptes à tête reposée. Oui, comme parent isolé, avec mon salaire, Lubin à la crèche, je pourrais m'en sortir ! J'apprivoisais une décision terrifiante mais inéluctable. Seule la vue de Lubin, la vie quotidienne avec son train-train m'apaisaient.

Isabelle C. n'a pas tellement changé en sept ans. Je sais qu'elle a quitté Paris pour la province et l'idée de venir témoigner ne l'a pas enthousiasmée : mon histoire l'a traumatisée, d'autant plus qu'elle en était un témoin important. Petite, blonde, cheveux frisés, assez jolie et d'allure fragile, elle semble très intimidée, se tient à la barre les bras croisés devant elle.

— Je suis venue une fois chez Magali avec mon bébé, du même âge que Lubin, et nous nous sommes installées dans le salon. Magali est allée chercher le bébé et l'a tenu devant elle, face à elle sur ses genoux. Et là j'ai constaté un œil ensanglanté, une bosse sur le front. Le bébé ne me paraissait pas normal mais je n'en ai rien dit à Magali. Elle me parlait de régurgitations de sang. Elle avait les yeux et les joues rouges. Je ne suis pas restée longtemps, je n'ai pas pu.

— Vous êtes restée de 14 h 30 à 17 h 30 ? demande le président.

— Je n'ai pas pu rester aussi longtemps.

— Vous avez vu des marques ou des bleus sur le front ?

— Quand on m'a montré les photos, je me souviens avoir vu une marque mais je ne sais plus si c'était un bleu ou autre chose.

— Le 9 décembre, pendant la garde à vue, rappelle le président, vous déclarez à l'inspecteur Martinez avoir vu « un gros bleu sur le front, un autre bleu sur le milieu du front en haut du nez et un œil injecté de sang. » Et puis vous avez déclaré au juge d'instruction : « Une chose me pèse trop dont je voudrais me libérer. Je n'ai pas tout dit aux policiers car ils étaient directifs et ils avaient des idées toutes faites sur Magali. »

Or Magali vous avait confié auparavant que Jérôme Duchemin étouffait le bébé lorsqu'il le prenait au niveau du thorax pour le soulever, et qu'il lui faisait des bleus en le prenant par les pieds. Vous avez dit que, dans la même situation, vous auriez pris votre valise et seriez partie.

— Oui.

— Comment avez-vous ressenti l'interrogatoire des policiers ?

— On ne m'a interrogée que sur Magali Guillemot et j'ai confirmé que son comportement était tout à fait normal, elle était douce et attentive. En revanche, quand Magali m'a ouvert la porte, le 30 novembre, elle avait un aspect fébrile.

Et voilà comment une apparence anodine à vos propres yeux peut vous faire passer pour une coupable ! J'étais fatiguée, j'avais passé deux fois une heure au téléphone dans la journée : une heure avec une collègue, une heure avec Clélia. Or, j'ai facilement les yeux rouges lorsque je suis fatiguée. La conversation animée avec Clélia m'avait donné les joues rouges. Quand j'ai ouvert la porte à Isabelle, je devais avoir l'air las en effet, mais pas fébrile. Et puis nous nous connaissions relativement peu, quelles déductions pouvait-elle en tirer ? J'avais l'air d'avoir pleuré ? Si je travaille deux heures sur un ordinateur en me concentrant, j'ai l'air d'avoir pleuré parce que mes yeux se congestionnent facilement.

Je me lève pour expliquer cela, notant fugitivement à quel point tout, même le plus minuscule détail, peut devenir une arme contre moi !

A l'époque, Isabelle C. qui, dans son état un rien dépressif ou postdépressif s'inquiétait facilement, en a conclu au drame. Et aujourd'hui, je constate que partant d'un détail erroné, elle était plus près que moi de la réalité.

— D'une manière générale, poursuit-elle, le bébé était assez passif. Cette visite n'était pas programmée, je ne me souviens pas si Magali m'avait proposé de venir. Je n'ai rien demandé à propos des bleus mais cela m'a glacé le sang, je n'ai rien voulu en déduire. J'ai eu le sentiment qu'elle voulait me le montrer.

Cette fois elle exagère. Je me lève pour protester :

— Les propos de madame C. sur les hématomes sont très exagérés, ce n'était pas aussi effrayant. Ces marques ont disparu très vite. J'étais alors trop préoccupée par la régurgitation de sang, j'étais soucieuse de cela et le bleu me paraissait secondaire.

Le président s'étonne :

— Pourquoi n'avoir rien expliqué à madame C. ?

— Ces bleus me paraissaient secondaires au regard de la régurgitation de sang.

Mais madame C., elle, ne m'a rien dit, si bouleversée soit-elle par ce qu'elle a vu chez moi. Elle n'a eu que cette phrase ambiguë : « Oh ! petit Lubin, comme tu as changé ! »

Revenue chez elle, elle a appelé son mari et lui a peint un tableau impressionnant de l'état de Lubin. Xavier C. a dit à sa femme qu'elle s'affolait peut-être un peu vite.

Celle-ci a hésité, se demandant s'il fallait remonter parler avec moi. Il lui revenait ma confidence sur la brutalité de Jérôme avec le bébé. Pourquoi a-t-elle eu l'impression que j'insistais pour réveiller mon bébé ? Ne lui aurais-je pas lancé un silencieux appel au secours ? Et n'aurait-elle pas dû répondre ? Ce nourrisson allait mal. Quelque chose se passait qui, de toute évidence, m'échappait, car pas une seconde Isabelle ne m'a crue responsable. Voilà toutes les inquiétudes qu'Isabelle C. a avouées plus tard à son mari, au juge d'instruction, mais à moi, rien.

Philippe Bilger apporte sa touche « psy » :

— Madame C., j'ai trouvé au début de votre témoignage que vous aviez l'air stressée. Pourquoi ?

— Je m'en veux de n'avoir rien dit et d'avoir laissé l'enfant comme ça. Magali était douce et très attentive à son bébé.

Et elle fond en larmes. Elle peut pleurer : m'aurait-elle parlé cet après-midi-là, elle aurait peut-être sauvé la vie de Lubin et la mienne !

Son mari vient à ses côtés. Un couple toujours aussi uni. Le président attend de lui plus d'informations sur leurs conversations téléphoniques :

— Est-ce que vous vous appeliez souvent avec votre épouse ?

— Oui.

— Au téléphone, votre épouse vous a fait part de ses inquiétudes ?

— Oui, je lui ai dit qu'on en parlerait plus tard.

— Et le soir ?

— Oui, nous avons discuté et estimé qu'il n'y avait pas de conclusion à tirer. J'ai voulu rassurer ma femme. Il était difficile de s'immiscer dans la vie d'un couple que nous connaissions très peu.

L'avocat général veut mettre en relief le rôle de père de Xavier C. :

— Est-ce que vous parliez souvent de votre enfant avec votre femme au téléphone ?

— Oui, très volontiers.

— Donc vous étiez un père sur lequel votre épouse pouvait compter pendant la journée ?

— Oui.

Puis il s'adresse au couple qui répond pratiquement ensemble :

— Est-ce que vous entendiez le bébé pleurer la nuit ?

— Nous n'en avons pas de souvenir.

— Des bruits de discussions violentes ?

— Non.

— Le son du violon ? Jérôme Duchemin dit avoir joué parfois.

— Nous n'avons jamais entendu de violon, précise la jeune femme. Cela m'aurait frappée, j'ai fait du violon plus jeune.

Le président lui présente la photo de Lubin du 30 novembre 1994.

— Correspond-elle bien à la vision que vous avez eue de Lubin ce jour ?

— Oui.

— Cela vous a paru « effrayant » ?

— Oui, je vois ce dont j'ai parlé.

Le président regarde encore la photo, l'air surpris.

— Je ne vois pas de bleus sur la photo.

— Effectivement, on ne voit pas bien les marques, mais je vois une ligne bleue sur le nez, et le 30 novembre, j'ai bien vu des marques. J'ai été frappée par une évolution.

— Une évolution par rapport aux jours d'avant ?

— Oui !

Le président montre à la cour, à l'avocat général ainsi qu'aux jurés les dernières photos de Lubin prises pendant la seconde moitié de novembre. L'examen se prolonge quinze ou vingt minutes. Pendant ce temps, les C. se retirent et quittent l'audience.

— Sur une de ces photos, me demande le président, on voit une personne donner le biberon à Lubin, qui est-ce ?

— Ma mère.

Jérôme Duchemin confirme ma réponse. Le président demande à Jérôme Duchemin s'il était au courant de toutes les photos que je prenais, il répond négativement.

Le défilé des témoins appelés à la barre respecte autant que possible une chronologie : après Isabelle C. qui a vu Lubin pour la dernière fois le 30 novembre, arrive à la barre le docteur L. de SOS médecins qui est intervenu dans la nuit du 1er au 2 décembre.

Il a la mine d'un sportif, l'allure d'une vie au grand air : un peu rouge, massif, un rien empâté, la démarche lourde, vêtu d'un pantalon de velours et gros pull. Il ne paraît pas ses 39 ans. A peine à la barre, il commence à parler :

— J'ai reçu l'appel vers 4 h 30 du matin. Je me suis rendu immédiatement au domicile à Montrouge. Il devait être 4 h 44 lorsque je suis arrivé. J'ai été accueilli par la maman, d'ailleurs je n'ai vu qu'elle. Elle avait l'air inquiète. J'ai demandé s'il avait de la fièvre, elle ne pensait pas, s'il toussait, elle a dit que non, s'il avait fait une chute, non plus. Elle a parlé de régurgitations lorsque je lui ai demandé s'il avait vomi. Le gamin était calme et somnolent. Je l'ai laissé dans les bras de sa maman parce qu'il est plus facile d'examiner un tout-petit dans ces conditions où il reste calme. Je l'ai ausculté, j'ai regardé le nez, la gorge, les oreilles. Je ne lui ai rien trouvé de spécial à l'examen clinique. La maman restait inquiète même après que je lui ai dit qu'il n'y avait rien. Je lui ai conseillé de voir le pédiatre le jour même.

Je dois dire que j'ai fait deux dépositions. A la police par téléphone, puis j'ai été convoqué dix-sept mois après les faits. On m'a montré une photo avec hématome dont le juge a dit qu'il existait la veille, qu'il avait été vu par une voisine. Or je n'avais pas vu d'hématome durant l'examen. Ma déposition a pu devenir à ce moment-là « interprétative ».

Le président dresse l'oreille :

— Par exemple ?

— Par exemple à une question du juge d'instruction : « Si vous n'avez pas vu l'hématome, ne serait-ce pas parce qu'on vous l'a caché ? La maman n'aurait-elle pas eu la main sur le front ? » J'ai répondu que c'était possible, mais en fait ce n'est pas vrai. Il est bon de tenir la tête d'un enfant si petit qui est atonique. L'examen s'est fait, Lubin installé dans les bras de la mère parce que l'enfant étant plus calme, l'examen est plus facile, l'abdomen est plus souple. Oui, je suis formel, l'examen a été réalisé dans les bras de sa maman. Lubin s'est mis à gémir quand on l'a recouché.

Dans la salle, l'atmosphère s'est tendue. Les faiblesses de l'enquête et de l'instruction se dévoilent. Le médecin sort une petite bouteille d'Evian pour boire au goulot.

L'avocat général bondit :

— Nous ne sommes pas au cirque, monsieur !

Le président convient qu'il aurait dû demander l'autorisation, et puis désigne la photo qui figure au dossier :

— Vous a-t-on montré cette photo ?

— Je ne sais pas si c'était exactement cette photo : j'ai le souvenir d'une photo grand format.

— Avez-vous constaté quoi que ce soit qui désigne une diarrhée ? Vous avez écrit sur le carnet de santé « + ou – diarrhée. »

Le médecin demande à vérifier si l'écriture dans le carnet de santé est bien la sienne. C'est le cas.

— Qui a pris le bébé dans son lit ? questionne le président.

— Sa mère.

— Dans quelles conditions avez-vous examiné l'enfant ?

— Dans les bras de sa mère car il était calme.

— Qui a enlevé le pyjama ?

— La mère.

— Et le body ?

— La mère.

— Vous l'avez examiné ainsi ?

— Oui. La maman n'était pas réticente à me le confier mais c'est moi qui préfère d'habitude faire l'examen du bébé alors qu'il est dans les bras de sa maman.

— La lampe dans la chambre de Lubin éclairait-elle suffisamment pour examiner l'enfant ?

— Oui. J'avais ma lampe de poche pour le nez, les oreilles et les yeux.

Tout le monde sent à quel point le médecin est tendu : on peut en effet lui reprocher de n'avoir rien vu. Mais le président choisit ce moment pour le rassurer : hier, des experts sont venus témoigner du fait qu'il y a des choses que l'on peut ne pas voir à l'œil nu.

Le docteur L. a examiné les deux oreilles de Lubin, mais il ne se souvient pas si la mère avait alors une main sur le front.

— Vous avez indiqué, observe le président, dans vos précédentes dépositions, que Magali a retourné la tête de Lubin en « cachant la tête (à droite) de Lubin à l'aide de sa main. » Que vouliez-vous dire ?

— J'ai fait ces déclarations par rapport à ce que la juge Moec m'a montré. En tenant le raisonnement suivant : si je ne l'ai pas vu, c'est qu'on me l'a caché. Il me fallait donc chercher les explications sur la manière dont on avait pu me cacher quelque chose.

— En tout état de cause, à aucun moment, vous ne parlez dans ces déclarations d'un hématome.

— Non, effectivement.

Alors le président fait remarquer au médecin que dans ses déclarations, dix-sept mois après les faits, le magistrat instructeur lui fait répéter deux fois ses réponses, comme pour s'assurer de leur véracité. Et ses réponses font chacune 7 à 8 lignes, il ne s'agit donc pas de réponses à des questions fermées.

Ensuite le président reprend en les résumant les éléments de la déposition du médecin :

— Vous n'avez jamais vu d'hématome ?

— Jamais.

— Les yeux injectés de sang, vous les avez vus ?

— Non.

— Quelle aurait été votre réaction si vous aviez vu des hématomes ?

L. hésite, réfléchit.

— J'aurais parlé avec la mère... Puis il se tait, profondément hésitant.

Paul Lombard interrompt sa réflexion :

— Combien de temps a duré votre visite ?

— Environ vingt minutes.

Le président veut lever le doute que faisait planer le magistrat instructeur sur mon attitude pendant cet examen.

— Est-ce que, oui ou non, Magali a été un obstacle en ce qui concerne l'examen du bébé ?

— Non, répond fermement le médecin.

Paul Lombard insiste :

— Pour dégrafer le pyjama puis le body, Magali a dû se servir de sa main gauche, la droite soutenant Lubin, et donc *a fortiori* libérer sa main si elle avait été sur le front de Lubin ?

— Oui, répond L. (Et puis il veut que tout soit bien net) : J'ai le sentiment d'être passé à côté de quelque chose. Dans mon métier d'urgentiste, on est forcé de faire confiance aux gens qui nous appellent. Or dans ce cas, la mère semblait très inquiète et moi je n'ai rien remarqué de grave. Il manquait des symptômes pour que je puisse diagnostiquer quoi que ce soit. La seule explication possible était un traumatisme, or la mère m'avait dit qu'il n'était pas tombé.

Le docteur L. s'en va, remplacé par le docteur B., mon pédiatre qui m'a reçue quelques heures après la visite de l'urgentiste.

Il est 16 h 50. La salle est bondée. Le docteur B., une petite femme brune au visage calme et serein explique sans attendre :

— J'étais la pédiatre habituelle de Lubin Duchemin. Je l'ai vu deux fois. Quand la maman a appelé, je lui ai dit de venir, elle est arrivée dans un délai rapide. Je l'ai fait attendre. J'ai constaté que l'enfant était mou et très pâle. La pâleur signale un manque d'oxygénation, un symptôme très alarmant. J'ai donc tout de suite voulu l'hospitaliser. Pendant que j'appelais l'hôpital, Lubin a convulsé. J'ai donc appelé aussitôt le SAMU. Je n'ai pas assisté au travail du SAMU. Il est resté environ 1 h 10. Je n'ai pas le souvenir de l'heure exacte mais je me souviens d'une mère inquiète.

Le président lit au témoin sa déclaration au juge d'instruction :

« L'attitude de madame Duchemin était très curieuse. Elle était figée, froide. Il y a quelque chose qui m'a frappée, c'est que pendant que j'appelais le SAMU, je me suis aperçue qu'elle rhabillait l'enfant tout naturellement comme s'il était éveillé et j'ai été obligée de lui dire qu'il ne fallait pas le toucher dans l'attente du SAMU... Madame Duchemin avait une attitude troublante, étrangement calme, absente. Je venais de lui dire que c'était très grave mais elle ne semblait pas s'inquiéter pour son enfant. Elle n'était pas affolée. » Le président repose la feuille devant lui :

— Qu'en pensez-vous ?

— J'ai le souvenir, dit la pédiatre, d'une maman comme anéantie par ce qui se passait. Il me reste en mémoire qu'elle était choquée, et se comportait comme si elle ne comprenait pas la gravité de l'état de son enfant. Dans les mêmes circonstances, des femmes crient, pleurent, d'autres ne bronchent pas. Cette réaction inhabituelle est rare mais il y a des mères qui réagissent comme cela. J'en ai vu. La juge d'instruction ne m'a pas demandé si cela était fréquent et si c'était un comportement normal. Or, depuis cette histoire, j'ai réfléchi car c'est troublant pour un médecin. J'ai pu constater que c'est un comportement peu fréquent mais qui existe et qui est normal.

L'avocat général se méfie :

— Est-ce que ce ne serait pas le battage médiatico-judiciaire autour de cette affaire qui vous a influencée ?

— Non, absolument pas.

— Pouvez-vous évaluer le temps écoulé entre l'appel de madame Guillemot et son arrivée ?

— Très peu de temps.

Ce témoignage me renvoie à des instants effrayants. Je me vois dans ce cabinet, affichant un calme glacé, pétrifiée par la panique. Je vivais une tempête intérieure et me heurtais à un mur de béton lorsque je voulais m'exprimer. Une sorte de paralysie m'avait atteinte. Plus les circonstances sont dramatiques, plus je me fige. Le chaos s'installe en moi. Je dois me réfugier au plus profond, pour pouvoir réagir avec un minimum d'efficacité.

Cette attitude m'a coûté très cher. Le docteur B., si elle reconnaît aujourd'hui que j'étais en état de choc et que mon attitude figée était parfaitement normale, ne l'avait pas laissé entendre lorsque les policiers l'avaient interrogée, ni pendant l'instruction. A l'époque, sa déposition a été utilisée pour me confondre...

Isabelle C., le docteur L., le docteur B., tous trois disent avoir été influencés, orientés, et aujourd'hui, ils nuancent leur opinion nettement en ma faveur... Comment les jurés peuvent-ils réagir devant ces revirements ?

Le président se tourne vers Jérôme. Il souhaite lire quelques documents le concernant. Jérôme se lève et malgré la proposition du magistrat de rester assis, se plante à la barre, n'en bouge plus. Visage émacié, mains nouées dans le dos, il tourne son regard vers l'avocat général.

Le président se propose de lire quelques extraits des déclarations de Jérôme devant la première juge d'instruction en charge du dossier, madame Pous, lors de son audition du 21 décembre 1994. Ainsi, Duchemin parle de son enfance :

« Mes parents ne m'ont jamais accordé une liberté. Quand à 15 ou 16 ans, j'ai eu un flirt avec une fille de ma classe, âgée de 18 ans, ma mère m'a menacé de la dénoncer pour détournement de mineur. »

Il avait le choix : la pension ou une école de musique et bien entendu plus question de revoir la jeune fille. Il s'est soumis sans hésiter. Il dit aussi :

« Mes parents n'ont jamais eu confiance en moi. Cela vient de loin, de mon enfance. Quand j'étais petit, 9 ou 10 ans, je passais mes vacances en Normandie chez ma grand-mère. Un jour, j'ai vu où elle cachait son argent. J'ai pris 1 100 F (167 €). Elle s'en est aperçue et m'a réprimandé. Mais ce qui m'a marqué, c'est l'attitude de mes parents quand ils l'ont appris. Ils m'ont puni. Je m'y attendais. Pire encore, ils m'ont fait comprendre qu'ils ne m'accorderaient plus jamais leur confiance. Même plusieurs années après, ils disaient souvent : " On ne veut pas d'un voleur à la maison ! ". Du reste, ils ont toujours été assez sévères. Avant notre pavillon à Fourqueux, nous habitions dans un appartement à Port-Marly. Lorsque nous avions fait une bêtise, ma sœur et moi, notre mère nous mettait à la porte, même le soir. Ma sœur le supportait très mal, elle se cachait sous les escaliers en pleurant. Moi, je prenais ça comme un défi, j'allais rendre visite aux voisins, je parlais avec les gens rencontrés dans l'escalier ! Mais au bout du compte, je porte en moi la réprobation de mes parents. Je ne m'aime pas, je n'aime pas ce que je suis. Ce mal que j'ai fait, je le porte toujours en moi à la date d'aujourd'hui...

J'essaie de me calquer sur des gens, sur des caractères forts comme ma femme aujourd'hui, sur l'image que mes parents avaient de leur fils, sur ce que tout le monde attend de moi. Je ne suis jamais moi-même, c'est épuisant. »

Puis Nathalie Senyk lit une autre déposition de Jérôme. Celui-ci évoque l'arrivée de Lubin dans sa vie, ses relations avec lui :

« J'étais très, très heureux. J'avais tellement envie d'élever un enfant, de l'éduquer. J'étais surtout content quand j'étais seul avec lui. Magali m'agaçait avec sa façon de le langer, elle l'enrobait trop à mes yeux. Elle avait une attitude trop maternante. Je me sentais un peu mis à l'écart. Je préférais être seul avec lui pour m'en occuper à mon idée. Je n'étais pas d'accord avec elle sur certaines choses. Par exemple un jour où il pleurait après son biberon, elle voulait lui en proposer un autre. Moi je n'étais pas d'accord, je trouvais qu'il ne fallait pas le gaver. Elle lui a mis malgré tout la tétine dans la bouche. Je lui ai dit qu'elle lui donnait de mauvaises habitudes, peut-être de façon trop autoritaire. Elle s'est retournée violemment en disant : “ Laisse-moi faire ce que j'ai à faire. ”. Elle a eu une véritable crise de nerfs sans faire aucune violence au bébé qui était dans ses bras. Elle criait seulement. C'était la première fois que je la voyais comme ça. J'en ai d'ailleurs parlé à mes parents en disant que j'allais mettre de l'eau dans mon vin. Magali elle-même m'avait averti une fois : “ Il faudra qu'on parle ensemble de l'éducation de l'enfant. ” »

Je sais à deux ou trois jours près situer cette scène : vers le 17 novembre environ. Puisque le 18, il en parle à sa mère et que le 19, nous sommes invités à dîner chez eux. Ce jour-là, madame Duchemin a donné le biberon à Lubin, l'a changé, lui a fait le test du « grasping ». Je lui ai reparlé des bleus que Jérôme faisait à Lubin lorsqu'il le soignait et elle m'a répété que ce n'était rien, qu'on « marquait dans la famille » et que Jérôme avait une grosse poigne. Jérôme de son côté lui avait parlé du choc contre le mur de la cuisine dans la nuit à notre arrivée. Si j'avais eu le moindre soupçon sur l'origine de ces bleus, j'aurais probablement réagi autrement que par une confiance aveugle dans ma belle-mère.

Maître Senyk continue sa lecture avec une phrase étrange de Jérôme à la juge d'instruction lorsque celle-ci lui demande :

« Comment expliquez-vous les lésions constatées par les médecins sur le corps de votre fils ?

— Il a peut-être senti le mensonge », répond Jérôme.

Personne, et surtout pas la magistrate en charge du dossier ni celle qui lui a succédé, et encore moins les magistrats du premier procès ou les avocats, ne se sont interrogés sur le sens de cette phrase pour le moins étonnante ! Aujourd'hui encore, elle demeure en suspens. Je ne saurai jamais à quel mensonge Jérôme faisait allusion ? Etait-ce à tout ce que sa vie était devenue ?

Maître Senyk poursuit. Le père de Lubin décrit son comportement avec son fils :

« Avez-vous commis des violences susceptibles d'expliquer ses lésions aux membres et à la tête ? demande la juge d'instruction.

— Je pourrais à la rigueur expliquer les fractures des membres car j'ai eu certains gestes brusques vis-à-vis de l'enfant en particulier au moment où je lui donnais le biberon... S'il était allongé sur mes genoux et qu'il hurlait quand je lui mettais la tétine dans la bouche, il m'est arrivé de le pousser brusquement par les jambes pour le rasseoir. De toute façon, quoi que je fasse, il pleurait tout de suite. Je me souviens même qu'en faisant ça, je lui tenais fermement le bras gauche dans ma main.

J'avais beaucoup de mal à lui donner le biberon. Par la suite, ça s'est amélioré parce que je l'attachais dans son transat et je lui donnais le biberon comme ça. Pour la fracture de l'épaule, un matin, Magali m'a fait observer qu'il y avait deux bleus, un en arrière de l'épaule et un en avant. Il y avait même la trace de mes doigts d'après ce qu'elle disait. Moi je n'ai pas vu. Il m'arrivait effectivement de prendre Lubin par les épaules assez fermement pour jouer avec lui à l'avion.

J'ai également eu fréquemment un autre geste : vu que Lubin penchait toujours la tête sur la droite, ça me gênait pour lui donner le biberon à cause du rebord du transat. Alors ça m'agaçait et je prenais sa tête dans ma main par le dessus, légèrement en arrière du crâne, en appuyant mes doigts de chaque côté sur les tempes. Je redressais sa tête bien droite pour introduire le biberon dans sa bouche. Je reconnais que comme ça m'énervait, je faisais ce geste avec énervement.

D'ailleurs sur certaines photos, on voit la marque de mes doigts, ce qui est normal vu que je maintenais fortement ou fermement son crâne dans ma main pour l'empêcher de bouger la tête, pendant toute la durée du biberon soit une bonne demi-heure, parfois plus.

Ce qui m'agaçait c'est qu'il était caractériel. Du moins c'est ce que je ressentais. Il piquait ses crises avec tout le monde : à refuser un biberon en hurlant puis à le boire ensuite d'une traite. Ça me mettait en colère parce que Magali, dans ces cas-là, elle le recouchait un moment puis le relevait. Moi je ne voulais pas faire comme elle pour lui apprendre une certaine régularité, le régler rapidement pour qu'il prenne conscience des horaires. »

« Halte ! » oui, je voudrais crier « Halte ! » Alors je demanderais aux jurés s'ils ont bien compris que maître Senyk lit les déclarations du père d'un bébé mort à 57 jours – moins de deux mois –. Ce père décrit des gestes d'une violence inouie alors que ce matin même, il parlait d'amour paternel, de relations tendres et câlines avec son fils ! Tous les pédiatres expliquent qu'à cet âge, les rythmes des biberons sont en cours d'acquisition, que s'il pleure c'est qu'il y a une raison, un mal au ventre par exemple ou de la nervosité mais certainement pas par caprice ! Jérôme voulait dresser ce nourrisson, il voulait l'éduquer, le faire obéir... Ce petit bébé malade pendant quinze jours à sa naissance, et encore si fragile. Pour moi le mot éducation, à cette période, se résumait aux soins et à la tendresse, à l'attention, rien d'autre. Evidemment nous n'étions pas d'accord... Mais de là à dresser ce bébé comme il l'entendait, non, je n'imaginais pas.

Le silence a envahi la salle. Les jurés prennent des notes. L'avocat général se mord la lèvre inférieure. Le président accoudé à sa table, menton dans la main, écoute attentivement. Maître Senyk continue la lecture de l'audition de Jérôme :

« Les gestes que vous avez décrits, demande le magistrat instructeur, ont-ils entraîné des réactions ou des comportements chez le bébé vous laissant supposer qu'ils avaient entraîné des lésions telles que décrites par les médecins ?

— J'ai constaté qu'à la suite de gestes brusques que j'ai exercés sur ses bras quand je le prenais par le buste ou par les bras, il pleurait comme s'il avait mal. On l'a ausculté, on l'a tapoté au niveau des épaules, on n'a rien senti, on en a conclu qu'il n'avait rien. Je précise que c'est moi qui ai fait cet examen et suis arrivé à cette conclusion. Je n'ai jamais entendu de craquement au niveau des articulations quand j'ai fait ces gestes.

— Je renouvelle ma question : pensez-vous que les gestes que vous venez de décrire ont causé des lésions aux membres ?

— Je pense que oui. Je ne peux pas le certifier. Quand j'ai ausculté Lubin, je n'ai rien vu ! Je dois vous préciser que j'ai également eu une autre série de gestes en particulier quand Lubin s'endormait sur son biberon, je le secouais en lui tapant sur les fesses, mais en toute conscience, je suis convaincu que ce type de geste n'a pu entraîner aucune lésion d'autant qu'il avait des couches. Cela le surprenait seulement.

Je m'étais ouvert à ma mère du caractère capricieux de Lubin. Je lui disais que l'enfant pleurait beaucoup ; elle m'avait répondu que c'était son seul moyen d'expression. En plus, il paraît que j'étais comme ça, bébé. Je ne m'inquiétais donc pas.

— Et en ce qui concerne les lésions à la tête ?

— Pour ça je n'ai pas d'explication. En toute franchise je ne l'ai heurté qu'une fois à la tête. C'était avant le 19 novembre car ce samedi-là, nous sommes allés chez mes parents, et Lubin avait deux bleus consécutifs à ce choc. C'était le jeudi 17 ou vendredi 18 dans la nuit. J'étais dans le noir parce que j'avais éteint la lumière de la cuisine. Il pleurait. Je venais de préparer le biberon. J'avais Lubin allongé sur mon bras gauche. Le biberon également dans la main gauche. J'allais au salon pour le lui donner. J'ai éteint la lumière trop vite. Et au passage de la porte, qui était étroit en raison de la présence d'un meuble, la tête de Lubin a heurté accidentellement le mur. Je précise que là, c'était complètement accidentel ! Le choc de la tête contre le mur a fait un bruit mais comme le mur est creux, un rien fait du bruit. Je ne me suis pas inquiété car sur le coup, Lubin n'a rien dit. Il n'a pas pleuré. Et quand je lui ai donné son biberon, il l'a pris normalement, je dirais même rapidement...

— Faites-vous une différence entre les circonstances de ce choc et celles dans lesquelles vous avez eu des gestes décrits plus haut ?

— Oui, tout à fait. Dans ce choc, il ne rentre aucun énervement. C'est de la maladresse. Alors que dans les autres gestes, il y avait de l'énervement. Si j'essaye d'analyser les motivations de mon comportement, je crois que l'explication réside dans le fait que je voulais que Lubin me distingue de sa mère. Un bébé, au départ, il connaît surtout sa mère qui en plus l'a porté. Je voulais qu'il apprenne à me reconnaître. Et je crois que c'est cette volonté qui déclenchait mon énervement. Il me semble qu'il me faisait des caprices qu'il ne faisait pas forcément à ma femme. Je cherchais donc à lui faire comprendre que ce soit ma femme ou moi, il devait prendre son biberon. Je sais bien qu'à cet âge, c'est difficile, mais sur le moment je n'y pensais pas.

Je ne dis pas ça pour me déculpabiliser mais simplement pour expliquer les gestes d'énervement. En plus, je ne me rends pas compte de ma force, c'est inconscient ! Je ne suis pas violent. Par exemple chez moi, depuis tout petit, on m'appelait « brise-fer » ! Un jour j'ai cassé un violon simplement en l'accordant. Une autre fois, une tondeuse à main...

Vous me demandez si je suis impulsif, je vous réponds oui, je suis très impulsif mais sur moi-même, pas sur les autres... Pour en revenir à Lubin, malgré le grand plaisir que j'avais à le changer, je serrais trop fort sans le faire exprès ses chevilles entre mes doigts pour le soulever et le nettoyer, ce qui occasionnait des bleus, j'aplatissais ses jambes en appuyant fermement sur ses genoux sur les conseils de maman... Je tiens à dire que j'avais de ma mère quelques principes médicaux et que j'en étais très fier.

— Après le choc du 16 ou du 17 novembre avez-vous vu se former des hématomes ?

— Oui. D'ailleurs, je ne lui ai pas donné un biberon tout de suite. Voyant deux bosses qui se formaient l'une sur le côté du front au-dessus de l'œil gauche et l'autre au niveau de la tempe au-dessus de l'oreille gauche, j'ai pris un gant de toilette dans lequel j'ai mis un glaçon que j'ai plaqué sur son œil gauche pour éviter le gonflement. Ce qui est curieux, c'est qu'il n'a pas réagi, qu'il n'a pas pleuré au changement de température, alors qu'au contact de quelque chose de froid comme le pèse-bébé, il pleurait. Le lendemain, les bosses étaient devenues plus uniformes et l'ensemble avait bleui.

— Pensez-vous que votre femme ait commis des violences sur votre fils Lubin ?

— Non, je ne peux pas penser ça vu comme elle était maternante. Elle faisait vraiment attention à tout. Elle était très, très bien, très attentionnée dans les soins. Elle ne m'a jamais vu lorsque j'avais ces gestes d'énervement envers Lubin. Ça se passait principalement la nuit quand j'étais seul avec lui et que je lui donnais le biberon. »

En écoutant tout cela, je me sens coupable. J'ai vu un jour un geste intolérable de Jérôme. Lubin pleurait, il lui a maintenu la bouche fermée. Sa main était si grande qu'elle masquait tout le visage de Lubin qui continuait à hurler faiblement.

— Tu vois, a dit Jérôme, ça fait un son différent quand je lui ferme la bouche.

Le bébé s'était tu... Pour recommencer quelques minutes plus tard !

Devant cette scène, j'ai été figée. J'ai éprouvé une sensation pétrifiante au creux de l'estomac, qui m'était étrangement familière. Dans un éclair, je me suis revue toute petite lorsque mon père se mettait en colère.

J'éprouvais ce poids de pierre en moi. Je devenais de pierre ! Jérôme m'effrayait. Je voulais qu'il cesse. J'ai crié « Arrête ! Lâche-le ! » comme si ma vie en dépendait. Mais ma voix ne rendait pas un son assez ferme. Pourquoi est-ce que je n'arrivais pas à me faire entendre, ni respecter ? Parce que la violence me terrorisait, cette main énorme sur ce minuscule visage de bébé comme le symbole d'une force nue, sauvage, me réduisait à néant. J'avais beau crier, quelque chose m'empêchait de manifester comme je le devais. Quelque chose d'une peur frénétique qui me glaçait, quelque chose chez Jérôme qui, de plus en plus, me paralysait. Alors, comme d'habitude, j'ai tenté de me raisonner : « C'est son père, il sait mieux que moi. C'est quelqu'un de sensible. Il a forcément raison. Je m'exagère mes frayeurs... » Il n'empêche que Jérôme a dû sentir ma désapprobation. Lorsqu'il changeait Lubin dans la journée, il s'enfermait dans la salle de bains ; la nuit, il fermait toutes les portes. Il exigeait d'être seul avec notre enfant.

« Je regrette tout ce qui s'est passé, a dit Jérôme au juge d'instruction, en conclusion. Je n'avais pas du tout conscience que ces gestes auraient pu provoquer de telles choses... Je n'avais pas de mauvais sentiments pour mon enfant... »

Maître Senyk repose les feuillets de la déposition de Jérôme, celui-ci toujours debout n'a pas bronché. Ses mains sont toujours crispées dans son dos, il est rouge, congestionné.

Une telle déclaration a-t-elle provoqué de l'intérêt chez les deux juges d'instruction qui se sont succédé ? En tout cas, il n'y a jamais eu de reconstitution, ni sur une poupée, ni chez nous. D'ailleurs, les deux magistrats n'ont jamais mis les pieds dans notre appartement bien qu'elles aient maintenu les scellés pendant cinq ans au motif que des « actes d'instruction pouvaient encore se révéler nécessaires. »

Etrangement, les aveux de Jérôme, qu'il a exprimés diversement à maintes reprises, n'ont jamais ébranlé la conviction de mademoiselle Moec, la juge d'instruction qui a rédigé l'acte d'accusation, ni l'avocate générale de Nanterre, madame Amara. Jérôme à leurs yeux était innocent pour une raison mystérieuse : à cause de ses aveux ! Quant à moi qui ne trouvais rien à avouer parce que je n'avais rien fait, j'étais évidemment coupable !

A l'audience Jérôme ne reconnaît rien de ce qu'il a dit pendant l'instruction. Il a parlé à tort et à travers. Selon lui, il était en prison, n'était plus lui-même, donc tout est faux, sauf lorsqu'il m'accuse :

— Je ne conteste pas ce qui est écrit, soupire-t-il. J'étais un jeune papa, j'avais une épouse, un métier. Tout d'un coup, mon fils meurt dans des conditions exécrables que je ne comprends pas. Je me retrouve en prison, fou de douleur, et dans ma conscience, il fallait que je fasse un retour en arrière sur la vie de Lubin avant d'accabler qui que ce soit. Pendant cette instruction, dans l'état où j'étais, on m'a cuisiné. Vous énumérez des choses que je conteste, les conditions où ont été dites ce que vous énumérez ont fait que mes propos sont hautement exagérés, et je pourrais contester. C'est très douloureux pour moi de réentendre cela, je n'étais pas moi-même, c'est de la folie.

L'avocat général le rassure :

— Il est hors de question que ce soit occulté. Mais vous n'êtes pas remis en cause. Votre conseil a dû vous le dire.

Le président choisit quelques lettres que m'a adressées Jérôme lorsque nous étions tous deux incarcérés. Il les lit sans commentaire, dans l'ordre chronologique, et je les rapporte telles qu'elles ont été écrites. La première datée du 11 janvier 1995 à 18 h 30 a été lue hier. Il la rappelle puis passe à une autre, datée du 17 mars 1995. Entre-temps j'ai annoncé dans une missive assez brève à Jérôme que je demandais le divorce.

« Chère Magali, C'est avec le cœur en peine que mon attention c'est fixée sur le fait de penser à un divorce avant de penser à enterrer notre petit garçon. Je suis très choqué par ton attitude. Jamais je n'aurais cru de toi que tu puisse oublier une seconde le vécu avec ton fils ; moi qui l'ai peu vu, je le pleure chaque jour et désir lui rendre sa dignité par un bel enterrement... »

Jérôme en fait m'annonce que ses parents ont acheté une concession à Fourqueux pour que Lubin y soit enterré.

Suivent les extraits d'une lettre du 29 avril, intéressante parce que Jérôme m'accable tout en prétendant me défendre. En l'écoutant, je m'interroge : adressait-il sa lettre à moi ou au juge à travers moi, sachant que tout notre courrier reçu ou envoyé lui était soumis :

« Ma chérie, ma chérie car tu reste ma femme, mère de notre fils en qui j'ai toute confiance. Depuis quelques temps la Justice m'incite à prendre un rôle qui me déplaît... Jusqu'à présent, j'ai pu y résister car au fond de mon cœur, bien accrochés, vos amours celui de Lubin et Magali ne m'ont jamais fait redouter le doute, le mensonge les cachotteries, la haine. Je n'ai pas le droit de juger qui que ce soit pour me défendre... Je suis doublement meurtri par le décès de notre fils et ta détention. Je le répète, ma conscience a confiance en la mère de Lubin. Je ne t'ai jamais vu porter la main ou faire d'autre gestes pouvant nuire à la santé de notre bébé. Cette lettre est écrite sans aucune influence extérieure... Je voudrais que tu comprennes que si j'avais été coupable de quoique ce soit jamais tu n'aurais été détenue. C'est pourquoi aujourd'hui voyant le trouble de l'instruction, j'ai peine à nous voir détenus. Et je crains d'être un jour obligé pour sauver notre couple de prendre toutes les responsabilités de ce qui est arrivé à Lubin. Personne excepté la psychologue n'est au courant de mon éventuelle démarche. Magali crois-moi, ce n'est pas les ouï-dire des uns et des autres qui pourraient influencer la confiance que j'ai dans la maman de Lubin et Magali ma femme. Je suis conscient que cette lettre sera très lourde dans mon dossier, qu'elle ne veut pas couvrir une vérité mais construire notre couple. Je me refuse de t'accuser des faits qui nous sont reprochés. Je t'aime et j'ai besoin de toi libre. Il est évident que ma famille n'est pas au courant de cette future démarche. J'ai commencé par prendre un nouvel avocat qui n'a aucun contact avec eux. Je veux chercher avec lui une solution et te veux libre... Aie confiance, reste bien sur tout ce que tu as déclaré... »

Etrangement, le 29 avril, Jérôme écrivait aussi à Marie-Noelle B., en mentionnant :

« Cette nuit je me réveille avec le cœur et le ventre noués. Petite nuit de rêve avec Florence. Me voilà arrivé au point de départ dans les deux sens du terme. Le mal, la douleur, le manque de donner mon amour grandissant de jour en jour pour Lubin et Florence... »

Puis trois jours plus tard, c'est à moi qu'il s'adresse :

« Ma chérie... Je témoigne de l'amour que j'éprouve pour toi mère et femme. Je reçois depuis notre détention une description de toi qui ne te ressemble pas. Je veux que tu saches pour la deuxième fois que la confiance est totale pour toi, que jamais je ne citerai devant la Justice le moindre ouï-dire te concernant. Je suis doublement malheureux en entendant ces mots qui ne relatent pas la maman et la femme que j'ai épousé. Je n'ai aucun reproche à te faire. Je crois en ton amour pour Lubin, je crois en ton amour pour ton mari. Plus le temps passe, plus je t'aime, plus j'ai besoin de toi, plus j'ai besoin de te défendre en refusant de dire ce qu'on m'oblige à dire. Je ne sais pas dans quel état d'esprit tu liras cette lettre. Je souhaite que tu lise en sentant l'honnêteté, l'amour et la confiance sur chaque mot... Je désire que tu m'aimes comme je t'aime sans hypocrisie, dans une honnêteté vraie... Magali je crois en toi, j'ai confiance en toi, je crois en ton innocence et dans la mienne.

... Je t'embrasse et je t'aime. Ne m'abandonne pas. »

Le président ne questionne pas Jérôme sur son étrange manière de signer sa correspondance de prison. Lorsqu'il écrivait à ses amis, il terminait avec un large paraphe où s'inscrivait : *FlosyladLubin* et ajoutait parfois le J de son nom, parfois non. Ce qui peut se traduire par : « Florence, Sylvie, Adeline, Lubin ». A moi, il signait Jérôme ou parfois « ton mari » suivi de *flosyllubJ* et la barre du J soulignant les initiales précédentes. Que voulait montrer Jérôme avec cette formule faisant disparaître son identité derrière celles des femmes qu'il avait aimées et celle de son fils ? Etait-ce une manière un peu hystérique d'intriguer ? Etait-ce un symbole enfantin de son désir d'englober dans un même amour des maîtresses et son fils ? Mais qui dira ce que signifie dans la psychologie d'un père le fait d'aligner l'amour d'un fils sur celui d'une amante ?

Puis le président lit l'interrogatoire du 24 juin 1995. Jérôme est encore entendu par le magistrat instructeur. Cette fois, il a complètement changé. Il se veut totalement accusateur et affirme nettement son désir de vengeance à la suite du conflit de pouvoir qui a opposé les deux familles au moment de l'enterrement de Lubin. Il nie toutes ses déclarations de l'audition du 21 décembre précédent :

« J'ai fait ces déclarations pour protéger ma femme. A présent, c'est différent : il y a eu le 19 mai. Il y a eu l'humiliation du 19 mai dernier. Magali n'a pas prévenu ma famille de l'enterrement de Lubin. La famille Guillemot nous a laissés à l'écart. Je me suis présenté seul comme un meurtrier de mon fils sans ma famille. C'est ignoble et humiliant. Depuis ce jour, j'estime que je ne dois plus rien à Magali. Et je suis décidé à ne plus taire des choses que j'avais decelées en elle mais que je n'avais jamais dites pour ne pas l'accabler. »

Jérôme explique que je suis une personne stressée, sous pression, que depuis le projet de déménagement de mon service à Marcoule, cet état de stress me fait douter de tout : « Elle veut toujours tout vérifier, elle téléphone tous les jours à sa mère, à sa sœur, à la météo. » En revanche, il ne peut dire qu'il m'a vue maltraiter Lubin :

« Violente avec Lubin, non je ne l'ai jamais vue. Mais, je la trouvais maladroite dans le fait de donner le sein. Pour moi, le rôle de mère a toujours été très attirant. Dans une vie antérieure, si j'avais pu choisir j'aurais aimé être une femme. Si j'avais été une mère, je sais que ça aurait été tout simple pour moi de donner le sein à mon enfant... Elle, elle se penchait vers le bébé qu'elle avait sur les genoux au lieu de porter son visage sur le mamelon. » Jérôme dit pêle-mêle ce qui l'agaçait chez moi : la lecture excessive du livre de

Régine Pernoud *J'élève mon enfant*, un épisode de violence verbale avec lui, et une attention trop intense à l'égard de Lubin. Et il accuse :

« C'est elle qui a tué Lubin. Maintenant, je me sens libre de le dire clairement pour les raisons que je viens de vous indiquer. Moi, j'ai perdu Lubin, j'ai tout perdu. Seule sa présence me permettait de renoncer à mon amour pour Florence. Lubin avait gommé Florence. Aujourd'hui, je suis retourné à la case départ. Je n'ai toujours pas fait le deuil de Florence. Magali, elle, a perdu son boulot qu'elle aimait tant, je suis désolé de vous le dire mais c'est tant mieux. »

Animé par la vengeance, Jérôme, sans donner de preuve, et ignorant que la fracture du crâne n'est pas à l'origine de la mort de Lubin, assène :

« Je suis sûr qu'elle lui a fracturé le crâne le mercredi 30 novembre... Elle lui a donné son biberon en avance. Il était minuit et demi. Je vous assure qu'à ce moment-là, je n'ai pas constaté d'hématome. Je l'ai à peine vu. Le lendemain matin, je n'ai pas vu Lubin. Le lendemain soir, je suis rentré à une heure et quart du matin, j'avais été retardé par une répétition... J'ai tenté de lui donner son biberon mais il n'en voulait vraiment pas... Là non plus, je n'ai pas vu d'hématome. Je suis désolé, je ne l'ai pas vu. C'est plus tard dans la nuit que Magali s'est inquiétée. Moi en tout cas, je n'avais pas de raison de m'inquiéter car j'ai pensé à une colique... »

Jérôme ne fournit pas de preuves réelles mais un mobile : selon lui, je prenais notre fils pour un arriéré parce qu'il ne se développait pas au même rythme que la fille de la voisine.

Et lui, à nouveau, ne nie pas son agacement devant ce qu'il appelait les caprices de Lubin : « Ça m'agaçait oui, c'est le terme. Ça ne dépassait pas l'agacement. Il faisait des caprices pour manger. Ceci dit, d'après ma mère, on lui donnait de trop grosses quantités de lait... C'est vrai que je le voyais plus capricieux avec moi qu'avec Magali. Avec moi, au lieu de prendre son biberon calmement, il criait, il avait des déhanchements, il repliait ses jambes et il les détendait comme s'il pédalait, me piétinant la cuisse. J'étais obligé de le redresser en position assise et de le maintenir comme ça, par le bras gauche pour qu'il se taise... Avec elle, il avait au contraire les jambes détendues, toutes droites, et il buvait avec plaisir, j'ai pu le vérifier. » Et puis finalement, il pense que les gestes décrits dans le précédent interrogatoire ont pu provoquer les lésions figurant dans le rapport médical...

Alors, madame Pous s'étonne :

— Pourquoi avez-vous fait des déclarations contradictoires ?

— Parce qu'entre le 21 décembre et le 20 juin, il y a eu les expertises psychiatriques. On me présente comme quelqu'un de perturbé, ayant eu une enfance à problème. Le dossier me définit comme un impulsif, je culpabilise facilement, j'ai tendance à rechercher mes fautes. Réalisant que je fais le coupable idéal, je n'ai pas voulu qu'on profite de ce que je reconnaissais les lésions aux membres de Lubin pour m'imputer la fracture du crâne dont je ne suis pas coupable. Le seul choc au crâne dont je suis responsable date du 17 ou 18 novembre. Il est trop antérieur au décès pour en être responsable, c'est ce qu'on m'a dit. Je suis convaincu que c'est Magali qui est responsable de cette fracture. C'est clair, ça ne peut être qu'elle ou moi. Or, je sais que ce n'est pas moi !...

Jérôme manifeste : il hoche la tête négativement quand est donnée lecture des passages concernant ses gestes maladroits et nerveux. Mais il demeure silencieux.

— Merci de lire tous ces extraits, monsieur le président, dit Paul Lombard, c'est essentiel pour la défense.

— C'est essentiel pour la défense de la vérité, corrige le président.

— C'est la même chose, réplique Paul Lombard.

Mais il n'a pas fini. Il lit encore un court extrait de l'audition de Jérôme devant la juge Moec le 20 mai 1996, il sera libéré assez rapidement après :

« ... Sur le plan sexuel, Magali est quelqu'un que je qualifierais d'inexpérimenté et de froide au point que cela me gênait moi-même et me posait quelques difficultés. Ce n'était jamais elle qui me sollicitait sur le plan de l'amour ou même pendant l'amour. Elle n'était pas vierge lorsque nous avons eu notre premier rapport sexuel. Elle ne m'a jamais parlé de ses flirts ou de ses relations antérieures. »

Jérôme me reprochant ma froideur et mon inexpérience oublie qu'il a toujours eu affaire à des jeunes filles encore plus jeunes que moi (17 ans, 19 ans) et j'imagine assez inexpérimentées ! Peut-être plus que moi. Assise sur ma chaise, je me demande quelle femme supporterait ce genre d'appréciation de sa vie sexuelle. Est-ce destiné à prouver ma culpabilité ou mon innocence ? Qu'est-ce que ça apporte de savoir que je n'étais pas heureuse en amour avec Jérôme, qui ne m'aimait pas, qui pensait à Florence en me faisant l'amour (il l'a dit dans une autre déposition) ? Etrangement, on ne me demande pas mon avis sur le sujet, ni pendant l'instruction, ni au procès. J'aurais expliqué que nos relations étant tendues, agressives, voire méprisantes de la part de Jérôme, l'idée d'une étreinte amoureuse ne m'effleurait pas. Je n'appartiens pas à la catégorie de celles qui se réconcilient au lit et j'ai besoin d'être en confiance pour aimer...

Le président demande à Jérôme, toujours debout, ce qu'il pense de toutes ses déclarations et de ses lettres :

— Je ne me souviens de rien, déclare Jérôme d'une voix contrainte, ni d'avoir écrit ces lettres, ni d'avoir « écrit musicalement ». Je ne me souviens que de la cellule. Il est inimaginable pour moi que les violences que Lubin a subies aient été commises sous mon toit et par sa mère. J'ai cherché pendant les trois quarts du temps en prison. Il était impensable qu'une mère ait pu faire cela.

Il va se rasseoir. J'aimerais que l'on ne reste pas sur cette déclaration. Mais le président lève l'audience pour quelques minutes.

Mercredi 14 novembre 2001
18 h 40

Huitième audience

Cette association – dont Didier L., qui a témoigné lundi soir, est président et qui irrite si fort l'avocat général – s'étant fixé pour objectif de fournir toute l'aide possible à ma défense, avait étudié le dossier médical de Lubin. Beaucoup de choses étaient restées inexpliquées : il était mort de contusions cérébrales et d'hémorragie intracrânienne. Or à aucun moment du premier procès, il n'avait été fait mention du SBS. Nous ignorions tous de quoi il s'agissait, jusqu'à ce que l'un de nous – en étudiant la documentation sur la maltraitance des nourrissons sur Internet – découvre le SBS et constate que beaucoup de blessures de Lubin correspondaient à ce type de maltraitance.

Dans les témoignages lus sur les sites, une phrase revenait presque systématiquement : « Je n'ai rien vu ! » Le ou les parents qui n'étaient pas en cause affirmaient qu'ils ne se doutaient de rien, qu'ils n'avaient rien compris. Ce qui était précisément mon cas.

Puis, dans le cours de l'année 2001, plusieurs reportages et émissions de télévision ont mis en vedette le SBS, ce qui explique aussi que le président ait soulevé le sujet avec les experts médicaux. De notre côté, nous avions cherché des spécialistes du « bébé secoué », nous les avions rencontrés, nous leur avions soumis le dossier et des questions. Deux d'entre eux ont accepté de témoigner : le professeur Dominique Rénier, chef du service de neurochirurgie infantile à l'hôpital Necker, et le docteur Bonnier, pédiatre, neurologue, spécialiste des traumatismes crâniens chez l'enfant, exerçant à la clinique Saint-Luc à Louvain et professeur à l'université de Louvain. Prudente, mesurée, elle nous avait accordé un entretien d'une heure et demie quelques jours avant le procès. Elle m'avait expliqué que Lubin avait été l'objet de violences à répétition. La cause précise de sa mort est l'œdème général cérébral, ce qui était évocateur d'un Syndrome du bébé secoué. Mais Lubin n'avait pas seulement été secoué. « C'est un problème caractéristique du SBS, nous avait-elle expliqué, le “ secouage ” est associé à des gestes de violence ; ce n'est pas mentionné comme tel dans le rapport anatomopathologique, mais c'est parfaitement compatible avec ce qui y est décrit. En effet, une proportion importante de victimes du SBS présentent une fracture. Ici, il pourrait y avoir eu plusieurs “ secouages ” antérieurs à 15 jours, un autre plus récent. »

A la barre, le docteur Bonnier répète tout cela. Comme pour se rassurer, le président rappelle à la barre le professeur Huault :

— Le secouage, ou secouement, dit celui-ci, est un ensemble, il faut comparer un crâne d'enfant secoué avec l'agitation d'une caisse remplie d'œufs, les fractures sont moins importantes que les dégâts internes, il faut néanmoins une chute ou un impact, qui peut être invisible de l'extérieur.

Si le docteur Bonnier est surprise de voir son expertise mise sous contrôle d'un médecin, chef de service en réanimation néonatale à la retraite, elle n'en perd pas moins son sourire. Elle dit simplement :

— Les bleus avaient disparu à l'arrivée à l'hôpital, n'est-ce pas ?

— Il n'y avait pas de traces cutanées, en effet, répond Huault.

Les deux médecins abondent dans le sens du Dr Leconte hier : il s'agit d'une fracture ancienne.

— Mais les autres fractures, s'inquiète l'avocat général, sont-elles compatibles avec le SBS ?

— Oui, répond le docteur Bonnier, au moins pour l'arrachement du tibia. La fracture du radius gauche est compatible avec le mouvement de mise derrière le dos du bras tel que l'a décrit Jérôme Duchemin.

L'avocat général n'a pas entendu la réponse, il suit une idée qui visiblement l'obsède :

— Peut-on relier ce type de blessures à la dépression des mères après l'accouchement ?

— Les pères sont en majorité responsables de ce syndrome.

Il ne désespère cependant pas de pouvoir me classer dans les mères maltraitantes :

— A quoi correspondent les profils des parents type SBS ?

— Dans plus de 50 % des cas, il s'agit de pères.

Je ne sais pas pourquoi le docteur Bonnier s'arrête là. Elle m'avait donné plus d'informations pendant notre entretien : les garçons sont plus souvent victimes du SBS que les filles, les auteurs sont en majorité des hommes pour des raisons de force physique et parce qu'il est prouvé qu'ils ont plus facilement le réflexe de secouer par énervement. Il s'agit fréquemment de parents jeunes d'un premier enfant. Les auteurs sont réticents à avouer qu'ils ont secoué leur enfant ou ne mesurent pas la gravité de leur geste.

Le docteur Bonnier m'avait aussi expliqué que des facteurs communs se retrouvent dans les foyer où survient le SBS : des troubles de la personnalité avec manque d'estime de soi, de l'agressivité, de l'impulsivité, des états dépressifs, la conscience d'un manque de compétence parentale et des attentes irréalistes envers son enfant.

Maître Senyk revient sur la fracture du crâne. Et elle a raison : Jérôme pour m'accabler dit que j'ai tué mon enfant le 30 novembre en lui fracturant le crâne, or il est prouvé que la fracture est plus ancienne. Mais maître Senyk veut plus :

— La fracture du crâne est-elle à l'origine du décès ?

— Une fracture du crâne ne tue pas, ce sont les complications qui tuent.

— Comment réagit le bébé à ces blessures ?

— Cela dépend : certains pleurent, d'autres crient, d'autres sont prostrés. Les réactions de bébés qui ont mal diffèrent, ils peuvent très bien ne rien dire !

Le professeur Huault ajoute :

— Effectivement, l'enfant est mort d'un œdème cérébral et pas d'une fracture du crâne.

Il situe le démarrage de l'œdème qui a entraîné le décès à six à sept jours avant ce décès, avec une évolution progressive.

Plus personne ne semble avoir de questions à poser. Elle s'en va... Et je la regarde partir avec un sentiment de gâchis. Quand nous nous sommes vues, je lui avais posé une question essentielle.

Lui ayant décrit les comportements de Jérôme et le mien face à Lubin en lui lisant des extraits des dépositions, je demandai si ces comportements étaient adaptés à la situation. Où se situe la normalité ?

Le docteur Bonnier m'avait répondu de la manière suivante :

« Les dires et les réactions du père traduisent les attentes qu'il a par rapport à son fils. Elles sont destinées à satisfaire ses propres besoins de reconnaissance et d'amour, besoins qui ne pourront jamais être satisfaits. Cette frustration a entraîné les gestes de violence qu'il a lui-même décrits. Le côté pathologique de ses réactions est évident. Vous, la mère, en revanche, ne relatez rien de l'ordre de la violence. Vous avez fait preuve d'une confiance aveugle envers votre mari et cherché des réponses à vos doutes auprès de personnes extérieures car vous ne vous trouviez pas dans des circonstances psychologiques où vous pouviez faire confiance à vos propres observations. En ce sens, vous avez fait preuve d'une naïveté coupable... »

J'accepte le jugement du docteur Bonnier parce qu'elle traduit ce que je me répète depuis sept ans. Simplement, j'aurais aimé que ce soit dit à l'audience.

La journée s'achève mais nous n'en avons pas terminé avec tous les témoins prévus. Il est 19 h 20.

A la barre, arrive une dame à cheveux blancs noués en chignon, jupe stricte, cardigan, très droite. Elle me rappelle certaines grand-mères de mes copains à Ginette. Madame Ghesquière-Dierickx était avocate générale à la cour d'appel de Versailles. Elle a pris sa retraite depuis quelques mois. C'est un personnage clef dans toute mon affaire. Mais avant de parler d'elle, il faut expliquer le parcours d'un dossier criminel comme le mien.

D'abord, un peu de vocabulaire. Les magistrats se divisent en deux catégories : le siège ou magistrature assise – les magistrats instructeurs par exemple – et le parquet ou magistrature debout, ou encore ministère public. Ces derniers représentent les intérêts de la société devant toutes les juridictions, ce sont eux qui exercent les poursuites et accusent. Ces magistrats sont les procureurs et les avocats généraux.

Après la garde à vue, un rapport est rédigé par le responsable de l'enquête qui le remet au juge d'instruction. Celui-ci, en l'occurrence madame Pous, de service le samedi 10 décembre 1994, a décidé de maintenir Jérôme et moi en détention provisoire. Elle a instruit le dossier jusqu'en septembre 1995 puis a été remplacée par mademoiselle Moec qui a clos le dossier le 3 décembre 1997 en rendant une « ordonnance de transmission des pièces » à la chambre de l'instruction. Celle-ci a examiné le dossier et signifié un arrêt de mise en accusation avec transmission au parquet pour renvoi devant la cour d'assises.

Madame Ghesquière-Dierickx était avocate générale à Versailles, siégeant à la cour de cassation. C'est elle qui a examiné l'ordonnance de transmission des pièces, en somme la base de l'acte d'accusation. Sa venue surprend la salle et la cour.

— J'ai accepté de comparaître, dit-elle, parce qu'il s'agit d'une situation exceptionnelle. En effet, j'ai eu à connaître cette affaire cinq ou six fois pendant l'instruction. Magali Guillemot a fait appel pour une demande de mise en liberté provisoire quatre fois entre février 1995 et octobre 1996.

Je me souviens que deux fois le procureur avait accepté ma mise en liberté et que la chambre d'accusation a refusé. Entre autres motifs, le 13 juin 1995, il fallait que l'instruction entende Valérie W. mon amie d'enfance, et je ne devais pas être en contact avec elle. Or Valérie venait régulièrement me voir au parloir ! Le 10 décembre 1995, autre refus, mais l'avocate générale demandait à nouveau des expertises sur les causes effectives de la mort de Lubin, considérant l'instruction comme insuffisante.

Le président a un souci d'égalité :

— Avez-vous été saisie d'une demande de mise en liberté de Jérôme Duchemin ?

— Non, sa mise en liberté a été ordonnée par le juge d'instruction.

Une grande nervosité gagne les magistrats, en particulier l'avocat général qui remue bruyamment ses dossiers, s'agite sur son fauteuil. Dans la salle, on écoute plus attentivement. Madame Ghesquière-Dierickx explique qu'elle a remis en question l'instruction, « une procédure qui ne paraissait ni régulière, ni complète. Sur le plan médico-légal, les conclusions appelaient des éclaircissements et sur la procédure elle-même des précisions. » Elle s'explique :

– Il m'a semblé, au regard de la durée de l'instruction, que le magistrat instructeur s'était fait très rapidement à l'idée de la culpabilité de Magali Guillemot, avec la logique suivante contestable : puisque ce n'est pas lui, c'est donc elle. L'ordonnance de transmission évoque « la première fracture du crâne » or, il n'y a eu qu'une seule fracture du crâne remontant à une petite quinzaine de jours avant le décès, selon les experts. De même, le magistrat instructeur estimait que « Il est cohérent de penser... que celui qui a causé la fracture du crâne ayant entraîné la mort est également l'auteur des fractures précédentes. » Or elle se trompe car la mort résulte non d'une fracture mais de lésions nerveuses et sous-durales résultant de violences dont l'étiologie n'a pas été recherchée dans le cadre de l'instruction. Il s'agit d'une erreur lourde de conséquences dans la mesure où l'information a tourné autour de la recherche des circonstances de cette fracture et des traces extérieures qui l'auraient révélée. Le juge d'instruction assure que « L'enquête et l'instruction ont permis de déterminer que Magali Guillemot était l'auteur de la fracture du crâne ayant entraîné la mort. » Ce raisonnement désignant sans réserve Magali Guillemot comme seule coupable est explicitement motivé par l'impossibilité dans laquelle Jérôme Duchemin s'est trouvé de porter le coup mortel, par les attestations des témoins et le comportement de Magali Guillemot. Or ces allégations sont plus que fragiles : « le coup mortel » – cette expression n'est rien d'autre qu'une clause de style –, aucune investigation ne figure dans la procédure pour déterminer les formes de violences et de maltraitance ; de plus les dates qui enferment la période critique sont imprécises, les violences peuvent avoir eu lieu aussi bien le jour que la nuit – période où le père prenait soin de l'enfant – enfin il est rappelé que les violences caractérisant le Syndrome de Silverman sont des actes furtifs, pervers, quelques instants suffisant à infliger à un nourrisson des lésions osseuses ou cérébrales gravissimes.

Toutes les convictions portant sur la culpabilité de la mère reposent sur des motivations sujettes à caution. Une appréciation où ce serait soit le mari soit la femme qui serait coupable a disparu au bénéfice d'une conviction rapidement établie de la responsabilité de la mère avec maintien en détention et libération du père...

Pourtant le comportement du père peut être aussi discutable que celui de la mère. Celui-ci, sans se préoccuper de l'état de santé de l'enfant qu'il savait souffrant, déjeunait ce jour-là avec une jeune femme dont il était épris et lui offrait un cœur en or. Son comportement au cours de ces jours critiques, y compris le soir du décès, a été plus étonnant encore...

Cette fois, l'avocat général n'y tient plus. Il bondit :

— C'est la première fois de ma vie que je vois un avocat général intervenir dans un autre procès...

Le président montre, avec plus de réserve, la même irritation :

— La cour vous a entendue avec attention jusqu'ici. Vous ne pouvez intervenir que sur les faits et personnalités et vous ne pouvez pas vous engager sur une analyse ultérieure.

Madame Ghesquière-Dierickx, imperturbable, fait front :

— L'analyse des faits n'a pas pu prouver la mise hors de cause du père.

Alors la fureur et la violence font irruption dans le prétoire. L'avocat général fulmine :

— Je serais curieux de savoir où elle veut en venir ! Jusqu'où elle sera capable d'aller pour venir au secours de je ne sais quelle cause !

Il s'emporte contre le témoin :

— Quand allez-vous cesser l'impudence de votre intervention, madame ?

Le président est obligé de rappeler à l'ordre l'avocat général pour laisser la parole à madame Ghesquière-Dierickx nullement démontée :

— L'instruction ne reconnaissait aucun autre chef d'accusation pour le père que non-assistance à personne en danger. La chambre d'accusation de Versailles a modifié l'acte d'accusation pour que les deux parents soient traités symétriquement...

Le président l'interrompt à nouveau :

— Vous savez que notre attitude est, pour l'instant, symétrique pour l'accusée et l'innocenté.

Quant à l'avocat général, il continue à manifester bruyamment sa fureur, grommelant et demandant que cesse cette comédie.

— Qu'est-ce qui vous a amenée à sortir ainsi de votre devoir de réserve ? demande le président.

— Je n'ai pas le sentiment de sortir de mon devoir de réserve et je ne fais que m'exprimer sur ce que j'ai vécu, sans faire de commentaire sur le verdict rendu à Nanterre. J'estime pouvoir le faire. Je dis ce que j'ai requis avec le renvoi des deux inculpés selon les mêmes charges. D'ailleurs, j'ai écrit tout cela dans le dossier et ne fais que le répéter devant les jurés.

— Madame, vous ne faites pas honneur à la robe que nous portons, vocifère l'avocat général.

— J'ai engagé ma robe dans ma réquisition et c'est au contraire pour l'honneur de ma robe que je me suis engagée. Il n'y a pas beaucoup d'affaires où j'ai dû ainsi m'engager.

— Et ça vous pose un problème ? rétorque l'avocat général d'un ton acerbe.

— Non. C'est rare, mais j'ai connu des affaires où le juge d'instruction a été cité. Par exemple l'affaire

Jobic qui a permis de blanchir un policier injustement accusé et chargé par l'instruction.

— Il s'agit de déontologie ! clame l'avocat général. Pourquoi n'êtes-vous pas venue me voir ? Par qui avez-vous été contactée et quand ?

— Dans la mesure où la défense, je ne me souviens pas de la date exacte, me demande de venir devant la cour, sous serment, est-ce que déontologiquement, je ne peux pas dire oralement ce que j'ai écrit et qui figure dans le dossier ? Qui cela peut-il gêner ?

— Ça ne me gêne pas, ça me surprend ! dit l'avocat général sentant qu'il n'aura pas le dessus. Et il ajoute :

— Dans vos réquisitions, vous avez proposé la double charge, vous avez été suivie ; vous avez demandé un complément d'information, vous n'avez pas été suivie. Quant au verdict, vous le connaissez. N'êtes-vous pas satisfaite ?

— Je ne suis pas venue discuter de cela, répond-elle tranquillement.

Alors, à bout d'arguments, l'avocat général lâche les chiens :

— La vérité, c'est que vous vouliez requérir à la place de Jacqueline Amara qui a assuré sa tâche de manière exemplaire !

Toute la salle proteste. J'entends mon père crier : « Oh non ! Ça non ! », un murmure court sur les bancs. Stupeur ! Choc !

— Oui, poursuit l'avocat général en haussant le ton, et tourné carrément vers la salle. J'insiste pour le comité de soutien : madame Amara a parfaitement assuré sa charge. Et nous faisons tous notre travail, vous pourrez le mesurer en écoutant mon réquisitoire.

Un court silence effaré s'abat sur la salle. Madame Ghesquière-Dierickx a un léger haussement d'épaules, quitte la barre et disparaît. Un remue-ménage agite les bancs des journalistes qui se précipitent vers leurs micros, et vont rebrancher leurs téléphones portables dans la salle des pas perdus.

Je suis effondrée. En quelques minutes, j'ai vu l'instruction de mon affaire analysée, démontée, l'accusation contre moi réduite à rien. Et puis tout d'un coup, l'affaire a été oubliée, je n'ai plus vu que deux magistrats s'affrontant sur des questions de rivalité, le témoignage de madame Ghesquière-Dierickx remis en cause pour des questions de basse vanité... Heureusement, j'ai lu ses réquisitions, je sais qu'elle n'est venue que pour répéter ce qu'elle a écrit.

Il y a cependant une chose qu'elle n'a pas dite mais qu'elle sait, que tout le monde a le droit de savoir parce que cela figure au dossier : l'ordonnance de transmission des pièces signée par Isabelle Moec et fortement remise en question par l'avocate générale de Versailles est passée, auparavant, entre les mains du procureur de la République de Nanterre qui, elle, en revanche, n'a rien trouvé à critiquer. Qui était ce procureur ? Jacqueline Amara, ensuite avocate générale aux assises de Nanterre qui a requis contre moi ! Je comprends maintenant pourquoi j'ai été si lourdement condamnée : Isabelle Moec, juge d'instruction, a instruit à charge comme l'a dit madame Ghesquière-Dierickx, et Jacqueline Amara l'a suivie point par point.

Or l'avocat général de Paris a salué son travail ! Ce soir, la partie est perdue. L'avocat général adoptera la ligne Amara. Par esprit de corps ? Par fureur contre une ancienne magistrate qui a tenté d'appliquer la justice ? Un sentiment d'abandon me tombe sur les épaules, au point que je me recroqueville, coudes sur les genoux, tête dans les mains. Mes parents atterrés regardent les Duchemin sourire triomphalement.

Et le président appelle Valérie W. à la barre. Valérie, je n'en ai pratiquement pas parlé jusqu'ici, j'attendais qu'elle vienne à la barre. C'est quelqu'un à part dans ma vie : elle représente toute mon enfance. Nous nous sommes connues à l'école de Châtenay. Je me souviens qu'elle m'impressionnait parce qu'elle portait toujours des jupes et des chaussettes assorties. Nous ne nous sommes jamais quittées jusqu'à ce que je parte à Grenoble. De 10 ans à 14 ans, nous nous voyions quotidiennement. Le mercredi, elle déjeunait souvent à la maison, elle venait les week-ends, et l'hiver, elle venait avec nous aux Orres. En grandissant, elle se révélait parfaitement différente de moi : drolatique, grande gueule, aussi extravertie que je pouvais être timide, mais nous nous entendions comme larrons en foire. Nous nous racontions nos histoires et nos bêtises, nous allions au cinéma ensemble, nous écoutions les mêmes musiques. Plus tard, notre amitié s'est un peu distendue : moi à Grenoble, elle à Paris; ensuite moi à Ginette, elle en médecine; moi ingénieur, elle gériatre.

Mais nous nous retrouvons toujours. Il suffit d'un coup de fil. Après Clélia, c'est elle que j'ai appelée pour lui annoncer que j'avais rencontré Jérôme – sans toutefois lui dire comment – et elle a été la première à apprendre ma grossesse. Elle m'a trouvé un gynécologue, elle m'a conseillée avec d'autant plus de gentillesse que de son côté elle rêvait d'avoir un enfant sans y parvenir. Elle était témoin à mon mariage. Et lors du drame, elle est restée à l'hôpital avec moi...

Physiquement, Valérie a quelque chose de solide, il émane d'elle une confiance, une sûreté rassurantes. Tout son témoignage est empreint de chaleur humaine et d'intelligence. Elle commence à parler sans attendre.

— J'ai connu Magali Guillemot en sixième, nous sommes amies depuis. Cette enfance commune a été très importante dans ma vie. Je venais très souvent chez les Guillemot, c'était une joie pour moi, j'aimais l'ambiance, c'était une famille sans drame, où tout semblait simple. Nous avons souvent passé des vacances ensemble, surtout lorsqu'elle est partie à Grenoble. Nous sommes toujours restées en contact malgré des séparations pour des études différentes.

Magali m'a appelée un soir de septembre 1993 pour me dire qu'elle avait rencontré l'homme de sa vie. Elle était transformée. En général Magali était très discrète, mais là je découvrais une nouvelle femme. J'étais surprise et étonnée parce qu'elle exprimait un vrai bonheur. Elle nous a présentés très vite et nous nous sommes revues régulièrement. Elle m'a appelée en février pour m'annoncer sa grossesse puis il y a eu le mariage où j'étais son témoin. Pendant les vacances de 1994, nous ne nous sommes pas vues.

J'ai appris la naissance prématurée de Lubin par un message des parents de Magali. Je suis allée à la clinique dès le lendemain. Lubin était un beau bébé. Je suis revenue à la clinique un dimanche et y ai passé l'après-midi. J'ai vu Jérôme qui filmait son bébé. J'étais interne en médecine, et donc très prise, ce qui rendait les contacts plus difficiles. Magali elle-même était moins disponible à cause de son bébé. Je le comprends depuis que je suis moi-même maman.

J'ai téléphoné chez elle à Montrouge pour passer le dimanche 27 novembre 1994 avec ma mère. Nous sommes arrivées à l'heure dite avec des cadeaux. Jérôme corrigeait des copies sans dire un mot, il ne s'est pas interrompu. Magali restait silencieuse aussi. Jamais nous n'avions été aussi mal reçues et dans une ambiance aussi tendue. Nous avons demandé à voir Lubin, Jérôme a objecté sèchement qu'il dormait. Nous avons attendu deux heures qu'il se réveille. Pendant tout ce temps, j'ai essayé d'animer la conversation, Magali répondait par monosyllabes. Enfin, Jérôme est allé chercher Lubin. A l'arrivée du bébé, je l'ai pris dans mes bras, j'ai voulu lui donner le biberon mais Jérôme me l'a repris parce que ça n'allait pas assez vite. Il lui a donné le biberon rapidement puis est allé le changer en refermant la porte derrière lui. Nous sommes parties vers 17 h 30, les cadeaux n'étaient pas ouverts. Visiblement, Magali n'était pas comme d'habitude. Ma mère avait oublié son autoradio, elle est remontée chez eux, Jérôme lui a tendu le poste par la porte entrouverte sans un mot. Cette visite a été pénible. Je pensais qu'ils avaient dû se disputer sérieusement.

Je n'ai plus jamais eu le temps d'expliquer à Valérie ce qui se passait. La visite d'une de mes amies dérangeait Jérôme. Nous nous parlions de moins en moins depuis la mi-novembre, l'image de notre couple vue par un regard extérieur n'était pas brillante, ça l'énervait. Or, Valérie n'avait pas compris que, lorsque Jérôme était contrarié, il manifestait sans réserve sa mauvaise humeur, et si odieux soit-il, je ne l'affrontais jamais. Elle savait mon horreur viscérale pour les conflits.

— Ensuite, poursuit Valérie, nous n'avons pas eu d'autre contact jusqu'au samedi 2 décembre vers 11 h 30. J'étais d'astreinte, j'ai reçu un appel de Patrick, mon compagnon, qui m'a appris l'hospitalisation de Lubin. J'ai filé au Kremlin-Bicêtre. Magali et Jérôme sortaient du sas qui ferme l'enceinte de réanimation néonatale. Elle était livide. Elle m'a appris qu'ils étaient accusés d'avoir maltraité l'enfant. Accusation qui me paraissait impossible. Une pédiatre est arrivée et j'ai accompagné Magali voir les clichés. Même en rejetant l'idée de maltraitance, les fractures étaient évidentes. Jérôme pleurait et Magali était prostrée. Nous sommes partis chez eux.

A Montrouge, Jérôme continuait à pleurer, expliquant qu'il devait voir ses parents. Je leur ai expliqué qu'il y aurait certainement une enquête.

Jérôme répétait : « C'est ma faute, je suis trop emporté (ou quelque chose comme ça). » Il a parlé d'un choc contre un micro-ondes. Mon ami, Patrick, l'a accompagné dans la cuisine pour voir l'endroit. Ensuite, c'est son ami Pascal T. qui est arrivé et Jérôme lui a répété la même chose, de même quand son père est arrivé.

Ce soir-là, Magali est partie chez ses beaux-parents et Jérôme à une répétition. Ça m'a choquée que Jérôme s'en aille jouer de la musique. Je lui ai dit : « Enfin Jérôme vous êtes mariés ! Tu laisses ta femme dans un moment pareil ! » Il n'a pas répondu.

Le lendemain nous avons passé la journée à l'hôpital avec eux. Les grands-parents étaient là aussi, les médecins n'ont laissé aucun espoir. Le lendemain, nous avons appris le décès. J'ai revu Magali en prison, puis on m'a dit qu'une des conditions de la mise en liberté était l'absence totale de contact entre elle et moi. Ce que nous avons respecté.

Le président approuve en quelques mots ce respect des consignes et demande quel est le point de vue de Valérie sur Jérôme :

— Il paraissait gentil au premier contact. Je l'ai trouvé alors très beau, et courtois. C'était un homme à principes sur les enfants, le mariage, l'éducation. Cependant, il agissait toujours selon son idée, sans aucune tolérance. Son accueil lors de notre visite avec ma mère reste inexplicable. Il avait un silence hostile. Quand Magali a dit : « Prenez quelque chose pour le thé », il a apporté une boîte de gâteaux qu'il a jetée négligemment sur la table puis il a tourné les talons. C'était un autre personnage que celui que j'avais connu.

— Avez-vous eu des conversations intimes avec Magali ? interroge l'avocat général.

— On parlait de beaucoup de choses, mais pas de sexualité car elle était trop pudique.

— Quand Magali vous a annoncé sa grossesse, avait-elle l'air heureuse ?

— Oui, elle était resplendissante, heureuse comme jamais. D'ailleurs la naissance de Lubin a été une autre forme de bonheur.

— Que pensiez-vous du couple ? demande le président.

— Qu'il ne durerait pas. Que Jérôme partirait et que Magali garderait Lubin. Elle est douce, orgueilleuse oui, mais très douce.

— Est-ce que vous pensez qu'elle ait pu commettre de tels actes ?

— Non. Ni lui d'ailleurs. Je ne comprends pas. Je me sentirais mieux si je comprenais. Pendant un an, j'ai cherché des raisons médicales à la mort de Lubin, je ne peux pas imaginer que cela soit arrivé à ma meilleure amie. Nous appartenons à un milieu heureux, où tout est rose, Les problèmes de maltraitance, ça arrive aux autres, ailleurs, pas chez nous.

Paul Lombard se lève :

— Vous avez très bien connu Magali ; pensez-vous qu'elle ait pu se transformer en sorcière pour tuer son enfant à la suite d'une déception amoureuse ?

— C'est inconcevable.

Patrick C., le compagnon de Valérie, témoigne ensuite et confirme tout ce qu'elle a raconté. Puis Cécile V., une amie du CEA qui aurait dû témoigner lundi et passe ce soir par erreur. Elle dit que je suis discrète, douce, que j'aime les enfants et qu'elle m'a souvent confié son fils Arthur...

Mais je n'écoute plus rien. Mon procès a basculé ce soir. Malgré les informations apportées sur les symptômes de l'enfant secoué qui éclairent d'un jour nouveau les causes du décès de Lubin, malgré le témoignage d'une magistrate de haut rang pour mettre au jour les faiblesses coupables de l'instruction, la justice reste sourde. La réaction de l'avocat général résonne dans mes oreilles, je n'oublierai jamais sa fureur devant les critiques de madame Ghesquière-Dierickx...

En revenant en voiture avec mes amis, je dis : « Je vais être condamnée à vingt ans. » Je ne sais pas pourquoi, je le sens. Ils protestent, tous énumèrent les points positifs de la journée : les témoins qui m'accablaient, comme les deux médecins, sont revenus sur leur jugement, le témoignage de madame Ghesquière-Dierickx, la lecture des aveux de Jérôme. J'aimerais mieux qu'ils m'expliquent pourquoi on me croit coupable alors que tant de faits, tant de témoins plaident en faveur de mon innocence.

Et comme d'habitude lorsque je ne vais pas bien, je me tais... En me retrouvant, Pierre ne me pose pas de questions. Il a compris mon état d'esprit. Il m'oblige à manger un peu. Je n'ai pas faim. Il me dit qu'il faut dormir, je n'ai pas sommeil. Je me sens lentement basculer du côté des bannis.

Quatrième partie

Jeudi 15 novembre 2001

Jeudi 15 novembre 2001
10 heures

Neuvième audience

Cette audience débute lourdement. La fatigue des trois jours du procès, la tension nerveuse, les émotions, m'ont usée. Pour dormir, j'ai pris des somnifères et ce matin, je suis inerte. Une peine énorme m'enveloppe, une sorte de voile noir que je ne parviens pas à soulever. Je voudrais le silence, j'aimerais souffler. Assise sur ma chaise à côté des avocats, je n'ai pas la force d'affronter la journée. La cour s'installe. Je me lève, me rassieds. Chaque geste me coûte.

Pascal T., 33 ans, l'ami le plus proche de Jérôme, n'a jamais compris qui j'étais ni ce que je faisais dans sa vie. Il m'acceptait puisque Jérôme m'avait épousée. Rien de plus.

A peine étions-nous installés à Montrouge, ma grossesse débutait, que Jérôme l'a emmené chez nous un après-midi. J'étais absente. Il lui a montré une échographie, la première image de son fils. Il était bouleversé, ému, vibrant, surexcité. Pascal était le seul de tous ses proches dans la confidence. Il a partagé la joie de Jérôme avec autant d'intensité que lui. Entre ces deux hommes, s'est nouée depuis l'adolescence une amitié tissée d'émotions, de sensibilité musicale. « Evidemment, a annoncé Jérôme, tu seras le parrain. » Pascal et Jérôme s'étaient rencontrés en troisième au collège de Versailles. Alors que Jérôme redoublait, Pascal passait en seconde mais rien n'avait rompu leur lien. Il s'en expliquait huit jours après l'incarcération de Jérôme en décembre 1994 dans un témoignage écrit et demandé par l'avocat de celui-ci :

« Je connais Jérôme depuis dix années durant lesquelles nous avons suivi le même cursus scolaire, musical et maintenant professionnel. Jérôme est un ami très proche, un confident même, autant que je le suis pour lui. Connaître la personnalité d'un musicien comme Jérôme, c'est très simple. Il vous suffit de l'écouter s'exprimer sur scène, jouer. Jérôme et son alto c'est l'élégance, la sensibilité, la générosité, discret lorsqu'il le faut, présent lorsque cela s'impose. C'est aussi le goût et le bon goût mais également le souci de la propreté, du soin dans tout ce qu'il entreprend avec son instrument. Jérôme et son alto ne font qu'un, entre eux deux, il y a une relation très forte. En dix années de complicité musicale, jamais un geste d'humeur envers son alto, au contraire beaucoup de soin, de respect, et cela, c'est admirable. Son alto et la musique représentent beaucoup pour lui, et son fils c'était tout. On ne peut qu'aimer Jérôme comme lui ne peut qu'aimer. »

Pascal a expliqué à l'instruction que Jérôme s'est confié à lui à cause des mauvaises relations qu'il entretient avec ses parents, particulièrement sa mère : « ... Il a eu une éducation assez stricte, ses parents sont très à cheval sur certaines conventions qu'il ne partageait pas. Par exemple, il a eu à 17 ans alors qu'il était au lycée, sa première relation amoureuse avec une fille de 21 ans. Ça n'a pas plu du tout à ses parents et notamment à sa mère qui l'a mis en demeure de cesser cette liaison en le menaçant de déposer plainte contre cette jeune fille pour détournement de mineur. »

Si intimes que soient les deux hommes, Jérôme a déguisé les circonstances de sa rencontre avec moi. Néanmoins, il nous a présentés rapidement. Pascal offrait l'image d'un beau brun, assez grand, aux yeux noisette, très don Juan. Il a vu en moi « une grosse tête, peu bavarde, très cartésienne d'esprit et à l'opposé de ma façon de vivre. » Et, il précisait : « Je veux dire par là qu'étant musicien et artiste, je suis très ouvert, très cool, allant vers les autres. Magali ne l'était pas. De par sa situation professionnelle et son cursus, pour moi, elle était une femme un peu trop imbue de sa personne. J'avais très peu de contacts avec Magali. »

A la barre, Pascal commence par raconter en quelques mots « l'instant tragique ». Il nous a accompagnés au chevet de notre enfant mort. Il se souvient que nous étions tous les deux effondrés en larmes. Puis il décrit Jérôme :

— ... Jérôme Duchemin est quelqu'un de généreux, passionné, doué d'amour fou et sans réserve, par exemple pour Florence, Cécile, Adeline. Son éducation a été très stricte. Madame Duchemin était rigide et froide. Monsieur Duchemin très différent, avec lui le courant passait mieux, on pouvait parler.

Il s'exprime mal, par monosyllabes. Il passe d'un sujet à l'autre, attendant peut-être qu'on lui pose des questions. Comme le président n'intervient pas, il cherche dans sa panoplie de souvenirs, celui qu'il juge peut-être le plus intéressant – la rupture entre Jérôme et Florence B. :

— Marie-Noelle B. m'a téléphoné un soir, peu de temps après. Elle était affolée car Jérôme avait laissé une lettre disant qu'il allait mettre fin à ses jours d'un coup de revolver. Je me suis précipité dans son studio de Poissy. Il jouait du violon, il était très calme et n'avait absolument rien tenté... Puis il se tait.

Le président entame une série de questions :

— Quand vous a-t-il informé de ses démarches auprès d'une agence matrimoniale ?

— Je ne sais plus trop. Heu... Je pense que c'était après le décès de Lubin.

— Vous avez dit dans vos déclarations précédentes que c'était avant le mariage !

— Ah oui, je confirme. Il m'a dit qu'il avait rencontré une psychologue qui organisait des rencontres et qu'il avait tenté le coup.

— Qu'avez-vous pensé de cela ?

— Il se mariait juste pour faire plaisir à ses parents. On en a discuté un soir en voiture après une répétition à quelques jours de la cérémonie, je lui ai conseillé de réfléchir encore...

— Cette relation c'était pour avoir une compagne ou pour se marier ?

— Les deux, probablement. De toute façon, avec Magali, il n'avait pas du tout la même attitude qu'avec les autres filles qu'il a connues.

— Voulait-il absolument un enfant ?

— Je ne sais plus si avoir un enfant était important pour lui, et ce n'est pas ce souhait de paternité qui motivait le mariage.

— Quand avez-vous rencontré Magali ?

Attention, voici le nouveau Pascal T. ! Il m'estime et me trouve même des qualités :

— Quand ils ont déménagé de Chaville à Montrouge. Je l'ai vue cinq ou six fois. Magali est calme et posée, ouverte à la discussion. Je n'ai pas de mauvais souvenir d'elle, nous parlions musique, elle ne connaissait pas ce monde musical mais je pense que l'on s'appréciait mutuellement.

Le président s'étonne :

— Tout cela va à l'opposé de vos déclarations précédentes, vous aviez déclaré : « Elle était très cartésienne, pas cool, n'allant pas vers les autres, imbue de sa personne et fière. » Avez-vous changé d'avis ?

— Oui, j'ai modifié mon opinion en partie.

— Que pensez-vous des sentiments de Jérôme pour Magali ?

— Je ne m'en souviens pas.

L'avocat général est surpris à son tour :

— Comment peut-on oublier une opinion ?

— Je pense que Jérôme n'était pas amoureux, il était même distant. Le serment de mariage, c'est autre chose : c'était sa femme, il la respectait profondément.

— Vous avez déclaré : « Il n'était pas amoureux d'elle mais ce n'était pas grave. »

— Je confirme.

Le président continue de citer les déclarations de Pascal T. pour savoir ce qu'il en pense aujourd'hui :

— Pour vous, Jérôme s'occupait beaucoup du ménage et de la cuisine.

— Oui. Et Jérôme me parlait beaucoup de Lubin.

— Vous avez dit : « Il était très proche d'elle et prenait grand soin d'elle. » Pouvez-vous me donner un exemple ?

Le témoin reste silencieux pendant quinze à vingt secondes.

Le président abandonne la partie :

— Bon, d'accord ! Jérôme vous aurait confié que le soir du coma de Lubin, Magali lui aurait dit : « Cet enfant est maudit. » Vous confirmez ?

— Oui, c'est vrai. Mais Jérôme m'a demandé de ne pas le répéter à ses parents.

— « Le soir du drame, Jérôme était effondré en larmes alors que Magali était comme d'habitude visage fermé sans expression », cite le président. Vous maintenez ?

— Jérôme culpabilisait beaucoup...

— Est-il vrai qu'il désirait garder cet enfant avec lui en dépit des séquelles potentielles ? Il s'en était ouvert à vous ?

— Oui.

— Comment estimez-vous le comportement de Jérôme allant jouer en concert pendant que son enfant agonisait ?

— A l'époque, je l'ai admis. Aujourd'hui, j'ai changé, je me suis marié, et placé dans la même situation, moi je serais resté avec ma femme. Je suis père d'un bébé de 22 mois, et avec le recul, je sais que le soir du coma de mon fils, je ne serais pas allé au concert, je n'aurais pas pu me comporter comme lui.

— Si un musicien ne vient pas à un concert, celui-ci peut-il avoir lieu quand même ?

— Oui, en général le concert se déroule quand même.

Jérôme Duchemin se lève et proteste :

— Ma présence était indispensable ce jour-là !

Le président ignore l'interruption :

— Je reviens au comportement des parents le jour de la mort de Lubin...

— Ils étaient tous les deux en larmes, j'en suis certain. Ils avaient chacun une attitude différente : elle était assise et pleurait, lui courait en tous sens derrière les médecins ou les infirmières en s'agitant beaucoup.

— Vous n'aviez pas dit cela devant le juge d'instruction : d'après vous, elle était sans réaction et sans pleurs !

— Je me souviens de l'avoir vue pleurer, je n'ai aucun doute là-dessus.

— Que s'est-il passé une fois de retour à la maison ?

— Magali a sorti des photos de Lubin et tout le monde les a regardées.

— Mais dans vos déclarations antérieures vous avez dit que ni vous ni Jérôme ne les aviez regardées.

Pascal T., tête baissée ne répond rien. Et le président ne semble pas curieux de savoir pourquoi, aujourd'hui, ce témoin, comme ceux d'hier, allégeant ses charges contre moi, donne une version différente de celles de l'instruction et du procès précédent. Le magistrat s'intéresse à autre chose :

— Avez-vous le souvenir de Magali disant avoir heurté la tête de Lubin ?

— Non, je ne m'en souviens pas.

L'avocat général tient une feuille à la main :

— Vous avez l'air embêté de venir témoigner, pourtant quand on lit vos lettres à l'époque, vous aviez tous deux une amitié très forte.

Dans la main de l'avocat général, une des lettres de Pascal telle quelle, écrite à Jérôme alors en détention, figurant au dossier et qui rend bien compte de cette relation passionnée :

« Salut mon canard, c'est poulette donc. Nous sommes mercredi 4 janvier 95, il est 22 h 45. Tout d'abord je voudrais te souhaiter tout ce que tu peux espérer de meilleur pour la nouvelle année 95. J'ai bien reçu ta longue lettre hier qui m'a fait chaud au cœur. J'ai le compte rendu de toutes les visites que te rendent tes parents et celle d'aujourd'hui (ta mère est venue seule) est la plus agréable à mes oreilles. J'ai parlé hier à Bénédicte et ta mère au sujet de ta relation avec Adeline et rassure-toi pas de chichi, tout le monde (nous 4) comprend. J'espère que ta mère a été agréable avec toi à ce sujet... Je mesure maintenant la douleur que tu as du endurer et dont tu as parlée à tes parents et ça m'a fait énormément de peine durant ces fêtes... Je peux te dire que je n'ai pas cessé de penser à toi. Le 31 décembre au soir, j'avais les bouboules, rien envie de faire, surtout pas la fête sachant que mon meilleur pote (je m'en rends de plus en plus compte) était là où tu sais. Il m'est venu une idée, j'ai téléphoné à Adeline vers 15 h et je lui ai proposé de passer minuit à côté de toi à Nanterre devant cette maison d'arrêt. Et puis non, un ami m'a appelé vers 21 h, il est venu à Meulan et on est sorti avec ma sœur dans une boite pecno (nul). Tu sais, j'ai eu des contacts très réguliers avec Adeline avec qui je m'entends très bien et je peux comprendre ton lien avec elle. On ne parle bien sûr que de toi, on ne se cache rien et nous deux, nous formons une paire d'échasses qui pourra te lever du dessus de la bassine dans laquelle on t'a poussé... Je ne peux développer ça pour les raisons que tu sais...

Et bien mon p'tit pote si dans quinze jours, trois semaines rien n'a bougé, j'interviens, pacifiquement bien sûr, mais j'interviens comme toi tu l'aurais fait pour moi. Ne t'inquiète pas, ça n'engagera que moi. Je t'en reparlerai.

... Si tu ne veux pas retourner chez tes parents, tu viens à Meulan, le temps que tu veux... Je suis proche de tes parents depuis le début, tu le sais... Ce n'est pas pour autant que je porte un jugement sur quoique ce soit... Alors s'il te plaît, la retenue que tu pourrais avoir avec tes parents, qu'elle n'existe pas entre nous deux, je ne mérite pas ça, c'est flippant. Je vais les voir pour avoir des nouvelles de toi, je vais les voir pour les soutenir, c'est vraiment tout. J'espère que tu as compris ce message... Tiens le coup, c'est bientôt fini je le sens... Pascal. »

— Alors, dit l'avocat général, c'est terminé toute cette amitié ?

Le témoin demeure silencieux.

Enfin, le président s'étonne des changements d'opinion du témoin :

— Aujourd'hui vous semblez avoir pris vos distances vis-à-vis de Jérôme Duchemin.

— Oui, concède Pascal T. Aujourd'hui nous sommes collègues, nous nous voyons tous les lundis mais nous sommes moins proches. A l'époque, je me suis beaucoup investi, mais aujourd'hui je me suis éloigné.

Un juré pose une question :

— Pourquoi faites-vous aujourd'hui cette analyse ?

— J'ai réfléchi, répond Pascal T.

— Pourquoi cette gêne ? demande l'avocat général.

— Cette amitié m'a pompé. J'ai été traumatisé par cette affaire, et ma vie a changé, je suis différent. Ça me gêne de témoigner alors qu'on a été amis.

— Pourtant les épreuves douloureuses peuvent renforcer l'amitié. Ça n'a pas été le cas ?

— Non. Ça n'a pas été le cas ici.

Et Pascal T. quitte la barre. Il n'a pas eu un regard pour Jérôme.

Un petit homme presque chauve, un collier de barbe encadrant un visage rougeaud lui succède. Le capitaine Martinez, aujourd'hui en poste à Marseille, a dirigé l'enquête et notre garde à vue après la mort de Lubin. Le 8 décembre 1994, lorsque deux hommes se présentent chez ma belle-mère et nous emmènent au commissariat d'Antony, j'ignore totalement ce qui m'attend.

Personne n'est préparé à une garde à vue. On ne vous apprend nulle part comment se déroulent les choses lorsque vous êtes interpellé et que vous allez devoir passer des heures enfermé dans un commissariat et sommé de répondre à toutes les questions que l'on jugera bon de vous poser. Ce rendez-vous à l'aveugle est étrange. D'un côté, deux interpellés, Jérôme et moi, je crois encore obstinément que notre enfant est mort des suites d'une maladie inconnue, et j'imagine en discuter avec ceux qui nous accueillent. Face à nous, des policiers sans aucune formation psychologique. Au sortir de l'Ecole des officiers de police deux ans après le bac, le placement se fait selon le classement. Mais tous ont suivi le même cursus. Ceux qui arrivent à la brigade des mineurs d'Antony n'ont pas reçu une formation particulière, sinon sur le tas. Cela supposerait quelques années d'expérience...

Informés de notre histoire par l'hôpital, ils ont déjà décidé des degrés de culpabilité de chacun. Plutôt qu'un dialogue, je me trouve engagée dans un long ressassement, ponctué de harcèlements feutrés ou violents, de conversations à bâtons rompus où reviennent les mêmes thèmes. Un douloureux questionnement lent et répétitif.

Arrivés au commissariat, déjà, je peux avoir une idée de ce qui m'attend : on me prend ma montre, mes lacets, ma ceinture. Une policière me fouille, elle a trois enfants, me dit-elle. En entendant mon récit, elle me souhaite bon courage : « Dans ces affaires-là, dit-elle, c'est toujours la mère qui est déclarée coupable ! » Jérôme et moi, séparés, sommes placés chacun dans une cellule bétonnée dont une paroi est grillagée. Un bat-flanc, une couverture. Rien d'autre. Dans les cellules voisines, d'autres détenus hurlent, se disputent, interpellent les gardiens. Je ne reverrai plus jamais Jérôme, sauf dans le fourgon nous emmenant en prison, puis en confrontation... et aux procès !

La garde à vue se prolonge jusqu'au 10 décembre. Je suis interrogée le premier jour par l'officier de police Philippe Martinez, puis l'officier principal Berthet. Le lendemain, c'est une jeune femme : Cécile Rome, puis de nouveau le capitaine Martinez. De ces quatre interrogatoires, et de la confrontation avec Jérôme, rien n'est sorti. Jérôme, lui, a été interrogé le 10 décembre mais à quoi bon ? Le rapport d'enquête avait déjà été rédigé dans la journée du 9 par l'inspecteur Martinez : le document porte cette date en entête ! Son auteur était convaincu de ma culpabilité et il le dit encore aujourd'hui à la barre :

— Tous les éléments recueillis ont été suffisamment déterminants pour orienter l'enquête ! »

Et il explique que celle-ci a été concentrée sur la journée du 30 novembre 1994 parce que Jérôme est parti à 13 heures sans rien remarquer et qu'à 14 h 30, madame C. a vu l'enfant avec de gros hématomes. Je ne lui ai parlé que de régurgitation de sang sans expliquer les hématomes, et le soir j'ai donné le dernier biberon, tâche habituelle de Jérôme.

— Or, continue Martinez, nous savions que l'enfant était décédé suite à un choc à la tête. Le bébé présentait une fracture du crâne et d'autres fractures, d'où la certitude qu'il s'agissait de maltraitance. D'après l'enquête, seuls les parents s'occupaient de l'enfant. C'est pourquoi nous avons concentré l'enquête sur eux. Le père n'était pas souvent à la maison, après les trois premières semaines de vie de l'enfant. Il a déclaré que l'enfant était pleurnichard, mais que lui réussissait à le calmer en le prenant dans ses bras. Il n'a jamais parlé de chocs « sauf peut-être fortuits », il cherchait des explications et pleurait.

— Suite à l'audition de madame C., poursuit Martinez, madame Guillemot a parlé du choc contre la porte, mais elle restait très vague, évoquant un heurt léger, et pour les autres fractures, elle n'avait pas d'explications.

Dans la dialectique de l'officier de police Martinez, je tente vainement de trouver une cohérence : selon lui, Jérôme cherchait des explications en vain. Moi, je n'en avais pas plus que lui, j'en cherchais donc comme lui mais je n'en trouvais que « d'invraisemblables, forceps, maladie des os de verre... »

Et ce qui est encore plus accablant à ses yeux :

— La nuit du 1er au 2 décembre, Magali Guillemot est seule avec l'enfant pour le veiller, et il y a un manque de réaction de la part de cette mère qui aurait dû appeler le SAMU au lieu d'attendre pour emmener l'enfant chez le pédiatre. C'est surtout ce point-là qui nous a orientés.

Je ne comprends toujours pas ce qu'il me reproche : est-ce qu'après SOS médecins, j'aurais dû appeler le SAMU ? Mais alors le refus de Jérôme d'appeler tout médecin n'est-il pas plus condamnable ? La machine s'est mise en marche, Martinez aux commandes a pris une direction, il n'en déviera pas d'un pouce, essayant par tous les moyens de faire coller les faits à son idée.

Même l'avocat général semble choqué :

— Mais vous réfléchissez, quand même ?

Le policier embarrassé reste muet, se refusant à comprendre le reproche implicite.

— Magali Guillemot vous a-t-elle parlé d'éventuelles brutalités de la part de Jérôme Duchemin ?, demande l'avocat général.

— Je n'en ai pas le souvenir, oui, peut-être m'a-t-elle parlé de brusqueries...

— Aucun des deux ne vous a parlé de dispute les 12 ou 13 novembre ? demande l'avocat général.

— Non, répond Martinez.

— Vous souvenez-vous d'avoir contacté le professeur Campana ?

— Oui, j'ai relu la procédure, et j'ai bien contacté le professeur Campana.

Maître Senyk lui fait observer que le docteur Campana a déclaré exactement le contraire, preuve à l'appui. Martinez demeure impassible. Puis, ayant noté que cinq enquêteurs ont travaillé sur l'affaire, mon avocate s'interroge :

— Comment se fait-il qu'à cinq enquêteurs, aucun n'ait trouvé le temps d'interroger les parents Guillemot ?

— Parce qu'ils n'habitaient pas le secteur, répond leur chef. On n'a pas le temps d'aller loin dans ce genre d'enquête.

Mais il sait très bien que mon père lui a proposé par téléphone de venir, qu'il lui a répondu qu'il le rappellerait. Et qu'il n'a pas donné suite.

Maître Senyk demande à Martinez s'il est bien la personne qui a rédigé le procès-verbal de synthèse daté du 9 décembre 1994, adressé au magistrat.

— Oui, répond-il.

— Expliquez-nous, demande le président, comment vous travaillez ?

— Les auditions d'une même personne sont généralement faites par différents membres de l'équipe, ce qui donne à chacun une vision plus précise de l'ensemble, et permet ainsi de croiser les avis de chacun.

— Vous avez interrogé Jérôme Duchemin ?

— Je ne m'en souviens pas.

Il lui suffirait pourtant de relire les procès-verbaux : il ne l'a jamais interrogé. Et puis je me demande comment les avis de chacun ont pu se croiser, sinon dans les couloirs ! Jamais le capitaine Martinez n'a réuni son équipe pour faire le point !

Puis maître Senyk relit la conversation téléphonique entre Martinez et madame Duchemin, telle que celle-ci l'a racontée pendant son audition.

— Alors, monsieur Martinez, vous vous souvenez de ce coup de téléphone ?

Celui-ci, muet, est frappé d'amnésie.

Nathalie Senyk accuse :

— Je vois là une violation caractérisée du secret de l'instruction.

Toujours pas de réponse du témoin, lourd silence dans la salle.

Le président demande encore :

— Vous êtes-vous intéressé au comportement du couple ?

— Le père pleurait beaucoup, ça nous a émus. Il s'efforçait de comprendre. La mère, elle, c'est son manque de réaction sensible qui nous a alertés. On avait l'impression que ce qu'elle vivait était irréel, que cela ne la concernait pas.

Alors, je me manifeste pour signaler que cette garde à vue a été menée avec une certaine grossièreté, sinon de la brusquerie vis-à-vis de moi. L'inspecteur proteste que personne n'a crié contre moi ou ne m'a menacée... Pourtant, je me souviens qu'au moment de notre confrontation, l'inspecteur Robert était si brutal que Jérôme lui avait demandé de se montrer « correct vis-à-vis de ma femme ». Et puis, il y a la méthode du capitaine Martinez, basée sur la persuasion. Convaincu, comme il l'a répété, que je suis coupable d'avoir fracturé le crâne de Lubin le 30 novembre à 13 heures, il doit me faire avouer. Cela donne ce type de questionnement lors de mon quatrième interrogatoire :

— Votre mari vient de déclarer que le mercredi 30 novembre, il est parti vers 13 heures sans rien remarquer, qu'en pensez-vous ?

— Il est tout a fait possible que j'aie cogné la tête de Lubin en matinée. Je me souviens que mon mari était là.

Il insiste :

— Votre mari vient de me répondre (alors qu'il ne l'a pas interrogé) qu'il ne vous a jamais vue le mercredi 30 novembre cogner la tête de Lubin. Est-il possible que le choc ait eu lieu en l'absence de votre mari ? C'est-à-dire après 13 heures ?

— C'est possible, mais il y a eu très peu de temps entre le départ de mon mari et l'arrivée de madame C. Il est possible que j'aie eu un geste maladroit lorsque j'ai cogné la tête de Lubin contre la porte du salon mais je n'ai pas eu le sentiment d'un choc violent.

— Les médecins, au vu de leurs examens, ont estimé la date de la fracture du crâne à un maximum de quatre à cinq jours avant sa mort... Pensez-vous que le choc contre la porte en soit la cause ?

Je sais pertinemment que c'est impossible, je le lui explique :

— Lorsque Lubin a cogné contre la porte, c'était du côté droit, or la fracture est du côté gauche de la tête.

Mais ensuite, je dis une bêtise parce que je m'acharne de plus en plus à expliquer cette blessure et que je ne veux rien négliger, même les suppositions les plus fantaisistes :

— Je pense qu'il a pu se fracturer la tête en me donnant des coups violents contre le thorax.

— Votre mari, reprend Martinez, vient de m'apprendre que le mercredi 30 novembre, vous avez réveillé Lubin pour lui donner le biberon vous-même alors que d'habitude, c'était votre mari qui lui donnait les biberons vers une heure du matin ».

— En fait, c'est parce que je souhaitais changer le rythme de sommeil de Lubin que je l'ai réveillé plus tôt pour ce biberon.

La technique Martinez est classique : assener tout d'un coup une bonne évidence pour me casser.

— Ce soir-là, vous avez donné le biberon vous-même pour éviter que votre mari ne voie les traces sur le visage de Lubin.

Je proteste :

— Non ! Non ! Non !

Il semble ne pas insister et passe à autre chose :

— Comment expliquez-vous que les médecins aient estimé que les fractures de la clavicule gauche, de l'avant-bras gauche aient été faites deux à trois semaines avant l'hospitalisation ?

— Le dimanche 13 novembre, j'ai constaté que Lubin présentait sur l'omoplate gauche une rougeur assez importante et il se plaignait quand on le prenait. J'ai découvert cette rougeur lorsque je lui ai donné un bain le matin même. C'est tout ce que je peux dire... ».

Pendant ce quatrième interrogatoire, j'étais épuisée, prête à dire n'importe quoi, mais je ne pouvais croire qu'on ne trouverait pas une explication satisfaisante. En bonne scientifique, je tentais à tout prix de rester logique et calme.

A la barre, l'inspecteur Berthet, genre carré d'épaules, carré d'esprit, arrive après Martinez. Il n'a ni doute ni regret. Selon lui, j'ai changé de version parce que je n'ai pas dit immédiatement que j'avais heurté une porte avec Lubin, ni que Lubin était calme alors qu'il ne l'était pas toujours. Il a trois enfants et il sait « qu'il est plus facile de rester maître de soi en s'occupant d'un bébé le soir seulement, tandis que toute la journée, c'est plus stressant. » Et lorsque Paul Lombard lui dit :

— On constate que vous avez pris en compte des indications datant la fracture de vingt-quatre heures, or on sait que cette donnée est erronée. Le rapport anatomopathologique fait remonter l'origine de cette fracture à quinze jours. Auriez-vous interrogé Magali de façon différente si vous aviez tenu compte de l'impossibilité de dater cette fracture à l'époque de la garde à vue ?

Il hésite un peu puis dit, avec une certitude toute administrative :

— Eh bien j'aurais essayé de voir ce qui s'est passé sur une période de quinze jours.

Paul Lombard enfonce alors le clou :

— Est-ce qu'on mesure bien que toute la garde à vue a été basée sur une donnée fausse qui ensuite a été suivie par l'instruction ?

Personne ne lui répond. Il se rassied.

La seule femme policière que je connaisse est une petite blonde l'air sûre d'elle. Elle est capitaine de police au commissariat d'Issy-les-Moulineaux en région parisienne. Elle a 29 ans. Nous nous sommes rencontrées pour mon troisième interrogatoire pendant la garde à vue, le 9 décembre 1994. Elle avait donc 22 ans, fraîchement émoulue de l'école de police et voulait faire ses preuves. Face à elle, la centralienne, donc grosse tête, donc prétentieuse, il fallait tenir la dragée haute. Nous avons eu des échanges assez odieux dont j'ai gardé en mémoire quelques extraits...

A propos des bleus, Cécile Rome demande :

« Vous parlez de marques rouges. Les traces rouges sont occasionnées par une pression, les fractures par un choc. Vous saisissez la différence ?

— Oui, évidemment, je comprends très bien la différence, je sais pertinemment qu'une fracture est due à un choc.

— Comment expliquez-vous que le bébé présente des fractures datant de trois semaines, c'est-à-dire la période où votre mari ayant repris ses cours, vous étiez souvent seule à vous occuper du bébé ?

— Je n'ai pas d'explication. Je n'ai jamais frappé mon bébé. Il n'est jamais tombé.

Et puis je n'ai plus rien à dire alors je me tais. Et la jeune fille aussi. Nous attendons toutes les deux un court moment. Alors j'ajoute pour que ce soit clair :

— J'ai ma conscience pour moi. Je ne sais pas ce qui s'est passé. Ce n'est pas satisfaisant, mais je ne sais pas. »

Autre sujet :

« Y avait-il des différences dans les cris de votre enfant ? Pouviez-vous déceler ces différences ?

— Oui. Il avait des cris de faim, des cris de colère plus aigus, des cris de mauvaise humeur...

Cécile Rome observe abruptement :

— On croirait que vous avez des explications rationnelles qui correspondent à quelque chose de lu !

— Non, je vous dis ce que je ressentais en les entendant.

— Que faisiez-vous quand les cris du bébé n'avaient pas d'explication ?

— J'essayais de le calmer par la succion, avec mon doigt ou plus rarement avec une tétine, ou en le mettant dans le transat.

— Est-ce qu'il vous est arrivé de penser que de prendre un bébé dans les bras ou de lui parler pouvait le calmer ? Vous ne l'avez pas fait.

— Mais je vous ai dit que je le prenais quelquefois. Cela pouvait être des caprices et j'utilisais différentes méthodes.

— On a l'impression que vous appliquez une méthode !

— Non, je n'ai pas eu une attitude purement rationnelle, je l'explique rationnellement maintenant que vous me le demandez.

— Je vous ai dit, observe le capitaine Cécile Rome, qu'un enfant n'est pas toujours rationnel et c'est seulement maintenant que vous reconnaissez ne pas avoir eu un comportement toujours rationnel avec votre bébé ?

— Je vous donne des explications c'est tout...

— Vous exercez un métier scientifique, rétorque Cécile Rome, vous devez savoir ce qu'est une explication. Avez-vous le sentiment d'en avoir fourni une ? »

— Non, absolument pas, mais je n'en ai pas à fournir. »

Sept ans après cette conversation, Cécile Rome a l'air encore plus sérieux, encore plus sûre d'elle. Elle aussi exprime la certitude de ma culpabilité, le sentiment d'une enquête sans défaut ni faiblesse. D'une voix tranquille et posée, elle rappelle que je suis gauchère et que toutes les blessures étaient localisées à gauche ! Logiquement, elles devaient avoir été provoquées par un droitier. Mais pour elle, c'est une preuve essentielle contre moi !

On voit bien que Cécile Rome a la satisfaction du devoir accompli. Elle regagne son rang et ses camarades qui l'accueillent chaleureusement. On les sent très agacés de se voir remis en question ; les faiblesses de leur travail ne leur paraissent que vénielles.

Après elle, l'officier de police Joël Robert qui a interrogé Jérôme et nous a confrontés, répète qu'il a été choqué par le fait que je n'extériorisais pas mes émotions, que je restais froide, que je ne pleurais pas alors que je venais de perdre mon enfant, « attitude contraire à notre expérience », note-t-il.

Paul Lombard revient à la charge :

— On a démontré que la date de la fracture est antérieure au 30, que cette fracture n'est pas à l'origine du décès, qu'elle est située à gauche du crâne et que, lorsque Lubin était dans les bras de sa mère, il a heurté sa tête à droite. Je ne vois pas ce qui reste qui puisse servir de base à l'enquête telle qu'elle a été menée !

Mais peu importe. Les quatre policiers groupés dans un coin de la salle, accompagnés de camarades venus les soutenir restent visiblement convaincus de leur impartialité et ils persistent : j'étais froide, je ne pleurais pas ! Donc, je suis leur coupable !

Jeudi 15 novembre 2001
14 h 4

Dixième audience

Après le déjeuner, tout le monde se transporte dans la salle des petites assises au premier étage du palais de justice. Alors que le public et la presse ont augmenté, l'espace vieillot, restreint, lui aussi inchangé depuis le XIXe, est mal conçu pour un procès comme le mien. L'affluence et le hasard placent les gens de manière insolite : la presse s'entasse dans le box des accusés, les avocats de la défense se partagent des bancs trop petits et bientôt débordent dans le public. On a rajouté des chaises mais très vite, le prétoire est bondé, affiche complet. Il fait un temps radieux, le soleil entre à flots par les grandes fenêtres, et comme le chauffage est poussé à fond, la chaleur est bientôt étouffante. Pas facile de reprendre l'audience dans ces conditions : tous ceux qui ont suivi le procès quotidiennement commencent à ressentir de la lassitude. L'attention se relâche, le silence doit être souvent demandé d'autant plus que la sonorisation est inefficace... Avec le sentiment d'être près du dénouement, l'adrénaline remonte. Et une vibration électrique parcourt la salle par instants. Elle m'atteint, me glace.

Qu'est-ce que c'est ? L'énervement de la foule, comme une menace, comme un désir d'en finir, de voir mon sort réglé. Les « tricoteuses » sont nombreuses, j'ai repéré leur petit conseil, leur tribunal populaire et cancanier. Je sens qu'elles m'ont déjà condamnée, qu'elles ne m'aiment pas. Du côté des jurés, l'attention est toujours la même. Il y a ceux qui prennent des notes fiévreusement, une jeune femme qui elle n'en prend aucune, ceux qui restent silencieux et d'autres, au contraire, qui échangent régulièrement leurs impressions en se chuchotant à l'oreille. Dans tout le procès, ils ont posé une question, une seule ! Je cherche vainement chez eux un regard curieux ou sympathique. J'ai d'ailleurs fini par ne les considérer qu'ensemble, un seul visage, une seule entité, « le jury ».

Les experts psychiatriques et médicopsychologiques qui ont examiné Jérôme et moi déposent. Leur rôle est très important. Le docteur Darmanin commence à parler. Elle décrit mon état psychologique au moment de l'examen, en prison un mois environ après le drame. En l'écoutant, un vertige me saisit, je suis comme happée par cet univers dans lequel un soir de décembre 1994, j'ai été jetée.

Comment imaginer ce qu'est la prison de Versailles ? Vétuste, exiguë, sale, inconfortable... Peu importe tout cela. Je suis entrée dans une autre galaxie. De ce nouvel univers, je ne savais rien, ni les règles, ni le quotidien, je n'avais pas idée de qui je rencontrerais. D'ailleurs, je n'y pensais absolument pas. J'étais le numéro 4404 C. 24, j'avais plongé dans les limbes. Un endroit qui n'est plus dans la vie. Un lieu où j'étais acceptée alors que je n'avais plus rien : ni métier, ni mari, ni enfant, même plus de nom, juste mon prénom et mon matricule. Coupée du monde, absente aux autres, je finissais par me trouver mieux ici que dehors. Nul ne me connaissait. Une sorte de mort sociale que j'acceptais volontiers parce que mon enfant était mort. Aucun effort à faire, juste à suivre le rythme quotidien. Je me repliais sur ma souffrance. Parfois, je revoyais les images de mon drame mais dans un grand désordre, sans pouvoir m'arrêter sur aucune. Moi que l'on disait si apte à analyser et décortiquer un problème, je me noyais, submergée par un incompréhensible malheur. Une immense fatigue me défaisait. Les premiers jours dans ma cellule, je ne réagissais à rien, j'obéissais aux ordres, je me taisais.

La nuit, je n'arrivais pas à m'endormir. Je partageais une cellule avec cinq autres détenues. L'une d'entre elles avait assassiné son compagnon. Elle était difficile, nerveuse, angoissante. Elle criait la nuit et nourrissait mes cauchemars d'un fracas de violence et de peurs. Parfois, je rêvais que Lubin était vivant, pendant quelques secondes un bonheur fou m'étreignait. Je riais. Je disais : « Je savais bien que tu n'étais pas parti, mon tout-petit ! »... Un soleil dans ma nuit et je me réveillais passant du rêve aux larmes. Même quand la nuit était calme, je ne pouvais me rendormir. Alors j'entrais dans une rumination semi-consciente, je me repassais le film de la vie de Lubin, j'essayais d'imaginer ce qui se serait passé si à tel ou tel moment j'avais réagi différemment, si j'étais partie !... Ah si j'étais partie ! Mais enfin, j'avais un enfant de deux mois sans problèmes, on m'a dit soudain qu'il était fracturé de partout, cela ne correspondait pas du tout à ce que j'avais vécu avec Lubin. Face à cette révélation : un sentiment d'incompréhension. Pire, un vide total. Peu à peu je m'enfonçais dans une sorte d'aboulie. Par instants, dans la journée, je serrais les dents, me persuadais que j'allais sortir. Il faudrait bien qu'on trouve la bonne réponse à l'énigme...

Dans le huis clos vécu par Jérôme et moi autour de Lubin, pas une faille. Je n'ai rien vu de la part de Jérôme. Il a fait des aveux à plusieurs reprises, aveux imprécis mais suffisants pour justifier certaines blessures et lésions puis il s'est rétracté. En fait, il n'a rien renié : il m'a accusée – fait nouveau – tout en continuant à admettre des gestes violents. Moi, je n'avais rien à avouer, sinon mon aveuglement. Dans tout cela, rien de vraiment net : des présomptions, des suspicions, des doutes où je me suis perdue malgré mes protestations.

Quand j'ai préparé le procès avec l'association, avec mes avocats, une fois prouvé que la mort de Lubin était due non pas à une fracture du crâne provoquée par un choc, mais à des maltraitances répétées dont les plus graves étaient visiblement le Syndrome du bébé secoué, nous nous sommes posés le problème suivant : peut-en définir un profil de parent maltraitant ? C'est pourquoi cet après-midi est essentiel : dans ce que vont dire les experts, se trouvent les clefs des problèmes.

Entre le 26 décembre 1994 et le début de l'année 1995, j'ai reçu comme Jérôme les visites successives du docteur Janine Darmanin, médecin au CHS de Moisselles, expert auprès de la cour d'appel de Versailles, du Professeur Barte, psychiatre des hôpitaux, expert auprès de la cour d'appel de Versailles, puis courant novembre 1995 des docteurs

Jean-Pierre Thévenot et Jean-Charles Pascal tous deux psychiatres des hôpitaux et enfin le 30 novembre 1995, pour une contre-expertise à la demande de Jérôme, le docteur Bernard Cordier lui aussi psychiatre exerçant à l'hôpital Foch de Suresnes. Pas moins de cinq psychiatres pour dresser un profil psychologique de Jérôme et moi et dire si nous étions malades mentalement et, à quel degré, si c'était le cas. Tous ont été d'accord sur les mêmes points et sont venus le dire à la barre.

Le docteur Darmanin donne les grandes lignes du rapport qu'elle a établi avec le professeur Barte, après nos entretiens en décembre 1994 et janvier 1995. Les experts qui lui succèdent ensuite corroborent ses conclusions.

— Magali Guillemot a été confrontée à une image paternelle dont la dureté faisait peur. En rationalisant, elle a dès l'adolescence pu corriger cette image. En revanche, sa mère représentait l'autorité. Malgré une très bonne image de la réussite scolaire, son entrée dans l'adolescence a été difficile. Intelligence brillante, bonne structuration mentale, elle possède un caractère conciliant voire naïf, et une immaturité qui s'apparente parfois à l'infantilisme. Cela entraîne une fragilité narcissique, une mise à distance des affects et des aménagements affectifs... Il y a un écart entre son immaturité affective et sa maturité intellectuelle. Dans son rapport avec son fils, Magali avait le sentiment d'être comblée et elle a su le dire. Mais, confrontée aux constatations qu'elle a pu faire sur le corps de son enfant, elle est restée dans une méconnaissance qui tient de la cécité psychique.

Celle-ci paraît avoir recouvert l'ensemble de son histoire conjugale. Ainsi, elle a pu être confortée par les paroles de réassurance de sa belle-mère, tout particulièrement empreinte de cette aura de savoir sur l'enfant, Magali étant passive et subjuguée dans sa relation au personnage de son mari. Il semble qu'elle n'ait pu ou su assumer son rôle maternant protecteur vis-à-vis de l'enfant, elle-même étant prise à la fois dans une problématique personnelle et dans une problématique de couple...

Le président résume :

— Est-ce que je me trompe en disant que Magali est quelqu'un de psychiatriquement tout à fait normal, ne sachant pas faire confiance à son instinct, qui n'agit que dans le rationnel ? Elle a recours systématiquement à la rationalité et au savoir de l'autre ?

— C'est cela, répond le docteur.

L'avocat général demande :

— Cette personnalité de type névrotique hystéroïde, avec côté infantile, cela signifie-t-il finalement la facilité à des sautes d'humeur ?

— Non.

— Sa difficulté par rapport à la sexualité, à la féminité a-t-elle été aggravée par cette union ?

— On pourrait le penser, mais en fait, elle a mis cela à distance pour protéger son rêve.

— Vous avez parlé de quasi-cécité psychologique. Vous pouvez préciser ?

— Il s'agit de dénégation. La dénégation consiste à reconnaître de façon inconsciente un élément, et à le nier dans la vie quotidienne. La cécité psychique, c'est la même chose à un stade supérieur.

— La maternité associée à une situation de couple difficile peut-elle entraîner des bouleversements ?

— Oui, bien sûr, répond le docteur.

Paul Lombard revient sur le mot « maternante » :

— Il a été dit qu'elle était très maternante. Vivait-elle cela avec bonheur ?

— Dans tout l'entretien, j'ai vu un émerveillement dans le rapport entre elle et son fils. Elle n'était ni déçue, ni dépressive avec l'enfant. Magali était comblée par la naissance, à aucun moment elle n'a déprimé, chose pourtant courante.

— A-t-elle des tendances perverses, une violence mal contenue ?

— Elle présente des éléments névrotiques dans le sens de l'infantilisme mais pas de tendance colérique, pas de perversité, pas d'énervement.

Alors, Paul Lombard demande une synthèse :

— Quel sentiment avez-vous gardé de Magali ?

— Aucun signe pathologique dans son attitude, sa réaction montre que les émotions n'avaient pas pris le devant de la scène, car il y avait distanciation.

— Que pensez-vous de cette façon de ne pas exprimer sa douleur ?

— Ce n'est pas celui qui pleure le plus qui souffre le plus. Cette réaction existe. Elle présente un aspect surprenant, étrange, expliqué par le fait que ses réactions à la douleur se font dans le retrait émotionnel.

Le second expert, le docteur Thévenot, qui a travaillé avec le docteur Pascal, m'a vue après un an de prison. Il ajoute au premier rapport que j'ai été « dépassée par ce que j'ai vécu » :

— Elle ne pouvait mettre de mots ou de sens sur ce qu'elle avait vécu. Elle n'en avait pas. Ils ont *fait* un enfant, ils n'ont pas *eu* un enfant. L'enfant est devenu un enjeu dans leur incapacité de vivre la relation avec l'enfant à deux. Elle avait besoin de certitudes car elle est habitée par le doute. Elle a été submergée par l'angoisse au point d'avoir perdu une partie de sa capacité de décision au moment de la mort de Lubin.

Philippe Bilger se passionne pour la psychologie et cherche à approfondir :

— La situation est-elle aggravée par l'absence d'autorité parentale ?

— Ces deux personnes ne formaient pas un couple parental. L'alibi matériel d'horaires décalés était un argument qui masquait la réalité.

— On a souvent l'impression, insiste l'avocat général, que les mots suppléaient à une absence. Ce que le cœur ne peut pas ressentir, on l'habille d'un mot.

Et il prend, à titre d'exemple, le terme de « pitchoune » que j'ai employé une fois à propos de Lubin, un terme méridional que j'ai souvent entendu dans la famille de ma mère.

— Il y a une réalité derrière les mots, mais on peut aussi s'en servir pour « cacher » les choses, hasarde le psychiatre.

— J'ai eu l'impression que les mots utilisés par Magali pour parler de Lubin permettaient de remplacer ce que le cœur ne pouvait pas créer, lance l'avocat général.

Décidément Philippe Bilger ne relâche pas ses prises : selon lui, si on utilise un diminutif, ou un mot inventé pour qualifier qui on aime, c'est que justement on ne l'aime pas, on déguise son sentiment avec un mot décoratif ! Il a cependant entendu une dizaine de témoins, lu d'autres déclarations de gens très différents, montrant combien j'étais attachée viscéralement à mon enfant. Qu'importe. Si on le suit, tous les parents qui donnent des petits surnoms affectueux à leurs enfants devraient réfléchir : ils ne les aiment pas !

Paul Lombard demande l'explication de l'expression : « Pas d'organisation névrotique structurée chez Magali Guillemot. » Cela signifie-t-il qu'il n'y a pas de signes laissant supposer une possible explosion de violence ?

— En effet, il n'y a pas chez elle d'éléments pervers, pas d'impulsivité, pas de dangerosité.

— Peut-il y avoir eu délire ?

— Non.

— A-t-elle perdu sa capacité de décision ?

— Non, pas de dérapage ou perte de contrôle, mais une possible submersion donnant une incapacité d'analyse.

Le docteur Cordier, enfin, parle à mon sujet de naïveté, de crédulité, d'une légère immaturité affective, mais pas pathologique :

— Par rapport aux troubles du bébé, Magali a manifesté un manque de lucidité, une scotomisation, ce qui veut dire ne pas voir quelque chose qui est devant soi, du terme ophtalmo *scotome* – maladie de l'œil présentant un point de non-vue. Il lui paraissait impensable de soupçonner son mari.

— Qu'est-ce qui peut créer cette discordance entre l'immaturité et l'incapacité de jugement d'une part, et d'autre part des capacités intellectuelles développées ? demande l'avocat général.

— La maturité ne se mesure pas, elle se précise plus ou moins tôt, du fait des études qui prennent beaucoup trop de temps pour pouvoir développer la vie privée. Elle peut arriver également tard chez des personnes moins développées intellectuellement.

L'avocat général insiste sur mon adolescence, sur mon anorexie, dont j'ai déjà expliqué que ce mot avait été employé à tort. Le médecin corrige :

— Il n'y a pas d'indication qu'elle ait souffert de cette maladie, je n'ai décelé aucune trace de pathologie de quelque nature que ce soit.

Paul Lombard demande un exemple de scotomisation :

— Par exemple, Magali a vu des signes, des petites traces sur la peau, mais elle n'a pas pu estimer qu'il s'agissait de marques de coups. Il y avait chez elle un aveuglement sur l'idée qu'il puisse y avoir un lien cause-conséquence.

Ensuite, les experts reviennent donner leurs conclusions, sur Jérôme cette fois.

— Il s'est marié pour avoir un enfant, dit le docteur Darmanin, et ainsi rétablir une situation affective perdue depuis la fin de son histoire d'amour avec Florence. Les relations avec Lubin apparaissent étranges. Il était préoccupé par le fait d'être reconnu comme le père. Il avait une difficulté de communication avec le bébé : il ne l'a jamais vu sourire et il vivait cela comme une non-reconnaissance. Il y avait aussi chez lui un surinvestissement dans le fait de perpétuer le nom de famille. Ses relations avec le bébé sont décrites sur un mode irréel, c'est une relation désadaptée, déréelle, les gestes décrits pour s'occuper du bébé sont inadaptés.

Il y a chez Jérôme Duchemin un fond de psychorigidité avec passages à l'acte rares mais violents, des idées suicidaires avec faille psychotique dominée par un sentiment de perte et de vide. La musique est vécue comme un aménagement protecteur, une organisation de type obsessionnel. C'est un homme d'une grande fragilité, fortement angoissé, de type dépressif.

Il se dégage de l'examen une impression de froideur affective avec intellectualisation, rationalisation et déni partiel tandis que les expressions de culpabilité par rapport à l'enfant ont un caractère dissonant... Il s'y associe aussi une impulsivité avec agressivité compulsive, impulsivité dont il a peur lui-même : « ... Je n'arrive pas à me contrôler, dit-il, je ne sais pas quand je vais cogner, et quand je cogne, ça fait très mal. » Chaque expert va passer très vite sur le profil de Jérôme, donnant des conclusions identiques.

Pendant que le professeur Darmanin répond aux questions de l'avocat général, je me souviens d'une lettre de Jérôme qui confirme ce qu'elle dit sur sa relation à Lubin. En mars 1995, il écrivait à Marie-Noelle B. : « J'avais trouvé grâce à Lubin, avec Lubin, l'énergie de vivre comme avec Flo. » et en avril 1995, à la même : « Voilà cinq mois que je cauchemarde toutes les nuits, inventant un passé dans le futur. Je m'explique. Lubin se trouve projeté dans mon enfance, à ma place, moi seul avec lui. » Et toujours au bas de la lettre, cette signature cabalistique.

L'avocat général n'est pas content du tout des dépositions des experts. Jérôme n'est plus accusé, et cependant, à l'audition des rapports il le perçoit comme « accusé potentiel, un accusé de remplacement, alors qu'il est seul pour entendre tout cela.
— C'est un manque d'équité flagrant, une anomalie caractéristique de cette procédure.

Le président tente d'apaiser Philippe Bilger.

— C'est la parole d'un expert, et il est plus facile d'entendre cela de la part d'un expert que s'il s'agissait d'une interprétation des choses.

« Un accusé de remplacement », a dit l'avocat général ! Cet homme si soucieux de savoir ce qui se cache derrière les mots, ne dévoile-t-il pas ici ses doutes sur Jérôme ?

Le docteur Cordier a réalisé la contre-expertise à la demande de Jérôme. Expert auprès de la cour d'appel de Versailles, il a vu le père de Lubin à la fin de l'année 1995. Il confirme globalement les premières expertises et précise :

— L'enfant a servi de moyen à Jérôme pour s'identifier par rapport à sa propre image paternelle. Il a admis sans réserve la brutalité de ses gestes vis-à-vis de Lubin.

L'avocat général ayant remarqué que Jérôme s'exprimait mal, il s'interroge sur la facilité que cela peut représenter pour l'expert. Celui-ci n'en voit aucune :

— Jérôme Duchemin était coopératif et les conclusions vont au-delà du mode d'expression. Le fait qu'il s'exprime mal n'a pas joué sur la longueur de l'entretien, car la maîtrise insuffisante du langage me conduisait à redemander, pour parvenir à l'expression de sa personnalité. Les mots de Duchemin étaient parfaitement adaptés à ce qu'il voulait exprimer.

— Il n'empêche, insiste l'avocat général, que vous auriez pu mal comprendre ce que Duchemin voulait exprimer, ou l'interpréter.

— Non, j'ai compris ce qu'il voulait dire.

Alors Philippe Bilger a cette phrase :

— Ce qui s'exprime, ne s'imprime pas. Qu'en pensez-vous ?

Cordier ne comprend pas. Le magistrat tente une explication, elle reste hermétique pour tout le monde, Cordier comme les autres. Il s'emporte :

— Ne faites pas semblant de ne pas comprendre et ne répondez pas médiocrement comme vous l'avez fait tout à l'heure !

Le médecin répond sobrement qu'il n'est pas dans ses habitudes de faire semblant de ne pas comprendre surtout lorsqu'il est aux assises, et poursuit en disant qu'il n'a toujours pas compris la question...

L'avocat général clôt l'échange par cette phrase dite sur un ton parfaitement agressif :

— Décidément les gens de la cour d'appel de Versailles sont particuliers !

Pour que les origines des blessures de Lubin soient bien comprises, la défense a demandé au professeur Rénier, neurochirurgien à l'Hôpital des Enfants-Malades, qui a publié un livre sur le sujet [1], de venir témoigner. On l'a vu à plusieurs reprises à la télévision. Il expliquait comment se produit le SBS. Il disait aussi avec une émotion rageuse mais contenue quels dégâts atroces résultaient de ces gestes de simple énervement. Il est très grand, massif, il émane de lui une infinie douceur. A la barre, il revient sur les gestes du SBS :

— On secoue l'enfant pour le faire taire, c'est un geste de colère, brusque, violent sans intention de

1. *Le Bébé secoué*, Khartala (2001).

blesser, encore moins de tuer. Le père ou la mère perd le contrôle de ses nerfs quand le bébé pleure, il le secoue puis le lâche parfois sur le lit, la table à langer. La mortalité intervient dans 10 % des cas, il reste des séquelles graves et handicapantes dans 50 %.

Le président demande si cela est vraiment fréquent.

— Un à deux bébés, victimes du SBS, arrivent chaque semaine dans mon service, répond simplement le professeur Renier. L'adulte est fatigué, déprimé, a des problèmes personnels. Le bébé pleure. Les actes sont très brefs et très violents. Cela peut arriver à tout le monde, dans tous les milieux sociaux. Il s'agit d'une maltraitance non préméditée, de violence impulsive et involontaire. C'est différent en cela du syndrome de Silverman car Silverman est de la maltraitance « vraie », avec intentionnalité.

L'avocat général a un soupçon :

— Est-il concevable qu'entre 4 heures du matin, l'heure de la visite de SOS médecins, et 10 heures, l'heure de la consultation chez le docteur Breton, il y ait eu un événement déclenchant une hémorragie ?

Le professeur Rénier hésite.

— Comment savoir ? Je pourrais dire que c'est possible, mais rien ne le démontre avec certitude.

Dernière cartouche de l'avocat général pour prouver ma culpabilité : dans ce créneau horaire, Jérôme dormait, je veillais Lubin dans le coma ! Et il imagine que je l'aurais secoué... La journée s'achève ainsi !

Cinquième partie

Vendredi 16 novembre 2001
Petite salle des assises de Paris

Vendredi 16 novembre 2001
10 heures

Onzième audience

Toute la semaine, ballottée d'un témoignage à l'autre, broyée par les récits répétés des souffrances de Lubin, soulevée d'horreur, écœurée par les trahisons et les mensonges inutiles de mon ex-mari et de sa famille, giflée par les violences verbales, saoulée d'émotions, d'espoirs et de désespoirs, je parviens au terme de ce procès, de retour chez moi, comme un naufragé atteint une baie abritée. Je m'échoue sur mon lit et demeure dans l'obscurité, dans l'inconnu : demain, il me reste demain, pour que se joue mon destin.

Pierre, assis à côté de moi, respecte mon silence. Et peu à peu la sérénité revient. Etrangement, pour la première fois dans la traversée de ce maelström, je me détends, alors que nous vivons peut-être notre dernier soir de paix avant longtemps, peut-être notre dernier tête-à-tête en liberté. Instant si fragile, que ni l'un ni l'autre ne se décide à en rompre l'harmonie.

Pierre allume une lampe de chevet. Appuyée à celle-ci, la photo de Lubin me sourit. Je regarde autour de moi, j'emmagasine des images, des sensations. Demain ? N'y pensons pas. Pierre me serre dans ses bras.

Allongés dans la pénombre, nous parlons de détails quotidiens pour oublier l'avenir : penser à acheter le remède du chat, prendre une veste au nettoyage, tailler le rosier sur le balcon pour l'hiver, acheter des bulbes... Et tandis que Pierre me prépare à dîner, je somnole, ma chambre est dans la pénombre, éclairée seulement par la lumière du couloir. A contre-jour, se profile dans l'encadrement de la porte la silhouette d'un petit garçon que je reconnais instantanément : Lubin ! Ce soir, il aurait 7 ans et six jours ! Il a un air rêveur, il sourit. Quel adorable visage – des yeux noisette, des fossettes – encadré de cheveux bruns. Il parle de Noël, de cadeaux comme les copains, il discute gravement avec moi. Nous sommes partis dans le Midi, dans une maison au soleil avec un jardin, des arbres, des animaux, des chambres pour les amis, les cousins de Lubin... Mon petit garçon à jamais absent, moi sa mère à jamais meurtrie et injustement accusée.

Pierre revient. Peut-être un jour le souvenir de mon enfant m'illuminera-t-il sans me blesser, peut-être un jour pourrai-je retrouver la vie dont j'avais rêvé, peut-être un jour avec Pierre, pourrai-je redémarrer à zéro...

Depuis que j'ai rencontré Pierre, j'ai appris à être aimée, à aimer un homme, à penser à deux, à faire confiance. J'ai abandonné les hantises de trahison et de mensonges qui m'obsédaient depuis la mort de mon petit. Ce procès, c'est le nôtre. Le verdict, quel qu'il soit, nous atteint tous deux. Pierre a voulu aller avec moi jusqu'au bout. Ce soir, nous sommes arrivés.

Personne mieux que lui ne connaît mon dossier, il a travaillé des nuits entières sur des ouvrages médicaux, a cherché des week-ends durant de la documentation sur Internet, il a travaillé passionnément, follement pour me défendre. Demain ?

« Je viendrai aussi tôt que possible », dit Pierre.

Jusqu'ici il est resté absent. Ses responsabilités professionnelles le lui interdisaient et je voulais lui éviter toute cette douleur, cette exhibition forcée qu'est mon procès. Mais demain, il sera là.

Nous nous sommes réveillés tôt. La chatte a sauté sur le lit, s'est installée contre moi en ronronnant. Pendant toute cette semaine, elle s'est sentie abandonnée et ne s'est pas manifestée. Et ce matin, la voici quémandant des caresses comme si elle savait...

Je me lève, me prépare silencieusement, l'impression de marcher au bord d'un gouffre.

« Tu ne prends pas... ? »

Pierre laisse mourir sa phrase. Non, pas de sac, pas de linge de rechange, pas d'affaires de toilette. Non ! Je refuse de penser à ce soir. Mon corps, lui, s'y prépare : je suis nouée.

Un monde fou à l'audience ce matin dans la petite salle des assises ! Didier L. n'a pas raté une audience, il s'est installé derrière mes avocats. Arrivé avant moi, il m'accueille comme un grand frère affectueux et chaleureux. Mes parents sont un peu plus loin, calés sur ces bancs comme des stalles d'église de campagne, encore plus étroits que ceux de la grande salle. Je distingue des visages connus ou inconnus mais devenus familiers au fil des jours, une petite foule indistincte, encadrée par les gendarmes dont la cordialité en a presque fait mes amis.

L'ambiance est curieuse ce matin : une tension maximum et une chaleur affairée. Rien à voir avec l'atmosphère pesante des premiers jours, est-ce l'exiguïté de la salle qui efface tout ? Je préfère me taire, ne parler à personne, faire le vide en moi. Et surtout ne plus pleurer.

Jérôme, à deux mètres à ma droite, est arrivé pour la première fois environ un quart d'heure à l'avance. Ses avocats sont passés le saluer comme s'il fallait l'encourager. Sa famille, ses anciennes amies, leurs mères, se sont alignées derrière lui. Tout ce monde ne bouge pas, ne parle pas : Jérôme, isolé sur sa chaise, d'abord recueilli en lui-même, a commencé à sangloter en reniflant. Comme le pupitre de l'avocat général le surplombe à sa droite de quelques centimètres, cela n'a pas échappé au magistrat.

Au moment où entre la cour, où débute l'audience, j'observe Philippe Bilger, muet, penché en avant, il couve des yeux Jérôme, obstinément absorbé dans ses pleurs.

Le président va appeler le psychiatre requis par l'avocat général, mais celui-ci demande un instant et s'adresse à Jérôme :

— Pourquoi pleurez-vous ? Je vous ai vu tout seul, en larmes, pendant que tout le monde discutait et riait. Vous n'êtes plus accusé et vous pleurez.

— J'ai mal, mon fils a été tué par sa mère, dit Jérôme.

Ce dernier coup m'atteint plus que tous les autres. Il est inutile. Alors, malveillance pour malveillance, et après tout ce que les Duchemin ont déclaré à mon sujet, je me sens libre d'une observation venimeuse : tous les spectateurs du procès auront remarqué que Jérôme a eu chaque jour son « moment d'émotion ». Systématiquement, au cours de la journée, il évoque Lubin, ses relations avec son fils, l'absence de celui-ci et fond en larmes. La cour et les avocats respectent ce chagrin affiché par quelques secondes de pause puis tout continue. Donc ce matin, dernier épisode situé au début de l'audience car ensuite, il n'aura plus l'occasion de le faire. Mais entre les sanglots à gros bouillons et la froideur d'un dossier, entre des kilos d'informations soigneusement décortiquées, pesées, vérifiées, apprises et les manifestations d'émotions, où vont les voix ? Sur quoi s'appuient les intimes convictions ?

La peine de Jérôme ainsi régulièrement exhibée me pose une autre question : que peut-il gagner à me persécuter ? Il sait que dans le dossier se trouvent toutes les réponses et que si elles ne m'innocentent pas de manière scientifique, elles jettent sur ma culpabilité des doutes sérieux qui pourraient faire réfléchir. Lui, quoi qu'il arrive, ne sera plus jamais poursuivi. Et, comme si sa haine ne pouvait être satisfaite, il lui faut s'assurer que je serai condamnée, marteler encore et encore.

La salle tout entière se fait attentive, attendant peut-être une réaction de ma part. Mais je reste impassible. A quoi bon ? Tout cela n'est rien d'autre que du spectacle. La vraie douleur peut aussi être pudique, silencieuse.

Voici le docteur Dubec, le psychiatre réclamé par l'accusation. Je ne sais rien de lui sauf qu'il a témoigné au procès Touvier, ce qui n'en fait pas un spécialiste de la maltraitance, ni des problèmes de couples ou de femmes. Il vient néanmoins au titre de « sachant ». Cela signifie qu'il parle comme expert psychiatre en général mais qu'il ne m'a jamais rencontrée, ni Jérôme.

Pour le présenter, l'avocat général explique qu'il est très insatisfait des expertises psychiatriques, il est même frustré. Si je suis le raisonnement de Philippe Bilger, comme il n'a pas trouvé dans les expertises psychiatriques de quoi conforter son réquisitoire, il est allé chercher un sixième spécialiste. Comme si la psychiatrie pouvait être tour à tour défensive ou accusatoire. Comme si on pouvait l'utiliser à discrétion, selon ses besoins !

Or le psychiatre commence par assurer qu'il ne vient pas corriger ses collègues et que ses expertises, s'il en avait faites, auraient provoqué sans doute la même frustration. Et puis, il aborde le sujet :

— Chez la majorité des parents maltraitants, les auteurs sont les mères. On a affaire la plupart du temps à une population de parents décrite en termes d'immaturité mais il ne s'agit pas systématiquement de malades mentaux ou d'indigents, ce ne sont pas des monstres même s'ils commettent des actes monstrueux. En effet, ces actes non commis par plaisir, sont des gestes voulus qui entrent dans un engrenage fatal. Dans un couple de maltraitants, que voit-on ? Un couple pathologique, c'est-à-dire que, pris séparément chacun est parfaitement bien, mais l'association donne un produit désastreux. En effet, l'un s'associe à l'autre dans le but d'une restauration personnelle, pour se construire par rapport à une carence jamais dépassée, et trouver dans le couple un appui constant. Survient un bébé. Il remet en cause l'équilibre trouvé. Or, on ne peut donner ce que l'on cherche pour soi-même. On se trouve alors dans le déni de la réalité du bébé, une déréalisation du bébé par le père et la mère. Soit un des parents entre en compétition avec le bébé, soit il le perçoit comme un parent, avec une inversion des rôles.

J'écoute cette déposition, pétrifiée. Dans ce que dit cet homme, des éléments correspondent en apparence à mon couple, mais tout est faux : le bébé n'était pas le fruit d'un hasard, il était le but de cette association. S'il y avait des carences affectives chez Jérôme, elles n'ont pu être comblées par son fils qu'il « avait besoin de dresser ». Quant à moi, je ne cherchais pas, je l'ai dit, un mari mais un père pour mon enfant, certes pas pour moi. De plus, il évoque des « gestes voulus » alors que dans le SBS, il s'agit de gestes d'énervement, d'explosion involontaire.

Maintenant, il parle de l'instinct maternel, sous-entendant, semble-t-il, que je ne pouvais posséder cet instinct, ni l'avoir acquis, ni le ressentir :

— Le métier de mère est un métier hautement culturel qui s'apprend intuitivement par identification à sa propre mère comme l'a dit Elisabeth Badinter. Tout dysfonctionnement éventuel dans les relations mère-fille génère une angoisse et la culpabilité semi-consciente de la jeune mère l'amenant éventuellement à percevoir son nourrisson comme un élément de concurrence. Tout cri renvoie à « Tu es une mauvaise mère. » Il peut alors y avoir réaction violente, mais dans le semi-conscient et à chaque fois, il y a reprise de conscience sachant qu'on a mal fait.

Il réduit d'un mot les statistiques « pas signifiantes, trop minces » puis évoque le déni :

— La personne agit mal et nie ses actes, elle ne les refoule pas, elle laisse ses actes à l'extérieur d'elle-même. Elle laisse passer la pulsion mais ne la voit pas.

Le président demande :

— Si il n'y a pas complicité de fait, peut-on imaginer une complicité par déni ?

— Oui, une manière de dire « Je ne veux pas voir ce qui arrive à mon bébé surtout si c'est l'autre qui agit. »

L'avocat général a besoin de coller à mon cas. Il évoque :

— Le défaut d'identification à la mère, l'abandon de l'autorité du mari, la maternité décevante, la féminité niée, cela ne peut-il créer des désastres ?

— Votre explication, monsieur l'avocat général, répond le psychiatre, est séduisante et claire, mais je ne veux pas prendre votre rôle : il s'agit d'une fiction, pas d'une démonstration. Je n'ai jamais vu madame Guillemot.

— Et le père ? demande maître Senyk.

— Non, répond Dubec, pour le SBS c'est pareil. De toute manière, un père déçu abandonne. Le père particulièrement désireux d'être fusionnel est rare. On a lu beaucoup de textes sur les nouveaux pères, pas sur les nouvelles mères. A celles-ci, on propose un programme rabelaisien : travail, autorité, autonomie, maternité, et amour conjugal... Comment voulez vous que ça marche ?

Intellectuellement, le docteur Dubec est peut-être très intéressant. Il a lu Elisabeth Badinter et tout ce qui se dit sur la femme moderne. Moi aussi. Et je ne vois pas du tout ce qu'il apporte sinon une démolition en règle des conclusions de ses confrères sans même m'avoir rencontrée ni leur avoir été confronté. Il a beau dire que toutes ses déclarations ne sont finalement que théoriques, que dans mon cas il ne peut se prononcer, il parle et il conforte Philippe Bilger qui fourbit son réquisitoire.

Jérôme Duchemin ne pleure plus. L'avocat général lui demande soudain :

— De votre appartement pour aller jusqu'au cabinet du docteur Breton combien de temps vous faut-il ?

Et Jérôme semble réfléchir. Lui qui ne m'a accompagnée avec Lubin qu'une seule fois !

— Cinq minutes pas plus !

— Et comment avez-vous vécu les jours qui viennent de s'écouler ?

— J'ai l'impression que j'ai revécu l'ancien procès. Voici sept ans que ça dure. J'étais heureux, j'ai fait confiance. C'est un cauchemar.

Là, il souffle et ses larmes recommencent. L'avocat général le rassure en s'excusant presque :

— Vous avez compris que la cour ne pouvait pas faire autrement que de demander votre présence ?

— Oui.

Maintenant voilà ce qui va se passer : l'avocat général va requérir contre moi. Mais dans ce procès bancal, son réquisitoire sera aussi une défense de Jérôme. Pour ce magistrat épris de justice, ce témoin qui ne pouvait être assisté puisqu'il était acquitté, a vu à plusieurs reprises le verdict en sa faveur, tacitement, remis en question. Avocat de Jérôme, il devient celui d'une décision de justice, et de ceux qui l'ont prise. En un mot, de l'appareil judiciaire.

Or, Jérôme n'a pas seulement bénéficié de l'indulgence d'une cour, mais aussi d'une circonstance exceptionnelle. Entrée en vigueur en janvier 2001, la loi sur la présomption d'innocence a immédiatement révélé ses faiblesses et en particulier dans un procès comme le mien. Elle a été révisée. Elle a fait l'objet d'un vote nouveau à l'Assemblée nationale. Elle autorisera le parquet à faire appel d'un acquittement. Mais dans ce laps de temps, celui de Jérôme est intervenu. Il ne sera jamais remis en question. Alors qu'il aurait pu l'être si le législateur avait été plus prévoyant.

Le président invite l'avocat général à donner son réquisitoire. Le magistrat se lève, il a devant lui des feuilles, son plan, auquel il se réfère. Lunettes à la main, les agitant régulièrement, penché vers le jury, luttant contre son zézaiement avec élégance, le faisant oublier très vite par sa pugnacité, l'avocat général Philippe Bilger est dans son rôle : me faire condamner par tous les moyens. Visiblement, il adore ce métier de procureur. Jamais il n'a été autre chose qu'accusateur et il excelle. Je le sens excité comme un fauve en chasse, comme un prédateur fondant sur sa proie. Et en même temps, il aime le spectacle qu'il offre. Pendant tout son réquisitoire, je ne parviens pas à le regarder.

Avant de commencer, il exhibe une photo de moi, et lance :

— Toute vie a son secret, toute existence a des secrets, celle de Magali Guillemot plus que les autres !

Puis, il résume les péripéties du dossier – l'instruction, les mises en liberté, le premier procès, le verdict, ma libération pour faire appel grâce à la loi sur la présomption d'innocence :

— Si Magali a été condamnée au terme d'un délibéré de quatre heures, elle a été acquittée par les médias qui ont évoqué l'erreur judiciaire et dont Paul Lombard a profité, provoquant d'énormes ravages. Il est facile de parler d'erreur judiciaire quand c'est une star qui échoue !

Enfin, rappelez-vous que le verdict tombe le 23 novembre 2000 et le 19 décembre, elle est libérée par la chambre d'accusation de Versailles. Exceptionnel, non ? Etrange ?

Cet arrêt reflète un Etat de travers et non un Etat de droit, car Magali aurait dû comparaître dans le box des accusés, ce qui aurait mis plus de distance entre elle et Jérôme Duchemin. Alors qu'aujourd'hui, ils comparaissent presque côte à côte, d'autant plus proches que la partie civile a été rejetée par la cour avec des arguments conservateurs. Alors, les jeux sont faits, vous avez affaire à une erreur judiciaire car la froideur d'un visage est une garantie d'innocence. Maître Lemaire a déclaré à la presse : « Je suis sûr qu'elle va être acquittée, je ne suis plus là pour défendre Jérôme. » Est-ce que réellement les jeux sont faits ?

Puis l'avocat général passe en revue ce qui n'est « pas essentiel ». Par exemple :

Les apparences, la sentimentalité ordinaire, une froideur ne justifient rien, ni l'agitation de Jérôme Duchemin. L'émotion intense de l'un comme l'inaptitude de l'autre à faire passer la douleur, je ne m'y attache pas. Il ne faut tenir compte que de la psychologie profonde.

Et aussi :

— Comment ne pas comprendre que depuis toujours, l'apparence, la sincérité, l'incohérence auraient dû faire de Jérôme un coupable idéal ? Mais les coupables ne sont pas toujours à l'image de ce qu'on attend. N'est-ce pas la vraie vie, cette démarche chaotique face à la ligne rectiligne du mensonge ? Les vrais coupables ne ressemblent pas toujours à des coupables.

Puis il passe au rôle des témoins et des indices. Là aussi, tout est balayé pour laisser la place à un récit romanesque. On m'a dit dans les milieux judiciaires que les réquisitoires se ressentent de l'idée que les magistrats se font de la littérature :

— Nous sombrons dans l'obscurité humaine avec la mort d'un bébé. La vérité est dans le secret de l'âme, elle ne laisse pas de traces, elle demeure dans le silence. Elle ne peut pas avouer, les aveux ne sont pas la preuve capitale, vous ne les entendrez jamais. L'absence de preuves alors, nous oblige à entrer dans l'âme humaine pour une histoire sombre. Vous avez besoin de toute votre lucidité car cette histoire fait froid dans le dos.

Puis l'avocat général passe à « la chronologie de la douleur et de l'égarement », c'est-à-dire les événements depuis mon retour de la clinique avec Lubin jusqu'à sa mort. Il souligne que Jérôme reprend ses cours le 3 novembre, qu'à partir de là, je suis seule la majeure partie du temps et que les maltraitances débutent à la mi-novembre. Il s'interroge : pourquoi Jérôme, s'il a été violent, aurait-il attendu cette période ? Il passe avec légèreté sur ce qui aurait pu être un motif de crise : notre dispute du 13 et l'évocation d'une séparation. Qu'à partir de là, Jérôme soit de plus en plus nerveux et occupé mais persiste à prendre soin de Lubin la nuit, ne paraît qu'une preuve supplémentaire de son innocence aux yeux du magistrat ! Il efface cela d'une phrase : « On reste dans les comportements caricaturaux : froideur opposée à l'incohérence » et « C'est le bonheur à part. On a procréé ensemble mais on ne l'aimait pas pareil, chacun de son côté. Ce bébé prend une dimension plus importante que ce petit bout de chou. » Et puis cet argument massue, pourtant contredit tout au long du procès :

— Il est impossible pour Jérôme d'avoir eu de tels gestes : elle aurait remarqué les conséquences, les gestes eux-mêmes.

On n'intervient pas pendant le réquisitoire. Tout le monde écoute attentivement, les jurés prennent des notes : vont-ils se souvenir que Jérôme a reconnu qu'il voulait être seul lorsqu'il se trouvait avec Lubin ? Qu'il a admis que je n'ai jamais vu « ses gestes d'énervement » ? Vont-ils se souvenir que huit médecins ont vu Lubin sans rien déceler ? L'avocat général prend bien soin de signaler que j'ai parlé des bleus uniquement à des personnes non qualifiées, en particulier ma belle-mère ! Ont-ils noté qu'on ne lui a pas contesté, comme infirmière puéricultrice, le professionnalisme revendiqué par elle à la barre !

A sa place, l'avocat général doit « faire son travail ». Il l'a promis mercredi soir devant madame Ghesquière-Dierickx. Le voici reparti dans une tirade qu'il a voulue particulièrement littéraire :

— Je fais un réquisitoire compassionnel. Quittez les territoires rationnels qu'affectionne Magali, quittez la tranquillité de l'esprit, plongez dans la nuit et l'horreur d'une âme, vers des rivages que l'on ne foule pas volontiers, cela fait peur. Ces territoires obscurs, elle les connaît, elle ne peut pas les dire.

Et ce magistrat, féru de psychologie, explique la mienne dans des termes aux limites de l'outrageant et du déraisonnable :

— Dans ses rapports avec Clélia il y a quelque chose de frustrant et pas seulement sur le plan esthétique. Le sport, les copains, le travail, est-ce là le signe du bonheur ? A-t-elle eu cette grâce de l'épanouissement dans le rapport avec les autres ? Et que dire de l'esthétique ? (Ah, certes, je devrais me regarder !) Et que dire de la féminité, de la sexualité ? Est-ce qu'elle appréhende l'existence de manière heureuse ?

Qu'a-t-elle pour prouver son épanouissement, son rapport harmonieux à la vie ? Est-il possible d'être convivial et de s'enfermer autant en soi-même ? Elle montre de la résistance à l'intensité de la vie et de l'instinct, à l'immédiateté de la vie. Elle est dans la démission devant la vraie vie. Son domaine professionnel est le royaume du rationnel et de l'organisation. Elle s'y plaît. Le recours à l'agence matrimoniale s'explique. S'étant toujours défiée de l'imprévisible, elle a peur de la vie et elle veut éviter les terribles rencontres, les échecs, les espoirs et les désespoirs. Elle n'a pas connu ces instants où on se dit : « Ça y est, c'est le bon ! Et puis non... », ces instants où l'on bute, où il faut recommencer le métier du bonheur. Elle a géré ça comme un dossier. Elle n'a jamais connu la vraie vie où on souffre, on a peur, on se montre nu : « C'est moi, pauvre hère en détresse !... » Elle n'a jamais eu la grâce, jamais noué un sentiment dévastateur, une passion pour la sortir d'elle-même...

Lui c'est tout le contraire, il a tout connu, les moments difficiles, il a pensé se suicider. Elle veut le plein du bonheur, lui ne souhaite pas le plein d'une vie intime, il est recru de chagrin, il fait l'impasse sur le rapport personnel... Elle trouve non le musicien mais l'autoritaire rigide qui échange peu ! Magali, avec la maternité, cette réassurance qui remplirait sa vie, voit resurgir tout ce qui fait ses rapports difficiles avec la féminité, la grâce de vivre... Le 3 novembre, quand Jérôme reprend ses cours, désertée, quittée, abandonnée, elle voit son état amplifié de déréliction et d'angoisse. Dans ce moment capital, elle est mal traitée, elle n'a quasiment pas de rapports sexuels. Elle est dans la solitude. Il n'y a pas de solidarité parentale. Son rapport avec ce bébé se dégrade. Un signe : les premières fractures coïncident avec la dispute. Magali ne voulait pas se venger de Jérôme, seule sa folie l'habitait.

Horrible impression, mon histoire bégaie : l'avocat général utilise contre moi les arguments de Jacqueline Amara avant lui, excepté qu'elle avait prononcé les mots « d'acte de barbarie ». Mais à part ça ? Il me veut coupable, il me veut punie alors que tout son discours s'applique aussi bien à Jérôme qu'à moi. A ceci près : selon lui, je suis moche, frustrée, pas satisfaite sexuellement, névrosée, malade mentale et m'exprime clairement et précisément. Cela fait de moi une coupable idéale ! Jérôme est innocent parce qu'il s'exprime maladroitement, a connu des passions folles et la vraie vie. C'est quoi la vraie vie ? Avoir des liaisons successives avec ses élèves remplacées dans son lit au fur et à mesure qu'elles se lassaient de son autoritarisme ou qu'il en trouvait une plus jolie ? Vouloir fonder un foyer, avoir un enfant plutôt que des aventures insatisfaisantes, est-ce avoir peur de la vie ? Est-ce la preuve indubitable que j'ai battu et secoué mon enfant jusqu'à le tuer ?

Il fallait bien trouver des arguments pour convaincre le jury, c'est la tâche de ce magistrat. Y avait-il besoin pour cela de m'humilier, d'invoquer des apparences ingrates, des études brillantes et longues, un métier de haut niveau, un esprit scientifique ? Jamais je n'aurais pensé entendre de tels reproches venant de la part d'un homme intelligent, moderne apparemment. J'ai l'impression d'un procès en sorcellerie teinté d'un machisme agressif.

Et comme si cela ne suffisait pas, le voici, penché vers moi, m'interpellant, exigeant que je le regarde, et me fixant dans les yeux, m'adjurant de réfléchir et « dans la solitude de ma prison, de chercher les mots d'aveux qui me libéreront ! » Après l'humiliation, la cruauté !

Vendredi 16 novembre 2001
15 heures

Douzième audience

Maître Nathalie Senyk plaidera la première. Debout devant son banc, elle se concentre. Maître Leclerc, son associé, est venu la soutenir. Elle me sait désespérée, ne croyant plus pouvoir m'en sortir. Elle m'en voudra peut-être mais j'ai à peine entendu sa plaidoirie et pourtant je sais qu'elle était logique, forte, cohérente. Elle s'appuyait sur les faits, les aveux de Jérôme et non sur les spéculations d'un expert venu au dernier moment tenir des propos vagues et élégants. Elle dépeint ma vie, mon amour pour mon enfant, mes relations avec mon ex-mari, elle dit ses mensonges, ma faiblesse, elle dit mes angoisses, mes efforts, mon chagrin. Elle a fait passer des sentiments, de la chair, mais aussi la vérité. Et puis elle se rassied. Et je n'ai pas la force de la remercier.

Paul Lombard lui succède. Lui, il s'est investi comme Nathalie avec passion, il croit en moi. Même si cela peut paraître une astuce de comédien roué, il laisse échapper « Si je ne réussis pas à acquitter Magali, qui réussirai-je à faire acquitter ? » Et il y a dans sa voix une profonde émotion. Il marche en long et en large, rappelle le dossier, rien que le dossier. Il réaffirme que les règles du jeu n'ont pas été respectées, que l'enquête de police a été faussée dès le début pour des raisons subjectives et superficielles, que pas un médecin n'a vu quoi que ce soit, que Jérôme n'a rien vu. Il parle longuement, explique, persuade, martèle « Le dossier, rien que le dossier, pas du roman ! » Et puis :

— On dirait un procès en sorcellerie, dit-il, mais peut-on prouver qu'une femme normale, aimante, n'est pas habitée par le diable ? Et si on pousse le raisonnement aussi loin que l'avocat général, on l'acquitte et on la place dans un hôpital psychiatrique ! Quelle absurdité !

Elle est normale cette femme ! C'est une mère normale ! L'intime conviction ne permet pas tout. Ainsi Jérôme Duchemin a été acquitté alors que de bien plus lourdes charges pesaient sur lui. Alors si l'intime conviction permet cela, le doute doit bénéficier à l'accusée, c'est une règle intangible ! Vous acquitterez Magali..., n'est-ce pas ?

Maintenant le silence règne.

— Magali Guillemot, levez-vous, demande le président. Avez-vous quelque chose à dire ?

Que répondre ? Que répéter qui ne l'ait été cent fois ?

— Depuis sept ans, j'attends, dis-je. Depuis sept ans, je fleuris régulièrement la tombe de Lubin, c'est tout ce qui me reste.

— Magali Guillemot, comme le veut la loi, vous attendrez le verdict de la cour enfermée seule dans une pièce. Messieurs les gendarmes, veuillez accompagner madame Guillemot. L'audience est levée. La cour va se retirer pour délibérer.

Samedi 17 novembre 2001
2 h 30

Dernière audience

Il était 19 h 15. Magali a disparu dans une salle attenante à celle des assises. A la buvette du palais, les journalistes et les avocats ont entamé la soirée en discutant autour d'un dîner, puis des cafés. Interminablement.

Pierre a rejoint la famille et les amis de Magali dans un bistrot voisin, puis ils sont revenus dans le hall du palais. Paul Lombard, Nathalie Senyk se sont relayés auprès de Magali. Ils lui ont apporté de quoi se restaurer puis elle a lu la presse. Elle n'a pas voulu s'intéresser aux articles concernant le procès, elle a fait des mots croisés.

Telle que je connais Magali, elle est restée un long moment silencieuse puisant des forces au fond d'elle-même. Puis peu à peu, elle s'est adaptée à cette situation provisoire et inconfortable. Son sang-froid est revenu. Elle avait, depuis mercredi soir, la conviction qu'elle serait condamnée parce que la cour de Paris ne déjugerait pas celle de Nanterre. La réaction de Philippe Bilger devant madame Ghesquière-Dierickx avait été trop violente pour ne pas y voir l'étalage de ses convictions, et les réactions du président, pour mesurées qu'elles soient, laissaient croire qu'il partageait l'opinion du parquet.

De plus, elle avait compris après deux procès d'assises, que la justice populaire est manichéenne, elle ne distingue que le noir et le blanc, elle refuse les nuances, le gris, le flou, l'incertain. Le box des accusés, au sens large, est un miroir déformant. Le corriger exigerait trop d'efforts, trop de réflexions. La justice populaire n'a pas le temps.

On parle aussi de « justice spectacle », la présence des « tricoteuses » en est le symbole le plus expressif. Elles viennent là au théâtre du crime et de l'innocence, elles ne veulent pas réfléchir, elles demandent que les méchants soient punis, les bons récompensés. Et puis elles s'en vont, satisfaites ! Magali a compris qu'à l'audimat des tricoteuses, elle n'a pas fait recette !

Alors elle a commencé à évaluer son avenir, son temps de prison, elle a demandé leur avis à ses avocats qui refusaient encore l'échec.

Pendant ce temps, les lumières du palais s'étaient mises en veilleuses, la grande horloge en bois doré de la galerie au premier étage tournait. Paul Lombard allait et venait comme un loup dans sa cage. Nathalie Senyk restait silencieuse. Les minutes qui filaient alourdissaient leur anxiété : la longueur des délibérations ne leur donnait pas confiance. Peu à peu, le palais s'est noyé d'ombre. La famille Duchemin et ses alliés attendaient aussi. Ce verdict leur était aussi essentiel que l'acquittement de leur fils. Ils affichaient une mine de triomphe au fur et à mesure des heures, ils se congratulaient. Petit îlot de haine au milieu d'une assemblée d'amis fidèles dont pas un ne voulait renoncer. Les téléphones qui n'avaient cessé de sonner, au début de la soirée, se sont peu à peu éteints. Les conversations sont devenues murmures. Puis on s'est entassés sur les bancs, dans les escaliers montant au premier étage, dans le couloir d'accès à la salle.

Pendant ce temps, Magali discutait de nucléaire et de force de frappe avec les gendarmes qui, bluffés par ses connaissances, en oubliaient que c'était son métier. Elle était peut-être la seule qui avait cessé depuis longtemps d'espérer. Se sachant condamnée, elle perdait son enfant une seconde fois. Et dans cette petite pièce nue, assise sur une chaise, appuyée à une table sous la lumière blanche d'un néon, elle acceptait enfin son deuil. Dans son tourment, elle n'était plus seule. Son souci était Pierre. Mais à qui le dire ? Il était quelque part dans ce palais, effondré malgré les efforts de ses amis pour le soutenir. Elle parvenait à se projeter vers lui, elle aurait voulu lui parler de l'avenir, au-delà des murs entre lesquels elle allait partir, et d'autres choses plus personnelles. Elle pensait que garder espoir était absurde.

Vers une heure du matin, il y eut une fausse alerte, tout le monde s'est précipité vers la porte de la salle, pour rien. Puis, à 2 h 30, les deux battants se sont ouverts et on s'est rué...

Le président et la cour sont entrés en hâte, le public n'était même pas assis. D'une voix enrouée comme s'il n'avait cessé de parler, le président a annoncé la sentence :

— Magali Guillemot, vous avez été reconnue coupable à la majorité absolue de violences habituelles sur mineur de moins de quinze ans ayant entraîné la mort. Par ces motifs nous vous condamnons à dix années de réclusion. Gardes, veuillez vous saisir de la condamnée. Inutile de lui passer les menottes.

Avant même la fin de la phrase, Magali s'était levée, avait réuni son manteau, son sac, et se dirigeait vers une porte, bousculant un des jurés, rejointe par les gendarmes.

La rapidité, la soudaineté des mots et des gestes furent telles que la salle eut un instant le souffle coupé. La brutalité de la disparition de Magali, la violence de la voir soudain partir sous nos yeux, alors que nous étions si proches, nous laissa tous sonnés. Puis une énorme rumeur s'enfla, une femme sauta sur un banc, cria « Verdict machiste ! C'est honteux. » Les protestations fusaient. Rage, rancœur, frustration, incompréhension s'exprimaient sans retenue. Et puis, ce fut le reflux vers les portes, vers la nuit.

Sur le trottoir, devant les grilles, il y eut encore quelques mots, puis les parents et la sœur de Magali, brisés de chagrin, anéantis, s'éloignèrent à pas lents...

Les avocats de Magali se sont pourvus en cassation. Ils attendent le résultat. Mais Magali a peur. Elle a peur d'un nouveau procès identique aux précédents. Elle répète qu'elle ne croit plus en la justice, qu'elle est terrifiée par cette machinerie obscure et illogique. Elle voudrait ne plus se battre parce qu'elle est à bout de forces morales. Toutefois, elle sait que si elle renonce, elle sera pour toujours coupable. Alors pour Lubin, pour elle-même, elle continue sans y croire. Paul Lombard et Nathalie Senyk, si la Cour de cassation ne leur donne pas satisfaction, iront devant les instances européennes. Ils sont convaincus de la justesse de leur cause et prêts à mener le combat.

Incarcérée à Fleury-Mérogis pour dix ans, dont elle a déjà accompli deux ans en détention préventive, Magali a commencé à apprendre l'espagnol, le yoga, la broderie, elle participe à des groupes de parole. A sa première sortie en promenade, elle a été « caillassée » par un groupe de détenues au courant de son affaire. Elle a renoncé temporairement à la promenade. Elle n'a pas le droit de disposer d'un ordinateur, bien qu'elle ait reçu de nombreuses propositions lui en offrant un. Elle ne peut rien acheter en dehors de ce qui est vendu en prison (plus cher que dehors, c'est évident), elle ne peut pas écrire beaucoup car les timbres ne sont vendus que tous les quinze jours. Elle ne s'ennuie pas, elle saisit toutes les occasions de s'occuper, mais son esprit tourne en rond... Elle aura 36 ans le 7 août. Elle est innocente.

Cet ouvrage a été réalisé par

FIRMIN DIDOT

GROUPE CPI

Mesnil-sur-l'Estrée

pour le compte des Éditions Grasset
en mai 2002

Imprimé en France
Dépôt légal : mai 2002
N° d'édition : 12405 – N° d'impression : 59237
ISBN : 2-246-63521-7